Musikbuch

1

Lehrwerk für
allgemein bildende Schulen

Herausgegeben von Ulrich Brassel

Erarbeitet von
Ulrich Brassel, Aachen
Sabine Föster, Dortmund
Rasmus Frederich, Hannover
Katrin Hammer, Marbach
Dr. Peter Ickstadt, Frankfurt
Frank Kieseheuer, Detmold
Inkeri Schumann, Essen
Thomas Zimmermann, Hürth

Unter Mitarbeit von
Prof. Dr. Heinz Geuen, Köln
Prof. Dr. Martina Krause, Mannheim
Prof. Dr. Christine Stöger, Köln

Zu diesem Buch gehören:
Arbeitshefter ISBN 978-3-06-064285-4
Hörbeispiele (5 Audio-CDs) ISBN 978-3-06-064214-4
DVD ISBN 978-3-06-064313-4
Lehrerhandreichung ISBN 978-3-06-064210-6
Digitaler Unterrichtsmanager (Testkapitel-online und als Download) ISBN 978-3-06-064618-0,
(Vollversion-online und als Download) ISBN 978-3-06-064868-9 / ISBN 978-3-06-064869-6,
(Zusatzmodul Hörbeispiele 1–5) ISBN 978-3-06-065341-6

Beratung Tanzkapitel „Bewegende Zeiten":
„La Riverenza", Ensemble für historischen Tanz, Dortmund,
Silke Degenhardt, Johanna Weber, Petra Wlotzka
Modern Dance Center Dortmund, Natascha und Berry Doddema

Redaktion: Bertold Marohl, Ute Kister
Illustrationen: Rayan Abdullah, Leipzig (S. 97)
Gabriele Heinisch, Berlin (S. 13, 32, 114, 143, 149, 154, 213)
Lisa Rock, Berlin (S. 15, 20 f., 23, 26, 29, 37, 40, 69, 72 f., 78 f.,
108 f., 119, 139, 142, 198, 202, 204 f., 210–212, 214 f., 217, 219, 223 f.,
226 f., 230 f., 233 f., 238, 242 f.)
Karl-Heinz Wieland, Berlin (S. 207)
Notensatz: Kontrapunkt Satzstudio, Bautzen
Bildrecherche: Simone Gebhardt, Peter Hartmann, Uta Motschmann
Layoutkonzeption: werkstatt für gebrauchsgrafik, Berlin; Lisa Neuhalfen, Berlin
Technische Umsetzung: Lisa Neuhalfen, Berlin

www.cornelsen.de

2. Auflage, 4. Druck 2024

Alle Drucke dieser Auflage sind inhaltlich unverändert
und können im Unterricht nebeneinander verwendet werden.

Druck und Bindung: Livonia Print, Riga

ISBN 978-3-06-064208-3 (Schülerbuch)
ISBN 978-3-06-065089-7 (E-Book)

Inhaltsverzeichnis

Bedeutungen

3 Situationen erleben · 66

4 Menschen drücken sich aus   94

7

Funktionen   Orientierungswissen

Ich singe   174

Verzeichnisse   256

Folgende Kennzeichnungen werdet ihr im Buch entdecken:

◉ 1|2   Hörbeispiel: Hier ist ein Musikstück zu hören.

AH | S. 8   Im Arbeitshefter könnt ihr ein Thema vertiefen.

  4   Zusatzaufgaben, die euch als „Musikexperten" herausfordern.

▶   Der Pfeil sagt euch, auf welcher Seite ihr etwas nachschlagen könnt.

   Das Grundwissen ist in „blauen Kästen" zusammengefasst.

1.1

In diesem Kapitel …
– findet ihr heraus, wie man durch
  Musik Bewegungen darstellen kann,
– lernt ihr, Musik aufzuschreiben und
  aufgeschriebene Musik zu lesen,
– gestaltet ihr eine eigene Klanggeschichte nach einer Bildvorlage.

Da bewegt sich was

Musikalische Geschichten hören und gestalten

drängend eilig feierlich
hektisch regungslos rastlos
ruhig schreitend starr
tänzerisch unruhig

1 a Schaut euch die Bilderfolge an und beschreibt, welche Art von Bewegung auf den
einzelnen Bildern zu sehen ist. Nutzt dazu auch den Wortvorrat im mittleren Feld.
b Überlegt, welche Eigenschaften Musik haben muss, wenn sie zu den hier dargestellten
Bewegungen passen soll.

2 Ihr hört vier kurze Musikausschnitte. Vielleicht kennt ihr das eine oder
◉ 1|1–4 andere Beispiel ja schon. Könnt ihr jedem Ausschnitt ein Bild zuordnen?

3 Erklärt an einem Beispiel, warum ihr gerade dieses Bild ausgewählt habt.
Auch dazu hilft euch der Wortvorrat im mittleren Feld.

Mit Tom und Jerry auf der Flucht

Eine Klanggeschichte planen und aufführen

Die Abenteuer von Tom, der Katze, und Jerry, der Maus, sind seit mehr als 60 Jahren weltberühmt. Sicher kennt ihr Comics, Filme oder kurze Clips mit den Abenteuern der beiden. Im Internet könnt ihr euch auch Filme anschauen, in denen Tom und Jerry als Musiker auftreten, etwa „Das Katzenkonzert" oder „Tom und Jerry im Konzert". Wie in den meisten Geschichten mit dem ungleichen Paar hat Tom auch diesmal gegenüber Jerry das Nachsehen.

1 Erzählt die Geschichte mit eigenen Worten nach. Was soll in den Sprechblasen stehen? **AH|**S.3

2 Plant eine Klanggeschichte, in der ihr die dargestellte Handlung musikalisch nacherzählt. Beachtet auch, welche Instrumente zur Verfügung stehen und wie ihr sie nutzen könnt. **AH|**S.4

3 Führt eure Klanggeschichten in der Klasse auf und vergleicht sie: Benennt Gemeinsamkeiten und Unterschiede.

Musik aufschreiben: Die grafische Notation

Musik können wir uns besser einprägen, wenn wir Zeichen für sie finden, die leicht zu verstehen sind. Auf diese Weise kann Musik auch von anderen Menschen aufgeführt werden. Das Aufschreiben derartiger musikalischer Zeichen nennt man Notation.
Kinder einer fünften Klasse haben ihre Klanggeschichte so notiert:

Der Verlauf dieser Klanggeschichte ist grafisch notiert worden; das bedeutet:
Durch gezeichnete Formen und Linien wurde der Klang der Musik bildlich dargestellt.

4 a Schaut euch die abgebildeten Zeichen genau an und beschreibt, welche Stellen aus dem Comic auf ▶ S. 12 ihr wiedererkennt.
  b Wählt Instrumente aus und findet passende Klänge zu den dargestellten Bewegungsarten. Was muss gleichzeitig erklingen, was wird nacheinander gespielt?

5 a Spielt den gesamten musikalischen Ablauf. Vergleicht euer Spiel mit anderen Fassungen und findet Gemeinsamkeiten.
  b Erklärt euch gegenseitig, wie man die einzelnen Zeichen der grafischen Notation lesen muss, damit daraus Musik entstehen kann.

6 Findet für eure eigene Klanggeschichte zum Comic auf ▶ S. 12 passende Zeichen und notiert sie in einer grafischen Partitur. Beachtet dazu die Informationen im blauen Kasten. **AH**|S. 5

7 Zeigt eure grafischen Partituren den anderen, während ihr eure Klanggeschichte erneut aufführt. Teilt euch gegenseitig mit, wie gut ihr die verwendeten Zeichen verstanden habt.

Die grafische Partitur

Bei einer Notation schreibt man immer das untereinander, was zur gleichen Zeit gespielt werden soll, nebeneinander wird das notiert, was auch in der Musik aufeinanderfolgt. Eine solche Anordnung musikalischer Zeichen nennt man **Partitur**.
Wenn Musik nicht in traditioneller Notenschrift, sondern zeichnerisch dargestellt ist, nennen wir dies eine **grafische Partitur**.
Wer eine grafische Partitur notiert, muss zuerst sorgfältig überlegen, welches grafische Zeichen am besten zu einem Klang passt, …
– der hoch oder tief sein soll,
– der laut oder leise sein soll,
– der lang oder kurz sein soll,
– den viele oder wenige Instrumente spielen sollen.

Die Katze und die Maus

Bewegungen hören und beschreiben

Der amerikanische Komponist Aaron Copland (1900–1990) hat unter dem Titel „Die Katze und die Maus" (The Cat and the Mouse) eine unterhaltsame Klanggeschichte für Klavier komponiert, in der man typische Bewegungen der beiden Tiere heraushören kann.
An vielen Stellen erkennen wir die dargestellten Bewegungen auch im Notenbild, selbst wenn wir die traditionelle Notenschrift nicht genau lesen können.

1 Hört genau auf die Musik und erzählt anschließend, was im Verlauf des Musikstückes mit der Katze und der Maus geschieht.

⊚ 1|5

2 Beschreibt, welche typischen Bewegungen einer Katze und einer Maus ihr in der Musik gehört habt.

3 a Ihr hört die abgedruckten Ausschnitte aus dem Klavierstück „Die Katze und die Maus".

⊚ 1|6–10   Verfolgt die Notenausschnitte mit.

    b Beschreibt anschließend, welche Bewegungen hier zu hören sind und wie das Notenbild diese Bewegungen erkennen lässt.

Musik beschreiben – Fachbegriffe benutzen

Um sich mit anderen Menschen über Musik zu verständigen, brauchen wir Anhaltspunkte, wie man Musik beschreiben kann. Dazu ist es hilfreich, sich zuerst einmal klar zu machen, welche Klangeigenschaften es gibt und welche dieser Eigenschaften beim Hören vor allem auffallen.

Diese Fragen helfen dabei, Klangeigenschaften zu unterscheiden:

Welche **Instrumente** werden eingesetzt? Welche besondere **Spielweise** fällt auf?

Welches **Tempo** hat die Musik? Gibt es Tempowechsel?

Gibt es besonders **hohe** oder **tiefe Töne**? Bewegt sich die Musik in eine bestimmte Richtung?

In welcher **Lautstärke** wird die Musik gespielt? Wie verändert sich die Lautstärke?

4 1|6–10

a Hört euch die Ausschnitte aus Aaron Coplands Klavierstück erneut an und versucht, möglichst viele der gesammelten Fragen zu beantworten.

b Benutzt bei euren Antworten auch einige der hier zusammengestellten Fachbegriffe zur Lautstärke und zur Spielweise. **AH|**S. 6

5 1|11

Ihr hört die Ausschnitte in anderer Reihenfolge. Könnt ihr sie trotzdem den richtigen Partiturausschnitten zuordnen? Begründet eure Entscheidung mit Hilfe von Fachbegriffen.

6 Beschreibt die auf ▶ S. 13 abgedruckte grafische Partitur mit Hilfe von Fachbegriffen.

Dynamik und Artikulation

Bezeichnungen für Dynamik (Lautstärke)

pianissimo (pp)	= sehr leise
piano (p)	= leise
mezzoforte (mf)	= halblaut
forte (f)	= laut
fortissimo (ff)	= sehr laut

crescendo ⟨ = lauter werden

decrescendo, ⟩ = leiser werden
diminuendo

Akzent (>) = Betonung

Bezeichnungen für Artikulation (Spielweise)

staccato = gestoßen, sehr kurz abgesetzt ♩♩
portato = gehalten, aber abgesetzt ♩♩
tenuto = sehr lang gehalten ♩♩
legato = gebunden ♩♩

Es gibt noch zahlreiche weitere Spielweisen, die von Instrument zu Instrument variieren, zum Beispiel: mit Dämpfer, mit Nachhall, gezupft, geschlagen …

Musizieren mit der ganzen Klasse

Der Song „Katzen brauchen furchtbar viel Musik“ stammt aus dem Zeichentrickfilm „Aristocats“. Auch hier werden Bewegungen musikalisch dargestellt.

1 Hört und singt die Melodie und beschreibt, woran man die Bewegungen der singenden Katzen erkennen kann.
1|12

2 Begleitet euren Gesang wie auf dem Szenenbild mit verschiedenen Instrumenten. Nutzt dazu den Spielsatz.

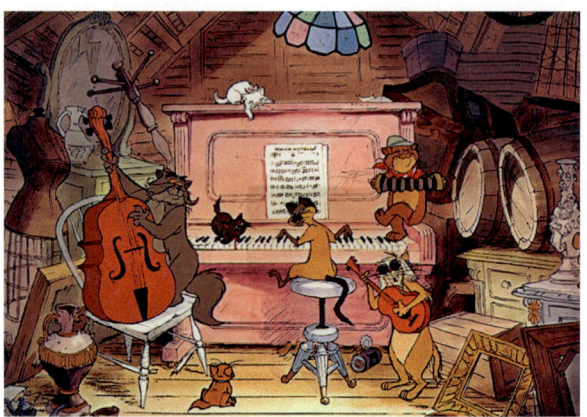

Katzen brauchen furchtbar viel Musik

Text/Musik: Floyd Huddleston/Al Rinker
deutscher Text: Heinrich Riethmüller

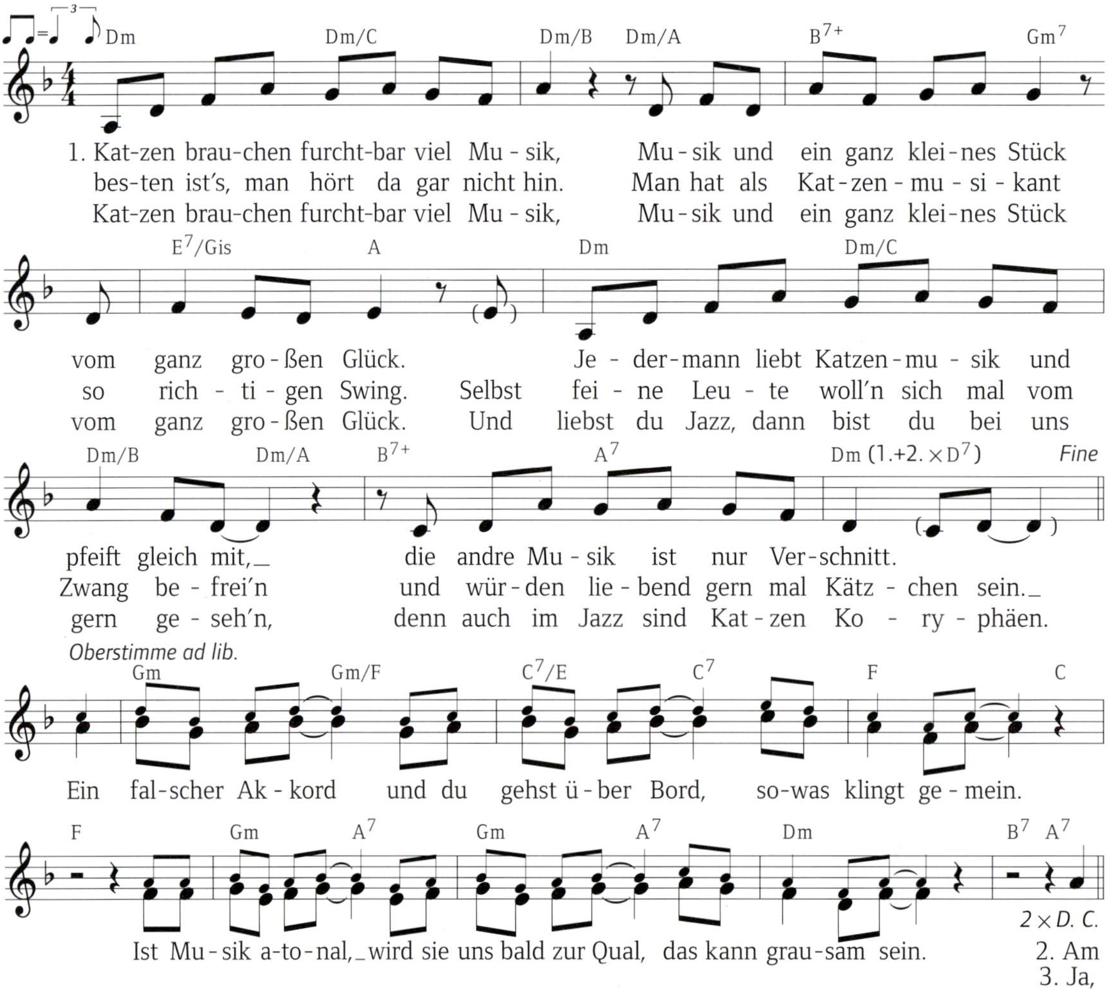
Dm Dm/C Dm/B Dm/A B7+ Gm7
1. Kat-zen brau-chen furcht-bar viel Mu-sik, Mu-sik und ein ganz klei-nes Stück
bes-ten ist's, man hört da gar nicht hin. Man hat als Kat-zen-mu-si-kant
Kat-zen brau-chen furcht-bar viel Mu-sik, Mu-sik und ein ganz klei-nes Stück
E7/Gis A Dm Dm/C
vom ganz gro-ßen Glück. Je-der-mann liebt Katzen-mu-sik und
so rich-ti-gen Swing. Selbst fei-ne Leu-te woll'n sich mal vom
vom ganz gro-ßen Glück. Und liebst du Jazz, dann bist du bei uns
Dm/B Dm/A B7+ A7 Dm (1.+2. × D7) Fine
pfeift gleich mit, die andre Mu-sik ist nur Ver-schnitt.
Zwang be-frei'n und wür-den lie-bend gern mal Kätz-chen sein.
gern ge-seh'n, denn auch im Jazz sind Kat-zen Ko-ry-phäen.
Oberstimme ad lib.
Gm Gm/F C7/E C7 F C
Ein fal-scher Ak-kord und du gehst ü-ber Bord, so-was klingt ge-mein.
F Gm A7 Gm A7 Dm B7 A7
Ist Mu-sik a-to-nal, wird sie uns bald zur Qual, das kann grau-sam sein.
2 × D. C.
2. Am
3. Ja,

Katzen brauchen furchtbar viel Musik – Spielsatz

Satz: Ulrich Brassel

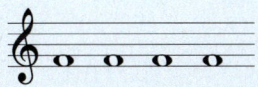

Melodiebewegung

Oft kann man eine notierte Melodie auch ohne sichere Kenntnis der Notenschrift nachspielen, indem man genau darauf achtet, wohin sich die Melodie bewegt:

Ein **Tonschritt** verbindet zwei benachbarte Töne. Deren Noten liegen daher im Liniensystem unmittelbar nebeneinander, sodass ein Ton *zwischen* zwei Linien, der andere *auf* einer der beiden Linien notiert ist:

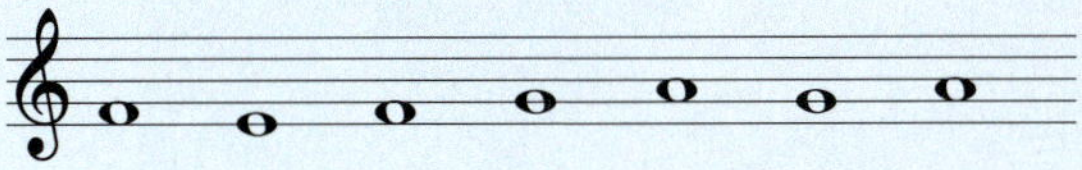

Größere Abstände nennen wir **Tonsprung**. Jeder Tonsprung kann durch Tonschritte ausgefüllt werden:

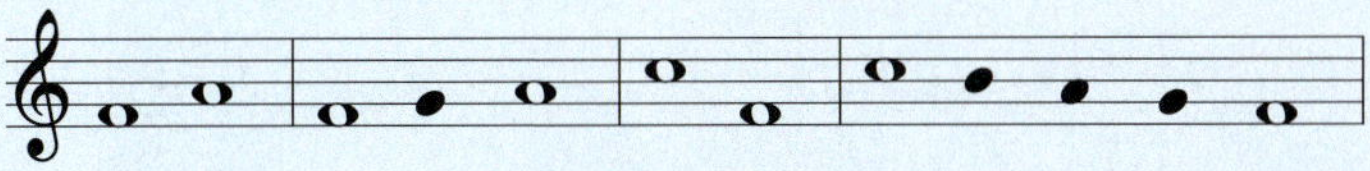

Folgen zwei oder mehr Noten der gleichen Tonhöhe aufeinander, sprechen wir von einer **Tonwiederholung**:

Les quatre-coins – Ein Kinderspiel?

Der französische Komponist Erik Satie in drei verschiedenen Abbildungen. Er komponierte vor allem Werke für Klavier.

Das Klavierstück „Les quatre-coins" stammt aus einer Sammlung, die der Franzose Erik Satie (1866–1925) unter dem Titel „Sports et divertissements" (Sport und Unterhaltung) komponiert hat. Der Titel des Klavierstücks bedeutet übersetzt: „Die vier Ecken". Es handelt sich um die Bezeichnung für ein bekanntes Bewegungsspiel, das auch heute noch von vielen Kindern gerne gespielt wird.

Zum besseren Verständnis hat der Komponist außerdem einige Kommentare in das Notenbild geschrieben, natürlich in französischer Sprache.

1 Schaut euch die verschiedenen Porträts des Komponisten Erik Satie an und überlegt, was sie über ihn mitteilen.

2 Findet heraus, welches Spiel sich hinter dem Titel „Les quatre-coins" verbirgt. Dazu hilft euch neben dem Gemälde von Nicolas Lancret auch die Zeichnung, die Satie dem Notenbild vorangestellt hat.

Nicolas Lancret (1690–1743): „Le Jeu des quatre-coins"

Musik lesen – Ein Notenbild mitverfolgen

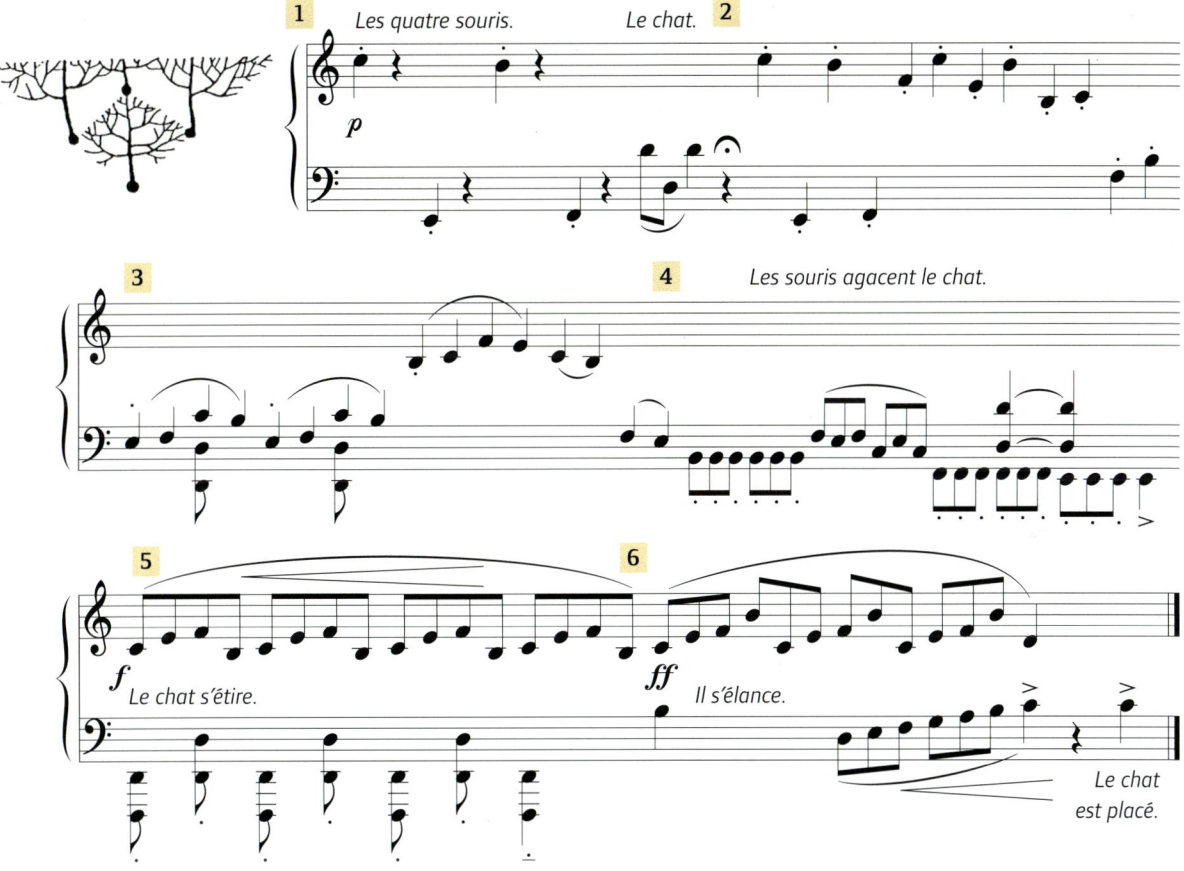

3 Hört das Stück und verfolgt dabei die Noten mit. Dazu helfen euch die Hinweise im blauen Kasten.
◎ 1|13

4 Übersetzt den französischen Text mit Hilfe eines Wörterbuchs. Überlegt, worin der Zusammenhang zwischen der Musik und ihrem Titel bestehen könnte. **AH**|S. 7

5 Am Anfang des Stückes stellen sich die fünf „Mitspieler" musikalisch vor. Findet sie im Notenbild.

Klaviernoten mitlesen

– In Klaviernoten gehören immer zwei Liniensysteme zusammen. Das obere System gibt die höhere Tonlage wieder, das untere System die tiefere. Am Schluss einer kompletten Zeile springen wir in die nächste, wie beim Lesen eines Textes.
– Oft müssen wir mit unseren Augen springen, wenn aufeinander folgende Töne weit voneinander entfernt sind und dementsprechend auch die Noten weit auseinander liegen.
– Wie kurz oder lang ein Ton ist, hängt nicht nur von den Notenwerten ab, sondern richtet sich auch nach der vorgeschriebenen Spielweise, zum Beispiel staccato oder legato (▶ S.15).
– Wenn Noten direkt untereinander stehen, klingen die dazu gehörenden Töne gleichzeitig.

Ein Katz-und-Maus-Spiel

Notennamen unterscheiden

Um zu verstehen, was in dieser Musik geschieht, ist es wichtig, die Noten genau zu lesen.
Auf diese Weise können wir den vier Mäusen und der Katze auch ihre eigenen Namen geben.

6 **a** Findet mit Hilfe der Übersicht im blauen Kasten die Namen der Noten in Abschnitt 1 heraus.
Die beiden tiefen Noten im Bassschlüssel müsst ihr durch Nachdenken ermitteln!
b Ergänzt die gefundenen Tonnamen zu vollständigen Namen für die vier Mäuse und
die Katze. Einigt euch in eurer Klasse auf gemeinsame Namen. **AH|S. 7**

Notenschlüssel

Ihr wisst bereits, dass wir höhere und tiefere Tonlagen unterscheiden. Allerdings gibt es nur wenige
verschiedene Tonnamen. Sie sind von unten nach oben in der gleichen Reihenfolge angeordnet wie
im Alphabet, mit Ausnahme des Tons „h". Dies wird besonders deutlich, wenn wir uns eine Klavier-
tastatur anschauen. Durch verschiedene Schlüssel wird festgelegt, welchen Tonnamen eine Note
trägt und in welcher Tonlage sie gespielt werden soll. Während der Violinschlüssel ein G-Schlüssel
ist, bestimmt der Bassschlüssel die Note f, er ist ein F-Schlüssel.

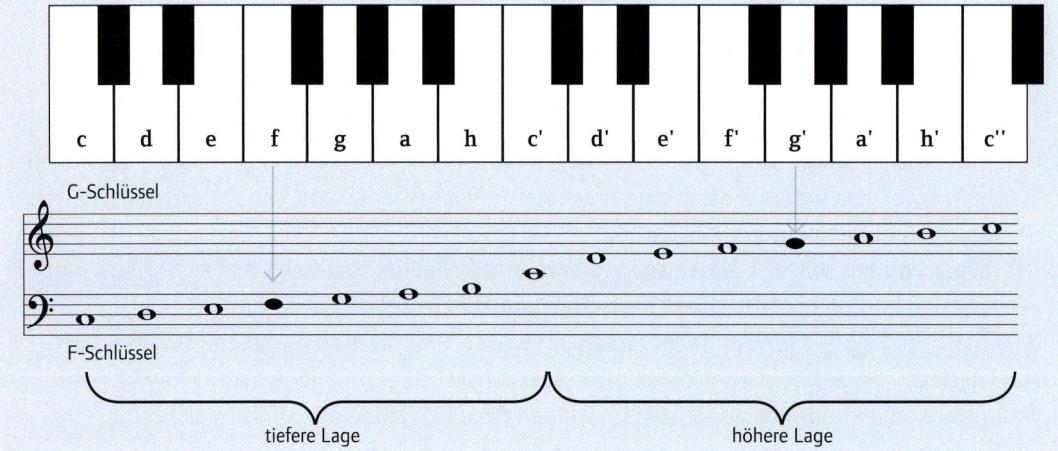

7 Teilt euch in Gruppen auf und findet die vier Mäuse und die Katze im Notenbild in den Abschnitten 2 bis 5. An welchen Stellen kann man auch ohne Hilfe des französischen Kommentars erkennen, was in der Musik geschieht?

Am Schluss steigt die Spannung. Satie schreibt dazu: „Die Katze streckt sich." – „Sie stürzt los." Sicher habt ihr auch schon einmal gesehen, wie eine Katze losspringt.

8 Beschreibt genau, wie der Sprung der Katze in Abschnitt 6 musikalisch dargestellt wird. Achtet dabei auf die Melodierichtung, die Dynamik und die Artikulation. Welche der vier Mäuse hat sie schließlich gefangen?

9 Aber wie hat die Katze dies schaffen können? Wenn ihr genau auf die Reihenfolge der Mäuse in den Abschnitten 5 und 6 achtet, findet ihr es sicher heraus. Dazu helfen die Informationen im blauen Kasten. **AH** | S. 7

10 Nun könnt ihr das gesamte Klavierstück als Klanggeschichte hören, weil ihr genau wisst, worum es geht und wie man die Musik verstehen kann. Erzählt den Inhalt der Komposition mit euren eigenen Worten nach.

⊚ 1|13

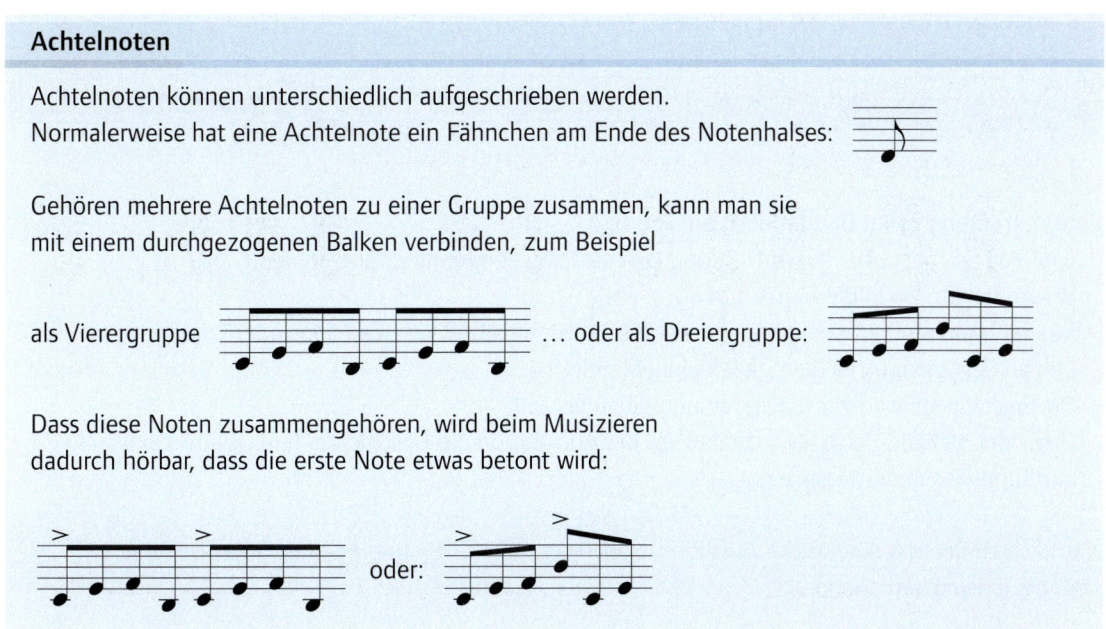

Achtelnoten

Achtelnoten können unterschiedlich aufgeschrieben werden.
Normalerweise hat eine Achtelnote ein Fähnchen am Ende des Notenhalses:

Gehören mehrere Achtelnoten zu einer Gruppe zusammen, kann man sie mit einem durchgezogenen Balken verbinden, zum Beispiel

als Vierergruppe ... oder als Dreiergruppe:

Dass diese Noten zusammengehören, wird beim Musizieren dadurch hörbar, dass die erste Note etwas betont wird:

oder:

Unterrichtsprojekt

Vorschlag 1: „Les quatre-coins" aufführen

Die folgende Spielvorlage enthält alle Noten aus „Les quatre-coins" im Violinschlüssel:
Damit könnt ihr das Stück alleine oder zu mehreren aufführen:
– an Stabspielen,
– mit verschiedenen Instrumenten im Klassenorchester,
– mit Boomwhackers.

Eure Aufführung könnt ihr nun noch erweitern:
– Eine Person spricht bei der Aufführung die französischen Kommentare an den
  passenden Stellen in die Musik hinein.
– Zu den französischen Kommentaren werden selbstgemalte Bilder, Cartoons oder Fotos ausgewählt
  und an den entsprechenden Stellen eingeblendet.
– Die Spielvorlage wird zur Klavierfassung hinzugespielt.
– Eine oder mehrere Personen erzählen vor der Aufführung die Geschichte der „Quatre-coins"
  und führen so in die Musik ein.

Natürlich eignet sich eine solche Aufführung auch sehr gut als Beitrag in einem Klassenkonzert
oder bei einem Elternabend.

Vorschlag 2: Eine Klanggeschichte mit fünf Tönen

Eine ähnliche musikalische Geschichte wie „Les quatre-coins" könnt ihr nun auch selbst planen und in traditioneller Notenschrift aufschreiben.

Möglichkeit 1:

Wandelt Saties Komposition ab, zum Beispiel:

1 Verlängert den Abschnitt 4, indem ihr ausführlich darstellt, wie die Mäuse die Katze ärgern.

2 Ergänzt den Schluss, indem ihr musikalisch erzählt, was mit den anderen Mäusen passiert.

3 Ihr könnt den Schluss auch ganz verändern:
a Die Katze probiert es immer wieder vergeblich.
b Die Mäuse holen sich ihre gefangene Freundin zurück.
c Die Mäuse schlagen die Katze gemeinsam in die Flucht.
Sicher habt ihr noch viele weitere Ideen!

Möglichkeit 2:

4 Komponiert ein ganz neues Stück mit nur fünf verschiedenen Tonnamen für Klavier oder ein anderes Instrument eurer Wahl:
a Entwerft eine Geschichte mit fünf verschiedenen Rollen, zum Beispiel:
  – Ein Sheriff jagt vier Bankräuber.
  – Ein Zirkusdompteur zähmt vier Raubkatzen.
  – Eine Maus versetzt vier Elefanten in Panik.
b Plant einen Handlungsablauf über etwa fünf Stationen und haltet die einzelnen Schritte schriftlich fest. Dabei ist es hilfreich, wenn ihr den einzelnen Rollen richtige Namen gebt.
c Sucht nach musikalischen Bewegungen, die zu den einzelnen Handlungen passen, und kombiniert sie zu einem zusammenhängenden musikalischen Verlauf.
d Notiert euer Ergebnis mit Hilfe passender Notenschlüssel und führt es mit geeigneten Instrumenten auf.

Auch die Aufführung eurer eigenen Kompositionen könnt ihr, wie in **Projektvorschlag 1** beschrieben, mit verschiedenen Ideen erweitern.

1.2

In diesem Kapitel …
– untersucht ihr Maschinenklänge
  in Musikstücken,
– erforscht ihr Puls, Takt und
  Rhythmus von Musikstücken,
– singt und musiziert ihr Songs,
  in denen es um Eisenbahnen geht,
– gestaltet ihr eigene Musik mit
  Maschinenklängen.

Alles bewegt sich
Mit Geräuschen Musik gestalten

1 Beschreibt die Bilder. Welche Klänge erwartet ihr?

2 Untersucht die Klänge der Hörbeispiele und ordnet sie den Bildern zu. Woran kann man
◎1|14–16 unterscheiden, ob eine Maschine oder ein Mensch arbeitet?

3 Rolf Liebermann (1910–1999) komponierte 1964 ein Stück für eine Wirtschaftsschau. Er ließ
◎1|17 Maschinen spielen und nannte das Stück „Les Echanges" (frz. Banken und Versicherungen).
    a Beschreibt, wie Liebermann sein Stück gegliedert hat.
    b Untersucht, welche Klangeigenschaften der Maschinen der Komponist einsetzt,
       um daraus einen musikalischen Ablauf zu gestalten.

„Die Bahn kommt"

Puls und Takt in einem Song bestimmen

Technik ist aus unserem Leben nicht mehr wegzudenken. Sie ist allgegenwärtig und hat auch immer wieder Musiker zu Kompositionen angeregt.

1 Hört den Song „Die Bahn kommt" von den Wise Guys.

◉ 1|18

2 Untersucht, welche Maschinengeräusche sich in die Originalaufnahme des Songs eingeschlichen haben. Ahmt diese Geräusche zur Musik nach.

3 Geht passend zur Musik in kleinen Schritten durch den Raum. Welcher Effekt stellt sich nach kurzer Zeit ein?

4 Wenn wir Musik hören, versuchen wir unwillkürlich einen durchgehenden Puls oder Grundschlag wahrzunehmen. Auch in dem Song „Die Bahn kommt" gibt es einen solchen Puls. **AH|S.8**

a Macht euch den Puls des Songs dadurch bewusst, dass ihr zur Musik leise mit einer Fingerspitze auf den Tisch oder in die Handfläche klopft.

b Messt euren eigenen Puls. Zählt dazu über den Zeitraum von 15 Sekunden die Zahl eurer Pulsschläge und multipliziert das Ergebnis mal 4. Das Ergebnis sind die Pulsschläge pro Minute.

c Messt nun den Puls des Songs auf die gleiche Weise und vergleicht eure Ergebnisse.

Bis ins 18. Jahrhundert hinein haben sich Komponisten und Musiker in der Wahl des Tempos am menschlichen Puls orientiert. Um mitzuteilen, wie schnell ein Musikstück sein sollte, benutzte man daher keine genauen Zeitangaben, sondern beschrieb die Stimmung des Stückes oder seine Bewegung. Zu dieser Zeit orientierte man sich am Musikleben Italiens. So kam es, dass alle wichtigen musikalischen Grundbegriffe italienisch sind.

5 Vergleicht die verschiedenen Tempobezeichnungen mit ihren Übersetzungen. Warum soll in einem Allegro das Tempo schneller sein als in einem Andante oder einem Grave?

Tempobezeichnungen

langsam	**mittel**	**schnell**
largo (breit)	andante (gehend)	allegro (munter, fröhlich)
grave (schwer, ernst)	allegretto (ein bisschen munter)	presto (eilig)
adagio (ruhig)	moderato (mäßig)	vivace (lebendig)

Betonungen finden – Taktarten unterscheiden

Musik, die einem bestimmten Pulsschlag folgt, zeigt in den meisten Fällen auch regelmäßige Betonungen, zum Beispiel auf jedem zweiten, dritten oder vierten Pulsschlag. Dadurch wird die Musik in Gruppen von Pulsschlägen unterteilt, die man Takte nennt. Die einzelnen Pulsschläge werden in jedem Takt durchgezählt.

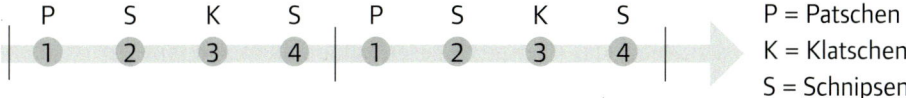

P = Patschen
K = Klatschen
S = Schnipsen

6 Der Song „Die Bahn kommt" steht in einem 4er-Takt.

🔘 1|19 **a** Übt den 4er-Takt mit Bodypercussion und begleitet so den Refrain des Songs.
b Findet heraus, welches Wort des Refrains auf die „Eins" fällt. **AH|S.8**

Wir fahr'n mit der Bahn

Frei nach „I fahr' mit der Post"

Wir fahr'n, wir fahr'n, wir fahr'n mit der Bahn! Bahn! Fahr'n mit der Bum - mel - bahn,

je - der kann mit ihr__ fahr'n! Wir fahr'n, wir fahr'n, wir fahr'n mit der Bahn!

7 Der Kanon „Wir fahr'n mit der Bahn" steht in einem 3er-Takt.
a Übt den 3er-Takt als Bodypercussion (P – K – S) und begleitet damit den Kanon.
b Beschreibt, wie sich die beiden Taktarten voneinander unterscheiden.

Takt

Die gleichmäßige Einteilung von Pulsschlägen nennt man Takt. Die Taktbezeichnung am Anfang eines Stückes gibt an, wie viele Pulsschläge (= Zählzeiten) in einen Takt passen und welchen Notenwert der Pulsschlag hat. Takte werden durch Taktstriche voneinander getrennt.

A Zeit fließt dahin

B Pulsschlag: gleichmäßige Grundschläge

bedeutet: 4 Viertel-Schläge passen in einen Takt.

C Takt: Gruppierung von Grundschlägen (hier: 4er-Takt)

| 1 | 2 | 3 | 4 | 1 | 2 | 3 | 4 |

D Takt: Gruppierung von Grundschlägen (hier: 3er-Takt)

bedeutet: 3 Viertel-Schläge passen in einen Takt.

| 1 | 2 | 3 | 1 | 2 | 3 | 1 | 2 | 3 |

Musizieren mit der ganzen Klasse

Unsre kleine Eisenbahn

Text und Musik: Erich Ferstl

1. Uns-re klei-ne Ei-sen-bahn hält an kei-nem Bahn-hof an, ein-mal Sulzbach und zu-rück,_ hin und her an ei-nem Stück. Sie kennt je-den Stamm am Weg,_ je-de Schran-ke, je-den Steg,_ je-den Bach und je-den Strauch, und die Menschen kennt sie auch.

2. Hin und her, berg-ab, berg-an fährt die klei-ne Ei-sen-bahn, träumt von bun-ten A-ben-teu-ern und von dunk-len Un-ge-heu-ern. Sie ver-liert so-fort die Lust,_ im-mer mehr wird ihr be-wusst, ih-re Stre-cke ist zu klein, sie will kei-ne Klein-bahn sein.

3. Uns-re klei-ne Ei-sen-bahn macht sich ei-nen gro-ßen Plan, sie will nach Aus-tra-lien gehn, um ein Kän-gu-ru zu sehn. Sie will un-ter Pal-men wohnen, träumt von gold-nen Kaf-fee-boh-nen und von ro-ten Feu-er-drachen, wenn wir auch da-rü-ber la-chen.

Refrain

Trillerpfeife Wff! Tril-lern, Pfei-fen, Stamp-fen, Rol-len, Tril-lern, Pfei-fen, Stamp-fen, Rol-len im-mer wie die Schie-nen wol-len, im-mer nur auf Schie-nen rol-len, das macht den Zü-gen wirk-lich kein Ver-gnü-gen.

Doch was nützt der klei-nen Ei-sen-bahn der Traum vom gro-ßen Rei-se-plan, wenn Fahrplan, Schie-nen, Zeichen, Weichen im-mer nur bis Sulz-bach rei-chen.

Trillerpfeife Wff! Tril-lern, Pfei-fen, Stamp-fen, Rol-len, ...

28

Immer im gleichen Trott? Tempoveränderungen gestalten

1 Das Lied „Unsre kleine Eisenbahn" erzählt eine Geschichte.

a Gebt die Geschichte in eigenen Worten wieder. Geht auch auf
die Gefühle der „kleinen Eisenbahn" ein.

b An einigen Stellen des Liedes erfährt man, dass die „kleine Eisenbahn" etwas verändern
möchte. Gestaltet das Tempo an diesen Stellen so, dass ihre Gedanken verdeutlicht werden.

Tempoänderungen

ritardando (rit.) – langsamer werden
accelerando (acc.) – schneller werden
Beim Ritardando und beim Accelerando wird der Puls langsamer beziehungsweise schneller.

Rhythmischer Begleitsatz

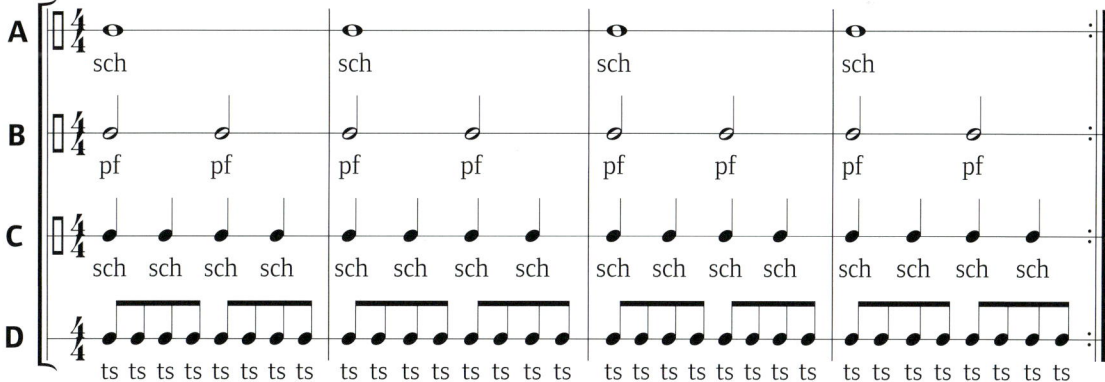

2 Übt den Begleitsatz …

a … zuerst jede Zeile für sich,

b … die Zeilen nacheinander, also A B C D und auch wieder zurück D C B A.

c … den gesamten Satz im Zusammenspiel der vier Stimmen.

3 **a** Teilt euch in vier Gruppen und musiziert ihn gemeinsam.

b Bildet eine fünfte Gruppe, die das Lied dazu singt, und führt es zusammen mit dem
Begleitsatz auf. Beachtet dabei auch die Tempoveränderungen aus Aufgabe 1b.

Der Rhythmus macht die Musik

Tondauern unterscheiden und bestimmen

Wenn wir beim Singen oder beim Musikhören genau auf den Takt achten und einen regelmäßigen Puls spüren, merken wir leicht, dass es schnellere und langsamere Tonfolgen gibt: Die Tondauern können also unterschiedlich lang sein. Wir sprechen dann vom Rhythmus einer Melodie, denn so nennen wir die Abfolge unterschiedlich langer Tondauern. In unserer Notenschrift erhält jede Tondauer einen bestimmten Notenwert, sodass wir unterschiedliche Rhythmen sehr genau ausführen können.

Im Begleitsatz zum Lied „Unsre kleine Eisenbahn" ▶ S. 29 kommen sehr viele verschiedene Notenwerte vor.

1 Musiziert den Begleitsatz ▶ S. 29. Sprecht den Rhythmus mit Hilfe der Rhythmussilben (siehe blauer Kasten) und benennt die einzelnen Notenwerte.

2 Benennt die Notenwerte in den Liedern „Unsre kleine Eisenbahn" und „Wir fahr'n mit der Bahn" ▶ S. 27/28.

3 Rhythmusrätsel: Klatscht den Rhythmus eines Liedes vor. Wer kann das Lied erraten?

4 Erfindet eigene Rhythmen im 4/4-Takt (4 Takte lang). Klatscht sie und sprecht dazu die Rhythmussilben Rhythmussprache. **AH|**S. 10

Noten- und Pausenwerte AH|S. 9/11

Noten bestehen aus einem Notenkopf ○ oder ● und einem Notenhals ♩ oder ♩

Achtelnoten erhalten ein Fähnchen am Hals ♪♩ / Sechzehntelnoten zwei Fähnchen ♬♪

Zur Vereinfachung gibt man Achtelnoten,
die nebeneinander stehen, einen gemeinsamen Balken. ♫ (vgl. ▶ S. 21)

1	+	2	+	3	+	4	+		
○ ta	–	o	–	a	–	o		Ganze Note	▬
♩ ta	–	o		♩ ta	–	o		Halbe Note	▬
♩ ta		♩ ta		♩ ta		♩ ta		Viertelnote	𝄽
♪ ti	♪ ti	♪ ti	♪ ti	♪ ti	♪ ti	♪ ti	♪ ti	Achtelnote	𝄾
♬ ti	♬ gi	♬ ti	♬ gi	♬ ti	♬ gi	♬ ti	♬ gi	♬ ti	♬ gi	♬ ti	♬ gi	♬ ti	♬ gi	♬ ti	♬ gi	Sechzehntel-note	𝄿

Ein musikalischer Schüttelreim

Liegewagen-Kanon

Text und Musik: Richard Rudolf Klein (*1921)

Der 6/8-Takt ist eine besondere Taktart: Er wird auf der ersten und vierten Taktzeit betont, sodass die beiden Takthälften jeweils drei Achtelnoten lang sind.

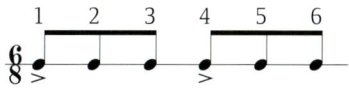

5 **a** Klopft den Rhythmus der Melodie. Achtet dabei auf die betonten Taktzeiten.
b Vergleicht die Rhythmen der einzelnen Takte: Welche Takte sind rhythmisch gleich?
c Wie viele unterschiedliche Rhythmen gibt es in dieser Melodie? Sprecht sie auf Rhythmussilben und schreibt sie untereinander auf.
AH|S.12

6 Viele Wiegenlieder stehen im 6/8-Takt, da man sich im Rhythmus ♩♪ besonders gut hin- und herwiegen kann, so wie ein Kind in der Wiege. Singt und musiziert den „Liegewagen-Kanon" und wiegt euch im Rhythmus. Warum hat der Komponist diese Taktart bei einem Liegewagen verwendet?

Verlängerung von Notenwerten

Der Punkt hinter einem Notenwert verlängert diesen, und zwar um die Hälfte seines Wertes. Eine Viertelnote wird also um eine Achtelnote verlängert, eine Halbe Note um eine Viertelnote. Mit dem Haltebogen können gleiche Tonhöhen verlängert werden.

♩. = ♩ + ♪   𝅗𝅥. = 𝅗𝅥 + ♩

Mit einem Haltebogen werden die beiden verbundenen Notenwerte zusammengezogen:

𝅗𝅥‿𝅗𝅥 = 𝅝   𝅗𝅥‿♩ = 𝅗𝅥.

Mit der Eisenbahn unterwegs in Brasilien

Ein Orchesterwerk hören und untersuchen

Heitor Villa-Lobos (1887–1959) war einer der bedeutendsten Komponisten Brasiliens.
Er komponierte mehr als 2000 Werke und förderte die Ausbildung junger Musiker
in seinem Land. Eine seiner bedeutendsten Kompositionen sind die neun Bachianas
Brasileiras. Er gab dem 4. Satz der Bachianas Brasileiras Nr. 2 den Namen
„O Tremenzinho do Caipira" – „Die kleine Eisenbahn des brasilianischen Bauern".

1 Beschreibt den Anfang der „kleinen Eisenbahn". Nutzt dazu den Wortvorrat.
⊙ 1|20 Was möchte die Musik darstellen?

2 Versetzt euch beim Hören in einen der Waggons und
beschreibt eure Eindrücke während der Fahrt.

angenehm   aufheiternd   beängstigend
bedrohlich   bedrückend   belebend   beschwingt
bunt   dumpf   dunkel   düster   einschläfernd
einschüchternd   freundlich   fröhlich   gefährlich   grau
grell   hell   hoch   hohl   langsam   leichtfüßig   lustig
ohrenbetäubend   schief   schillernd   schnell   schrill
stampfend   tänzerisch   tief   unheimlich …

Grafische Partitur, Takt 1–26

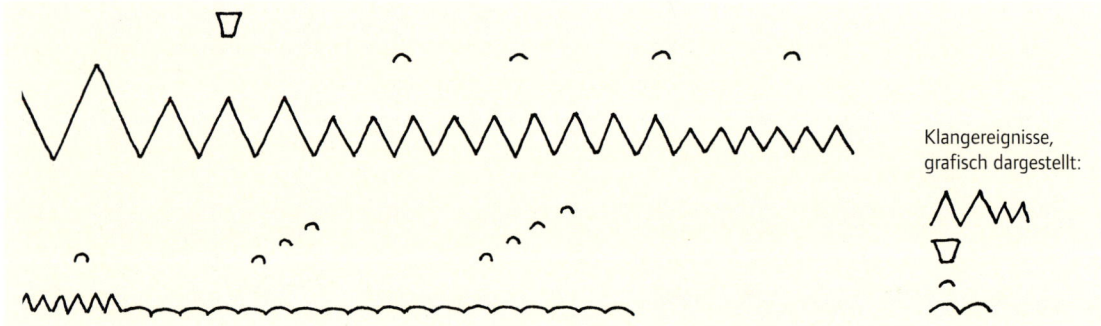

Klangereignisse,
grafisch dargestellt:

3
⊙ 1|21

a Ahmt die Fahrweise der Eisenbahn passend zur Musik nach. Bewegt dazu eure Arme wie das Gestänge einer Dampflokomotive.

b Verfolgt beim Hören die grafische Partitur, indem ihr mit euren Fingern die gezackte Linie passend zur Musik nachzeichnet.

c Erklärt die Zeichen der Legende. Welche Eigenschaften einer Eisenbahn stellen die einzelnen Zeichen dar?

4 Beschreibt die Notation im Klavierauszug und lest die Abfolge der Klänge zur Musik mit. Wie wird das Anfahren des Zuges im Notenbild sichtbar?

5 Vergleicht das Notenbild des Klavierauszuges mit dem Begleitsatz des Liedes „Unsre kleine Eisenbahn" ▸ S. 28. Wie passen beide Beispiele zur Fahrt einer Eisenbahn?

H. Villa-Lobos 1922

Klavierauszug, Takt 1–26

Triole

Wird ein Notenwert nicht in zwei, sondern in drei gleich große Notenwerte unterteilt, entsteht eine Triole.

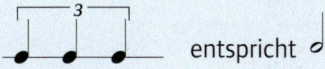 entspricht ♩    entspricht ♪

H. Villa Lobos: Bachianas Brasileiras Nr. 2, 4. Satz – Thema

Text: Katrin Hammer

Ra - send___ und ge - schwind___ fährt's Bähn - lein___ mit_ dem Wind___

durch Berg,___ Land und Tal_____ – ganz phä - no - me - nal!___

Wie es___ pfeift und dampft,___ durch die___ Land - schaft stampft,___

wie es___ blitzt und blinkt, bis___ dann die Sonn' im___ Meer ver - sinkt.___

Die Komposition verwendet im 4. Satz eine Melodie, die im Verlauf des Stückes immer wieder auftritt. Eine solche Melodie nennt man **Thema**.

6 **a** Summt das Thema des 4. Satzes oder singt es mit Hilfe des hinzugefügten Textes. Achtet dabei vor allem auf rhythmische Genauigkeit.

b Beschreibt das Notenbild: An welchen Stellen enthält die Melodie ungewöhnliche Notenwerte?

7 Hört das Thema im Original. Beschreibt das Thema und seine Begleitung im Vergleich zum
◉ 1|22 Anfang des 4. Satzes.

8 Findet die Takte, in denen Dampfgeräusche und das Rollen der Räder zu hören sind. Achtet bei den Dampfgeräuschen auf die Bewegungsrichtung. **AH|S. 13**

9 **a** Hört euch den ganzen Satz an und
◉ 1|20 achtet auf alles, was euch ungewöhnlich vorkommt.

b Zählt beim erneuten Hören, wie oft Villa-Lobos das Thema erklingen lässt.

10 Schließt die Augen und stellt euch die Reise der kleinen Eisenbahn vor. Erzählt eure Eindrücke in Form einer Geschichte.

Eine Eisenbahnfahrt in Georgien

Chormusik des 20. Jahrhunderts erschließen

Yosif Ketchakhmadze (geboren 1938) gab seinem Werk „Archaica II" einen Untertitel:
Auf dem Weg nach Lashari. Lashari ist eine kleine Stadt in Georgien inmitten einer schönen
Berglandschaft.

1 Hört den Anfang von „Archaica II" und beschreibt
🔘 1|23 euren ersten Eindruck. Woran erkennt man beim Hören,
dass es sich hier um eine Eisenbahnfahrt handelt?

a Beschreibt die Besetzung und den Klang der Musik.
Welche Klänge sind ungewöhnlich für einen Chor?
b Überlegt, welche Vor- und Nachteile diese Besetzung
für das Darstellen einer Eisenbahnfahrt hat.
c Welche Taktart (3er- oder 4er-Takt) liegt dem Stück
zugrunde?

3 Untersucht in den einzelnen Hörbeispielen, welche Lokomotivgeräusche verwendet werden,
🔘 1|24–27 und wie der Komponist diese mit Hilfe der menschlichen Stimme nachahmt. Haltet eure
Ergebnisse in einer Tabelle fest. **AH|S.14**

Welche Lokomotivgeräusche verwendet der Komponist? (Räder, Pfeifen, Dampf…)	Mit welchen Mitteln imitiert er die Lokomotivgeräusche? (Stimmlage, Ton-höhenverlauf, Klangsilben, Rhythmus…)
HB 1	

4 Vergleicht Ketchakhmadzes musikalische Gestaltung einer Eisenbahnfahrt mit der von
Villa-Lobos. Was verbindet beide Kompositionen, welche Unterschiede fallen auf?

35

Musique Concrète

Aus Geräuschen entsteht Musik

Maschinengeräusche lassen sich nicht nur durch Musik nachahmen. Sie können auch selbst zu Musik werden, indem sie aufgenommen, durch elektronische Verfahren verfremdet und dann neu zusammengestellt werden. Weil dabei „konkrete", das heißt: tatsächlich vorkommende Geräusche verwendet werden, heißt diese Art von Musik „Konkrete Musik". Maßgeblich entwickelt wurde sie von dem Franzosen Pierre Schaeffer (1910–1995), weshalb sich allgemein die französische Bezeichnung „Musique Concrète" durchgesetzt hat.

1 Hört den Anfang von Schaeffers „Étude aux chemins de fer" (französisch *Übung über Eisen-bahnen*). Welche Eisenbahngeräusche verwendet Schaeffer?
◉ 1|28

Schaeffer erprobte mit den damals vorhandenen technischen Mitteln verschiedene Möglichkeiten, Klänge zu verändern. So konnte er Klänge auseinanderschneiden, mehrere Klänge gleichzeitig abspielen, einzelne Abschnitte wiederholen, rückwärts abspielen, die Geschwindigkeit und damit auch die Tonhöhe verändern und bestimmte Tonhöhen herausfiltern, sodass der ursprüngliche Klang nur noch sehr schwer wieder-zuerkennen war.

2 Hört Schaeffers „Étude aux chemins de fer" erneut an. Versucht, einzelne Veränderungen zu beschreiben.
◉ 1|28

3 Vergleicht Schaeffers „Etude aux chemins de fer" mit den Kompositionen von Ketchakhmadze und Villa-Lobos.
   a Welche Eisenbahngeräusche findet man in allen drei Musikstücken?
   b Auf welche musikalischen Gestaltungsmittel kann Schaeffer bei seiner Komposition verzichten?

4 **a** Informiert euch über die Möglichkeiten der Klangbearbeitung am Computer und sammelt Beispiele aus der Popmusik, bei denen konkrete Klänge eingesetzt wurden.
   b Diskutiert Vor- und Nachteile bei der Komposition mit konkreten Klängen. Beachtet dabei auch, wie diese Musik aufgeführt und verbreitet werden kann.

Unterrichtsprojekt

Eine musikalische Bahnfahrt

1 Schaut euch die Bilderfolge an und erzählt eine dazu passende Reisegeschichte mit einem spannenden Höhepunkt und einem ruhigen Schluss.

2 Überlegt euch, mit welchen musikalischen Mitteln ihr die einzelnen Stationen eurer Geschichte darstellen wollt, zum Beispiel das Beschleunigen, das Fahren und das Anhalten des Zuges.

3 Gestaltet passende Eisenbahngeräusche: Ihr könntet diese Geräusche
- mit euren Stimmen nachahmen,
- mit Instrumenten ausgestalten,
- als konkrete Klänge aufnehmen.

4 Erstellt einen Ablaufplan für eure musikalische Gestaltung. Beachtet dabei den Verlauf der Reisegeschichte vom Beginn der Fahrt bis zum Ziel und gebt eurem Stück einen passenden Titel.

5 Übt den Ablauf eurer Komposition. Dabei müsst ihr die verschiedenen Aufgaben sinnvoll verteilen, zum Beispiel Orchester, Chor, Techniker, Dirigent.

6 Führt eure Komposition auf. Dabei könnt ihr auch die Reisegeschichte erzählen.

Alternativ könnt ihr die Aufgaben 4–6 auch mit Hilfe eines Computerprogramms gestalten:

7 **a** Nehmt eure Eisenbahngeräusche auf und bearbeitet sie am Computer. Nutzt dazu die Gestaltungsmittel der „Musique Concrète".
b Erstellt aus den bearbeiteten Geräuschen eine Klangszene nach dem Vorbild von Schaeffers „Etude aux chemins de fer".
c Führt eure Komposition vor und erläutert dabei eure kompositorischen Ideen.

In diesem Kapitel …
– lernt ihr Musik kennen, die auf
  unterschiedliche Weise Stimmungen
  in uns hervorruft,
– findet ihr heraus, wie man den
  Ausdruck von Musik beschreiben
  kann,
– lernt ihr die Tongeschlechter Dur
  und Moll kennen,
– verändert ihr gezielt den Ausdruck
  von Musik, um eine andere
  Stimmung zu erzeugen.

Rechts: Piet Mondrian: Avond. Der rote Baum, 1908–1910

Oben: Piet Mondrian: Der graue Baum, 1911

Unten: Piet Mondrian: Blühender Apfelbaum, 1912

Stimmungen

Den Ausdruck von Musik untersuchen und gestalten

1. Betrachtet die Bilder von Piet Mondrian und beschreibt, in welche Stimmung sie euch versetzen. Wirken die Bilder auf jeden von euch in gleicher Weise?

2. Überlegt, wie es dem Maler gelingt, diese Stimmungen mit seinen Bildern in euch entstehen zu lassen.

3. Welche Musik gibt es, die ihr in bestimmten Situationen hört, zum Beispiel wenn ihr fröhlich, unglücklich, wütend oder entspannt seid? Nennt Beispiele und beschreibt deren musikalische Besonderheiten.

Auf den Punkt gebracht

Stimmungen durch Artikulationsformen erzeugen

Die drei Spatzen

In einem leeren Haselstrauch,
da sitzen drei Spatzen, Bauch an Bauch.
Der Erich rechts und links der Franz
und mittendrin der freche Hans.
Sie haben die Augen zu, ganz zu,
und obendrüber, da schneit es, hu!
Sie rücken zusammen dicht an dicht,
so warm wie Hans hat's niemand nicht.
Sie hör'n alle drei ihrer Herzlein Gepoch.
Und wenn sie nicht weg sind, so sitzen sie noch.

Christian Morgenstern (1871–1914)

1
a Lest das Gedicht „Die drei Spatzen" von Christian Morgenstern und beschreibt die Situation, in der sich die drei Spatzen befinden. Wie stellt ihr euch das Wetter vor?
b Überlegt, welche Gefühle ihr beim Vorlesen ausdrücken möchtet. Wie sollen eure Zuhörer auf den Vortrag reagieren?

2 Lest das Gedicht laut vor und versucht dabei, die Situation der drei Spatzen möglichst anschaulich zu vermitteln. Dazu hilft euch der blaue Kasten.

3 Vergleicht eure Fassungen mit denen eines professionellen Sprechers: Stellt die Gemeinsamkeiten und Unterschiede heraus.
◎ 1|29

> **Ausdruck durch Artikulation**
>
> Unsere Stimme bietet viele Möglichkeiten, um verschiedene Gefühle auszudrücken: Wir können zum Beispiel hoch oder tief, schnell oder langsam, aber auch laut oder leise sprechen. Darüber hinaus kommt es auf die richtige Artikulation (von lateinisch articulare: deutlich aussprechen) an. Je nachdem, ob wir die Wörter kurz, lang gehalten, besonders betont oder abgesetzt sprechen, erzeugen wir unterschiedliche Stimmungen.

Shalom chaverim

aus Israel

Sha – lom cha – ve – rim, sha – lom cha – ve – rim! Sha – lom, sha –

lom! Le hit – ra – ot, le hit – ra – ot, sha – lom, sha – lom!

4 Singt den Kanon „Shalom chaverim". Beschreibt, in welche Stimmung euch das Lied versetzt.

5 Auf ▶ S. 15 habt Ihr bereits verschiedene Spielweisen (Artikulationsformen) kennen gelernt.
Sie eignen sich nicht nur zur Darstellung von Bewegungsarten, sondern sind auch sehr
wichtig, um bestimmte Stimmungen zu erzeugen.
  a Singt den Liedanfang von „Shalom chaverim" oder spielt ihn auf einem Instrument mit den
  unten notierten, unterschiedlichen Artikulationsformen.
  b Tragt eine ausgewählte Artikulationsform vor und lasst sie von euren Mitschülern bestimmen.
  c Beschreibt, wie sich die Stimmung durch die gewählte Artikulationsform verändert.
  Stimmt die Wahrnehmung der Zuhörer mit eurer Absicht überein?

staccato: abgestoßen, Töne scharf voneinander getrennt

Sha – lom cha – ve – rim, sha – lom cha – ve – rim! Sha – lom, sha – lom!

legato: gebunden

Sha – lom cha – ve – rim, sha – lom cha – ve – rim! Sha – lom, sha – lom!

marcato: hervorgehoben, betont

Sha – lom cha – ve – rim, sha – lom cha – ve – rim! Sha – lom, sha – lom!

portato: getragen und abgesetzt, Artikulationsart zwischen staccato und legato

Sha – lom cha – ve – rim, sha – lom cha – ve – rim! Sha – lom, sha – lom!

Der König in Thule

Klangeigenschaften kombinieren

Der König in Thule

Text: Johann Wolfgang von Goethe (1749–1832)
Musik: Carl Friedrich Zelter (1758–1832)

1. Es war ein Kö - nig in Thu — le, gar treu bis an das Grab,___ dem
ster - bend sei — ne Buh — le ei - nen gold - nen Be - cher gab.___

2. Es ging ihm nichts darüber, er leert' ihn jeden Schmaus;
   die Augen gingen ihm über, so oft er trank daraus.

3. Und als er kam zu sterben, zählt' er seine Städt' im Reich,
   gönnt' alles seinen Erben, den Becher nicht zugleich.

4. Er saß beim Königsmahle, die Ritter um ihn her,
   auf hohem Vätersaale, dort auf dem Schloss am Meer.

5. Dort stand der alte Zecher, trank letzte Lebensglut,
   und warf den heil'gen Becher hinunter in die Flut.

6. Er sah ihn stürzen, trinken und sinken tief ins Meer.
   Die Augen täten ihm sinken; trank nie einen Tropfen mehr.

Das Lied „Der König in Thule" erzählt von einem sterbenden König, der seinen Erben alles bis auf einen goldenen Becher, den er von seiner „Buhlen" (seiner Liebsten) geschenkt bekommen hatte, hinterlässt.

1 **a** Erläutert den Inhalt der einzelnen Strophen. Wie geht die Geschichte aus?
b Tragt den Text ausdrucksvoll vor. Überlegt, welches Sprechtempo und welche Artikulation ihr verwendet, um eine geeignete Stimmung zu erzeugen.

2 Singt das Lied. Welches Tempo und welche Artikulationsarten schlagt ihr für den gesungenen Vortrag des Liedes vor? Wie geht ihr mit der Lautstärke um?

3 Beschreibt die Stimmung, die ihr durch euren Vortrag erzeugt habt. Welche weiteren Klangeigenschaften sind für diese Wirkung verantwortlich?

Der König in Thule – Mitspielsatz

Satz: Frank Kieseheuer

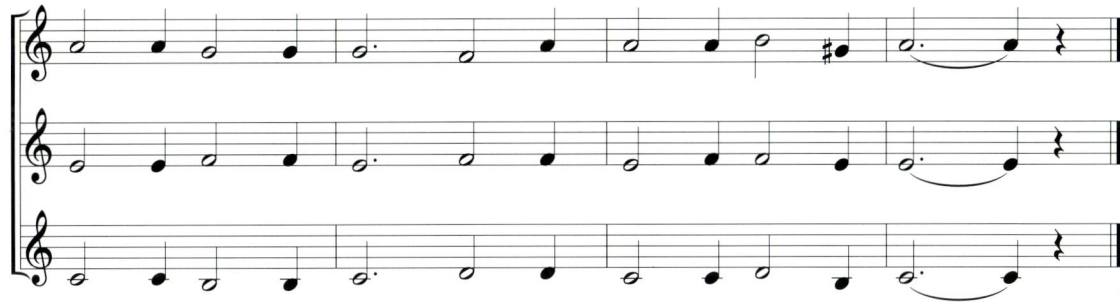

4 Begleitet das Lied mit Instrumenten.

5 Singt das Lied erneut und verändert dabei eine der verschiedenen Klangeigenschaften, zum Beispiel das Tempo. Welchen Einfluss hat diese Veränderung auf die Gesamtwirkung des Liedes?

6 Musiziert den Mitspielsatz mit unterschiedlichen Instrumentengruppen. Wie lässt sich die Wirkung auf diese Weise verändern? Ihr könnt die Adjektive auf ▶ S. 45 verwenden, um euren Höreindruck zu beschreiben.

Dramatisch, fröhlich oder majestätisch?

Den Ausdruck von Instrumentalmusik untersuchen

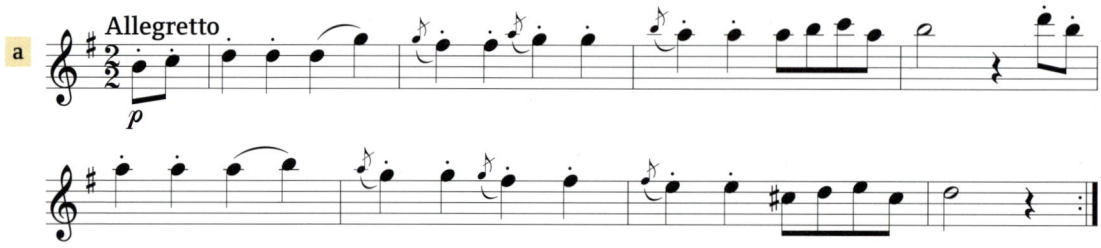

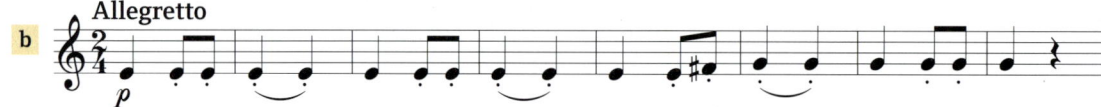

1 Auch in der Instrumentalmusik sind Artikulationsformen von großer Bedeutung, wenn es darum geht, Musik ausdrucksvoll zu gestalten.

⊙ 1|30–33 **a** Hört die vier Musikbeispiele mehrmals an und beschreibt, wie sie auf euch wirken. Richtet eure Aufmerksamkeit neben der Artikulation auf die Melodie und den Rhythmus.

b Erklärt anschließend, wie diese Wirkungen zustande kommen.

c Vergleicht die Notenbeispiele a–d miteinander und nennt auffällige Unterschiede.

d Ordnet die Notenausschnitte den Hörbeispielen aus Aufgabe 1a zu. Woran kann man sich bei der Zuordnung orientieren?

2 Nennt die Instrumente, die in den Hörbeispielen jeweils im Vordergrund stehen.

Jedes Instrument hat einen unverwechselbaren Klangcharakter und kann daher gezielt für den musikalischen Ausdruck genutzt werden. Blechbläser zum Beispiel werden häufig eingesetzt, wenn es besonders majestätisch und würdevoll klingen soll; Holzbläser werden dagegen oft verwendet, um eine friedvolle oder träumerische Stimmung zu erzeugen.

3 Benennt die Instrumente oder Instrumentengruppen, die in den Hörbeispielen die Melodie

⊙ 1|34–38 spielen. Beschreibt ausgehend von der Tonlage die jeweilige Klangwirkung. Beachtet dazu auch die Informationen im blauen Kasten.

4 Erklärt an einem selbst gewählten Musikbeispiel, welchen Ausdruck ihr in der Musik wahrnehmt und welche musikalischen Mittel dies besonders bewirken. Nutzt dazu die Übersicht. **AH**|S. 15/16

In der folgenden Übersicht sind verschiedene musikalische Mittel zusammengefasst, die geeignet sind, der Musik einen bestimmten Ausdruck zu geben:

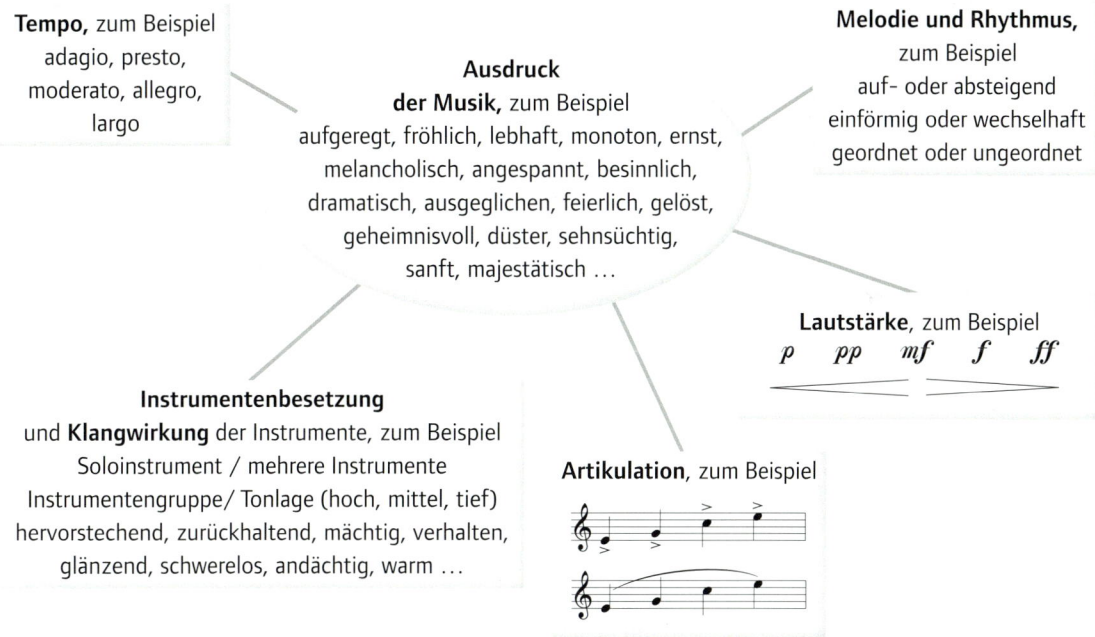

Tempo, zum Beispiel adagio, presto, moderato, allegro, largo

Ausdruck der Musik, zum Beispiel aufgeregt, fröhlich, lebhaft, monoton, ernst, melancholisch, angespannt, besinnlich, dramatisch, ausgeglichen, feierlich, gelöst, geheimnisvoll, düster, sehnsüchtig, sanft, majestätisch …

Melodie und Rhythmus, zum Beispiel auf- oder absteigend einförmig oder wechselhaft geordnet oder ungeordnet

Lautstärke, zum Beispiel p pp mf f ff

Instrumentenbesetzung und **Klangwirkung** der Instrumente, zum Beispiel Soloinstrument / mehrere Instrumente Instrumentengruppe/ Tonlage (hoch, mittel, tief) hervorstechend, zurückhaltend, mächtig, verhalten, glänzend, schwerelos, andächtig, warm …

Artikulation, zum Beispiel

Klangwirkung und Tonlagen

Wie ein Instrument klingt, hängt nicht nur vom Material ab, aus dem es gebaut ist, sondern ebenso von der Artikulation und der Tonlage, in der es gespielt wird. In der Regel kann man zwischen einer **tiefen,** einer **mittleren** und einer **hohen Tonlage** unterscheiden, in denen ein Instrument oft ganz verschiedenartige Klangwirkungen zeigt:
Blechblasinstrumente klingen beispielsweise sehr mächtig und voll, wenn sie in der tiefen Lage gespielt werden; Streicher können sowohl warm und getragen klingen (tiefe und mittlere Lage) als auch hart und aufdringlich (hohe Lage).

Melodien in Dur und Moll

Tongeschlechter wahrnehmen und unterscheiden

Wir reiten geschwinde   Text und Musik: Agnes Hundoegger (1858–1927)

Wir rei-ten ge-schwin-de durch Feld_ und Wald, wir rei-ten berg-ab und berg-auf_
und fällt wer vom Pfer-de, so fällt er ge-lin-de und klet-tert be-hend wie-der auf._

Es geht ü-ber Stock und Stein.___ Wir ge-ben dem Ros-se die Zü-gel
und rei-ten im Son-nen-schein,_ so schnell, als hät-ten wir Flü-gel.

Hei - ßa hus-sa! ü-ber Stock und ü - ber Stein!
Hei - ßa hus-sa! und_ in den Stall hi - nein.___

1 Singt und spielt den Kanon „Wir reiten geschwinde".

2 Beschreibt, welches Gefühl der Kanon ausdrückt und in welche
Stimmung er euch versetzt. Untersucht die Melodie auf Merkmale,
die zu dieser Stimmung führen. Dazu hilft euch die Übersicht
auf ▶ S. 45.

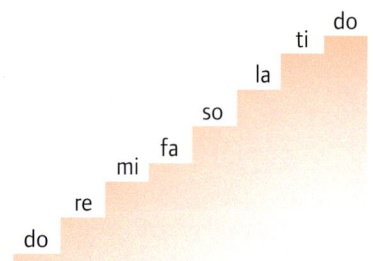

*Die Solmisationsleiter: Jede Silbe steht
für eine Stufe der Tonleiter*

Der Ausdruck einer Melodie hängt auch davon ab, ob es sich
um Musik in Dur oder Moll handelt. Dur (lateinisch: hart) hat
eine andere Klangwirkung als Moll (lateinisch: weich).
Wir sprechen dann vom Tongeschlecht der Melodie. Solmisationssilben helfen uns dabei, herauszufinden, um welches Tongeschlecht
es sich bei einer Melodie handelt.

Grundton

Als **Grundton** wird der zentrale Ton in einer Melodie
bezeichnet. In der Regel ist dies auch der Ton, auf dem
eine Melodie endet.

3 Ein Ton-Pattern ist eine kurze Tonfolge, in der sich die Töne wie in einer Melodie auf einen Grundton beziehen.

⊚ 1|39   **a** Singt die Ton-Patterns der Hörbeispiele auf Solmisationssilben nach.

      b Mit welcher Solmisationssilbe wird der Grundton in den Tonpatterns gesungen?

4 Wie ihr bemerkt habt, muss der Grundton nicht zwingend in jedem Pattern vorkommen.

⊚ 1|39   Singt die Ton-Patterns des Hörbeispiels erneut. Hängt dieses Mal an jedes Pattern den Grundton an.

5 Ihr hört die Patterns wieder, diesmal allerdings von einem Instrument gespielt.

⊚ 1|40   Singt sie unter Verwendung der passenden Solmisationssilben nach. An welchen Tönen kann man sich dabei gut orientieren?

      „Der König in Thule" (▶ S. 42) steht in einem anderen Tongeschlecht als „Wir reiten geschwinde". Um herauszufinden, in welchem Tongeschlecht das Lied steht, helfen die folgenden Aufgaben:

6 Singt und spielt das Lied „Der König in Thule".

7 Singt die Tonpatterns der Hörbeispiele auf Solmisationssilben nach.

⊚ 1|41   Mit welcher Solmisationssilbe wird der Grundton hier gesungen?

8 Singt die Ton-Patterns des Hörbeispiels erneut. Hängt dieses Mal an jedes Pattern

⊚ 1|41   den Grundton an. Mit welcher Solmisationssilbe wird hier der Grundton gesungen? Nehmt den blauen Kasten zu Hilfe.

9 Ihr hört die Patterns wieder, diesmal allerdings von einem Instrument gespielt.

⊚ 1|42   Singt sie unter Verwendung der passenden Solmisationssilben nach. An welchen Tönen kann man sich dabei gut orientieren?

10 Um welches Tongeschlecht handelt es sich bei „Der König in Thule"? Begründet eure Antwort.

11 Oft wird behauptet, fröhliche Musik stehe in Dur und traurige Musik stehe in Moll.

⊚ 1|43–44   **a** Vergleicht dies mit euren Beobachtungen zu den beiden Liedern.

        b Hört die Musikbeispiele an und diskutiert diese Behauptung.

Grundtöne in Dur und Moll

Bei Melodien in Dur wird „do" als Grundton verwendet, bei Melodien in Moll hingegen „la".

Kleiner Schritt – Große Wirkung

Den Unterschied zwischen Dur und Moll erkunden

Obwisana Sana   aus Ghana

1 Singt das Lied „Obwisana Sana".

2 Beschreibt, welche Gefühle das Lied ausdrückt und in welche Stimmung es euch versetzt. Untersucht die Melodie auf Merkmale, die zu dieser Stimmung führen. Dazu hilft euch die Übersicht auf ▶ S. 45.

3 Bestimmt das Tongeschlecht des Liedes. Singt dazu die Ton-Patterns des Hörbeispiels nach.
⊚ 1|45 Welche Silbe wird für den Grundton verwendet?

4 Benachbarte Töne sind entweder durch einen Halbton (kleinster Abstand) oder einen Ganzton
⊚ 1|46 (entspricht zwei Halbtönen) voneinander entfernt. Singt die Patterns des Hörbeispiels nach. Welche benachbarten Silben sind durch einen Halbton, welche durch einen Ganzton getrennt? **AH|**S. 17

5 Singt die instrumental gespielten Tonpatterns auf Solmisationssilben nach.
⊚ 1|47 Bei einem Dur-Pattern beginnt ihr mit do, bei einem Moll-Pattern mit la.

6 Wie heißen die beiden Stammton-Nachbarn, die nur einen Halbton voneinander entfernt sind?

Dur- und Moll-Tonleitern

Je nach Anordnung von Ganz- und Halbtönen entsteht eine Dur- oder eine Moll-Tonleiter.
Der Grundton gibt dabei den Namen der Tonleiter an:

Variant-Tonarten bilden – Vorzeichen benutzen

Eine weitere Möglichkeit, den Ausdruck einer Melodie zu verändern, besteht darin,
sie in ihrer **Variant-Tonart** zu singen oder zu spielen; das heißt, man verwendet Moll statt
Dur oder umgekehrt. Hierzu muss die Abfolge der Ganz- und Halbtonschritte entsprechend
verändert werden.

7 Achtet bei den folgenden Aufgaben auf die korrekte Abfolge von Ganz- und Halbtonschritten.
Dabei helfen euch die Informationen im blauen Kasten. **AH|S. 19**
  a Singt zunächst eine C-Dur- und anschließend eine c-Moll-Tonleiter auf Solmisationssilben.
  Notiert sie anschließend.
  b Singt zunächst eine a-Moll- und anschließend eine A-Dur-Tonleiter auf Solmisationssilben.
  Notiert sie anschließend.

8 Schreibt „Obwisana Sana" in der Variant-Tonart auf. Singt das Lied zunächst
in der Originaltonart anschließend in der Variant-Tonart. Wie verändert sich der Ausdruck
des Liedes? **AH|S. 20**

Vorzeichen AH|S. 18

Mit Hilfe von **Vorzeichen** können Halbtöne zu Ganztönen erweitert und Ganztöne zu Halbtönen
verringert werden.

Ein **Kreuz** (♯) erhöht die Note, vor der
es steht, um einen Halbton. Hinter den
Buchstaben des Stammtons wird die
Silbe -is gehängt:

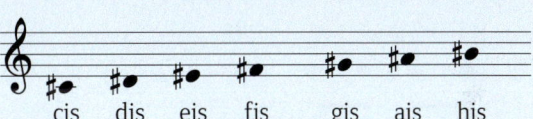

cis dis eis fis gis ais his

Ein **B** (♭) erniedrigt diese Note um
einen Halbton. Hinter den Buchstaben
des Stammtons wird meistens die Silbe
-es oder -s gehängt (h wird zu b):

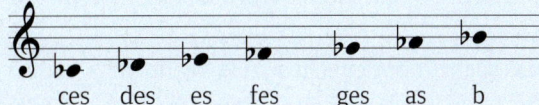

ces des es fes ges as b

Steht ein Vorzeichen direkt vor einer
Note, dann gilt es bis zum Ende des
Taktes oder bis es durch ein Auflösungs-
zeichen aufgelöst wird:

fis g fis fis f g fis f

Stehen ein oder mehrere Vorzeichen
am Anfang der Notenzeile hinter dem
Notenschlüssel, gelten sie für das
gesamte Stück.

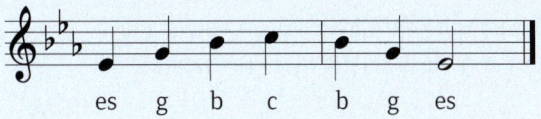

es g b c b g es

Unterrichtsprojekt

Den Ausdruck eines Liedes verändern

A la nanita nana

aus Spanien

A la na-ni-ta na-na, na-ni-ta e-a, na-ni-ta e-a,

mi Je-sús tie-ne sue-ño, ben-di-to se-a, ben-di-to se-a.

Refrain

Fuen-te-ci-lla que cor-res cla-ra y so-no-ra;
rui-se-ñor de la sel-va, can-tan-do llo-ras;

ca-llad mien-tras la cu-na se ba-lan-ce-a.

A la na-ni-ta na-na, na-ni-ta e-a.

„A la nanita nana" – mit diesen Worten singt man in Spanien Kinder in den Schlaf.

1 **a** Singt das spanische Wiegenlied „A la nanita nana".
   b Untersucht, an welcher Stelle sich der Ausdruck des Liedes verändert, und beschreibt diesen Wechsel mit passenden Adjektiven.
   c Gestaltet Tempo, Dynamik und Artikulation so, dass der Ausdruckswechsel verstärkt wird.

2 **a** Erstellt eine Fassung des Liedes, die eine ganz andere Stimmung erzeugt.
   Dazu könnt ihr
   – das Tempo, die Dynamik und die Artikulation verändern,
   – das Lied in einer anderen Taktart singen,
   – in der Strophe die Variant-Tonart verwenden.
   b Erläutert eure Auswahl der musikalischen Mittel.

3 Führt euer Ergebnis in der Klasse auf und befragt euer Publikum, wie die Musik gewirkt hat.
Vergleicht die Äußerungen des Publikums mit eurer Gestaltungsabsicht.

A la nanita nana – Mitspielsatz

Satz: Frank Kieseheuer

Begleitet die ursprüngliche Fassung des Liedes mit dem Spielsatz. Wählt dazu geeignete Instrumente aus. Lässt sich die Wirkung durch das Kombinieren verschiedener Instrumente verändern?

5 Bearbeitet den Spielsatz, sodass er zu eurer Liedfassung aus Aufgabe 2 passt. Überlegt, welche musikalischen Mittel dazu verändert werden müssen.

In diesem Kapitel …
– entdeckt ihr Vertrautes und
Überraschendes in der Musik,
– beschreibt ihr musikalische
Abläufe und bestimmt die Form
musikalischer Werke,
– untersucht ihr, wie die Form die
Wirkung von Musik beeinflusst,
– gestaltet ihr selbst musikalische
Formen und Überraschungen.

Vertrautes und Überraschendes
Form in der Musik beschreiben, deuten und gestalten

Reinhard Döhl
Apfel

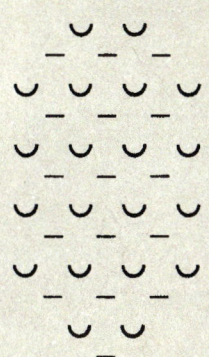

Christian Morgenstern
Fisches Nachtgesang

Christian Morgenstern
Die Trichter

Zwei Trichter wandeln durch die Nacht.
Durch ihres Rumpfs verengten Schacht
fließt weißes Mondlicht
still und heiter
auf ihren
Waldweg
u. s.
w.

1 **a** Beschreibt die drei Texte. Was ist an diesen ungewöhnlich?
b Versucht, die Gedichte vorzutragen: Welche Schwierigkeiten entdeckt ihr?

2 **a** Ihr hört jeweils den Schluss zweier musikalischer Werke von Ludwig van Beethoven
◉ 1|48–49 (1770–1827) und Charles Ives (1874–1954). Worin unterscheiden sie sich?
b Beethovens Werk ist wesentlich älter als das von Ives. Überlegt, welche Gründe Ives gehabt
haben könnte, seinen Schluss ganz anders zu gestalten als Beethoven.

3 Vergleicht die Texte auf dieser Seite mit dem Musikbeispiel von Charles Ives und findet
heraus, wo es Gemeinsamkeiten gibt.

Form in unserem Alltag – Form in der Musik

Wirkung und Bedeutung von Form untersuchen und verstehen

1 Beschreibt, wie die verschiedenen Gebäude auf euch wirken.
Stellt euch dabei vor, ihr würdet direkt vor den Gebäuden stehen.

2 **a** Beschreibt auffallende Merkmale der Form dieser Gebäude.
Achtet dabei zum Beispiel auf ihren Umfang, die einzelnen Teile und deren Anordnung.
b Überlegt, welchen Einfluss die Form der Gebäude auf deren Wirkung hat.

3 Sucht nach Beispielen aus eurer alltäglichen Umgebung, bei denen ihr darauf achtet,
aus welchen Teilen sie bestehen und wie die einzelnen Teile angeordnet sind.
Als Anregung kann euch das Bild auf ▶ S. 52 dienen.

4 Auch zeitliche Abläufe erkennt man jeweils an einer bestimmten Form, zum Beispiel die regelmäßig wiederkehrenden Tageszeiten Morgen, Mittag, Abend und Nacht. Welche anderen zeitlichen Abläufe dieser Art kennt ihr aus der Natur oder eurem täglichen Leben?

5 Vergleicht den Ablauf verschiedener Tage eures Lebens:
   a Wie gliedert ihr selbst euren Tag?
   b Welche Gemeinsamkeiten entdeckt ihr zwischen den Abläufen?
   c Welche Bedeutung haben regelmäßig auftretende Formen im Tagesablauf für euch?
   d Erinnert euch an eine besondere Überraschung, die einmal in eurem täglichen Leben aufgetreten ist: Wodurch kam diese zustande?

6 Ihr hört Ausschnitte aus drei verschiedenen musikalischen Werken.
◉ 1|50–52 **a** Beschreibt, wie die Musik jeweils auf euch wirkt.
   b Untersucht, welche Unterschiede im musikalischen Ablauf der Hörbeispiele bestehen. Welches Beispiel enthält die meisten Überraschungen?

7 In einem der drei Beispiele fällt es besonders leicht, verschiedene Formteile zu unterscheiden.
◉ 1|51 **a** Bestimmt die Reihenfolge der Teile dieses Werks. Ordnet dabei zunächst die größeren Formteile (große Kärtchen) und dann die kleineren (kleine Kärtchen), die diese jeweils untergliedern. Achtet darauf, dass gleiche Formteile durch gleiche Farben dargestellt werden. **AH**|S. 21
   b Beschreibt die Form des Werks, die sich aus dieser Reihenfolge der Teile ergibt. Was fällt euch auf?

Wiederholung und Variante

Den Aufbau von Liedmelodien untersuchen

Der Mond ist aufgegangen

Text: Matthias Claudius (1746–1815)
Musik: Johann Abraham Peter Schulz (1747–1800)

1. Der Mond ist auf - ge - gan - gen, die gold - nen Stern - lein pran - gen am

Him - mel hell und klar; der Wald steht schwarz und schwei - get, und

aus den Wie - sen stei - get der wei - ße Ne - bel wun - der - bar.

1 a Singt das Lied und beschreibt seinen Charakter.

b Erklärt, worum es im Text des Liedes geht. Inwiefern bestimmt der Inhalt des Textes die Musik?

2 a Beschreibt den Melodieverlauf. Dabei helfen euch die Informationen im blauen Kasten.

b Unterteilt beim Singen des Liedes die Melodie in Abschnitte. **AH|** S. 22

3 Vergleicht die einzelnen Abschnitte des Liedes miteinander. **AH|** S. 22

a Welche sind gleich, welche ähnlich?

b Benennt Gemeinsamkeiten und Unterschiede zwischen den beiden Hälften des Liedes:
Wirkt die zweite Hälfte eher vertraut oder überraschend?

Melodien beschreiben

Wie eine Melodie verläuft, können wir sehr genau beschreiben. Dabei helfen folgende Fragen:

– In welcher **Bewegungsrichtung** verläuft die Melodie?
Zum Beispiel vorwiegend aufwärtsgerichtet oder abwärtsgerichtet, ständig wechselnd?

– Welche **Bewegungsart** hat die Melodie?
Zum Beispiel vorwiegend Tonwiederholungen, Tonschritte oder Tonsprünge? (vgl. ▶ S. 17)

Tonwiederholungen   stufenförmige Bewegung   sprunghafte Bewegung

– Welches **Tongeschlecht** (Dur oder Moll) hat die Melodie?

– Treten unterschiedliche oder nur bestimmte **Notenwerte** auf?

– Gibt es einen bestimmten **Rhythmus**, der sich wiederholt oder auffällt?

4 Untersucht den Beginn des Liedes (Takt 1–4) genauer. **AH**|S. 22
   a Was bleibt im zweiten Melodieabschnitt gleich, was ist verändert?
   b Welcher Bezug zwischen dem Verlauf der Tonhöhe und dem gesungenen Text ist erkennbar?

Sol LeWitt (1928–2007): Cubes in Color on Color   *Le Corbusier (1887-1965): Corbusierhaus, Berlin*

5 Beschreibt die beiden Abbildungen aus Malerei und Architektur.
   a Welche Merkmale kehren wieder, was wurde verändert?
   b Stellt einen Zusammenhang zum Aufbau der untersuchten Melodieabschnitte her.

6 **a** Überlegt, was an einer Veränderung gegenüber einer bloßen Wiederholung reizvoll ist.
        Nutzt dazu die Informationen im blauen Kasten.
   b Die beiden Künstler lebten in verschiedenen Jahrhunderten: Was verbindet sie über die
        Zeiten hinweg?

Wiederholung und Variante (Veränderung)

In musikalischen Werken werden oft verschieden große Abschnitte wiederholt oder verändert.
Durch die **Wiederholung** erkennt man etwas, was man zuvor bereits gehört hat, wieder. So erhält
die Musik Zusammenhang und Einheit. Eine **Variante** (Veränderung) eines Abschnittes entsteht
dadurch, dass man bestimmte Merkmale (etwa Rhythmus oder Melodie) beibehält und andere
(etwa einzelne Töne oder Rhythmen) ändert:

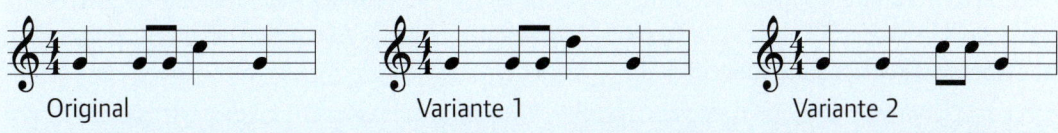

Original   Variante 1   Variante 2

So bleiben immer Bestandteile der ursprünglichen Gestalt erhalten. Dies bewirkt sowohl Einheit
als auch Abwechslung.

Spuren in der Musik

Motive unterscheiden, beschreiben und erfinden

Sur le pont d'Avignon   aus Frankreich

Sur   le   pont   d'A - vig - non   l'on   y   dan - se,   l'on   y   dan - se,

sur   le   pont   d'A - vig - non   l'on   y   dan - se   tout   en   rond.

1. Les   beaux mes-sieurs font   comme   ci,   et   puis en - co - re   comme   ça.

2. Les belles dames font comme ci,
   et puis encore comme ça.
3. Les cordonniers font …

4. Les boulangers font …
5. Et les tailleurs font …
6. Les musicians font …

1 Singt das Lied „Sur le pont d'Avignon". Überlegt euch, wie man dabei die verschiedenen
Strophen von dem gleich bleibenden Teil, dem Refrain, unterscheiden kann.

2 In dem Lied kann man gut einzelne Motive erkennen, etwa im ersten Takt:
Prägt euch den Rhythmus dieses Motivs ein und klatscht ihn zum Gesang
hinzu, wenn er im Lied erscheint. An welchen typischen Merkmalen erkennt
man dieses Motiv? **AH**|S. 23

Motiv und Motiv-Variante

Ein **Motiv** ist der kleinste musikalische Formteil. Es besteht aus einer charakteristischen Folge von
zumeist nur wenigen zusammenhängenden Tönen, verbunden mit einem bestimmten Rhythmus.
Entsprechend dem lateinischen Wort *movere* (= *bewegen*) ist das Motiv das *Bewegende* in der
Musik, wie eine Keimzelle, aus der zum Beispiel durch Wiederholung oder Veränderung größere
musikalische Formteile gebildet werden. Es hat deshalb immer eine besondere Bedeutung für ein
musikalisches Werk. Eine häufig auftretende Motiv-Variante ist die Sequenz. Dabei wird ein Motiv
auf einer anderen Tonstufe wiederholt.

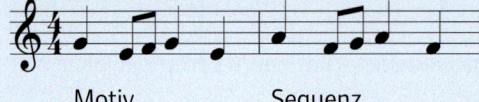

Motiv   Sequenz

Motiv   Sequenz

3

  a Beschreibt die anderen Motive, die im Verlauf des Liedes auftreten. **AH | S. 23**

  b Untersucht, wo Motive wiederholt oder verändert werden, und beschreibt bei Varianten, was gleich geblieben ist und was verändert wurde.

  c Bezeichnet die Motive mit passenden Buchstaben und haltet in einer Tabelle fest, in welcher Reihenfolge sie auftreten. Nutzt dazu die Informationen im blauen Kasten. Ihr könnt die Motive auch farbig markieren.

Takt	1	2	3	4	5	6	7	…
Motiv	a							

4

Welche Motive lassen sich in dem Lied „Sur le pont d'Avignon" zu größeren Einheiten zusammenfassen? Wie ist das Lied insgesamt aufgebaut?

5

  a Erfindet eigene Motive, mit denen man das Lied auf Rhythmusinstrumenten spielen kann.

  b Überlegt, wie man diese Motive verändern könnte und an welchen Stellen solche Varianten oder auch neue Motive erscheinen sollen.

  c Übt eure Begleitrhythmen auf geeigneten Instrumenten.

  d Musiziert das Lied gemeinsam. Weitere Begleitstimmen findet ihr in dem Mitspielsatz.

Sur le pont d'Avignon – Mitspielsatz

Satz: Peter Ickstadt

Bezeichnung musikalischer Formteile

Um eine Übersicht über die Form eines musikalischen Werkes zu erhalten, bezeichnet man seine Teile mit Buchstaben. Größere Teile oder Abschnitte erhalten dabei einen großen, kleinere (zum Beispiel Phrasen oder Motive) einen kleinen Buchstaben:

A – B – C … beziehungsweise **a – b – c** …

Gleiche Formteile erhalten denselben Buchstaben, verschiedene entsprechend unterschiedliche Buchstaben. Veränderungen von Formteilen werden durch einen oder mehrere kleine Striche kenntlich gemacht: **A′, A″, B′, B″** … beziehungsweise **a′, a″, b′, b″** …

Verschiedenheit und Kontrast (Gegensatz)

Die Rondo-Form untersuchen

Wolfgang Amadeus Mozart komponierte vier Konzerte für Horn und Orchester, darunter das Konzert in Es-Dur (KV 495), das 1786 in Wien entstand. Zu dieser Zeit hatten die Hörner noch keine Ventile und Klappen, sodass man nur einen begrenzten Vorrat an Tönen verwenden konnte: die so genannten Naturtöne (▶ S. 116). Umso kunstvoller war es, für dieses Instrument ein Solo-Konzert zu komponieren und zu spielen.

Ein **Solo-Konzert** ist eine Komposition, in der ein einzelnes Instrument im Mittelpunkt steht, das von einem Orchester begleitet wird. Solche Konzerte sind für dieses Solo-Instrument immer sehr anspruchsvoll komponiert, um seine Klangmöglichkeiten eindrucksvoll zu zeigen. Zugleich können die Spielenden damit auch ihr Können unter Beweis stellen.

1 Ihr hört den dritten Satz aus dem Konzert für Horn und Orchester in Es-Dur (KV 495) von
◎ 1|53 Wolfgang Amadeus Mozart. Beschreibt euren Gesamteindruck.

2 Im ersten Abschnitt (Formteil A) dieses Satzes trägt das Solo-Horn ein Thema vor, das sogleich
◎ 1|54 vom gesamten Orchester wiederholt wird.
   a Beschreibt charakteristische Merkmale der Melodie des Solo-Horns. Welche Bewegungsart kommt im Melodieverlauf besonders häufig vor? **AH|S. 24**
   b Unterteilt die Melodie in Motive. Wie ist diese insgesamt aufgebaut?
   c Überlegt, warum man sich diese Melodie gut einprägen kann.

Thema des Solo-Horns, Takt 1–8

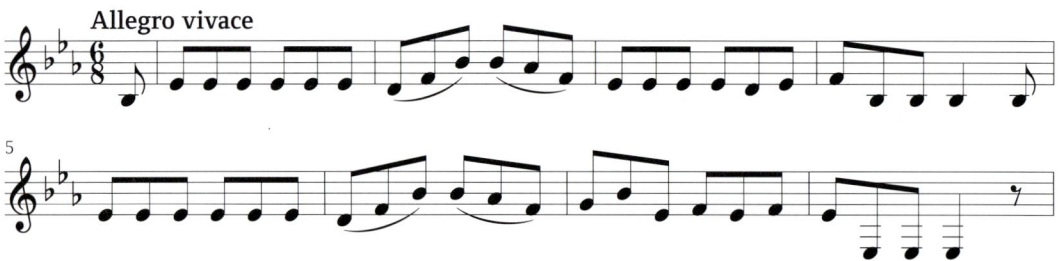

3 Untersucht den Aufbau des gesamten Satzes.
◎ 1|53 **a** Vergleicht die weiteren Abschnitte: Welche Formteile sind gleich, welche verschieden?
   b Fertigt eine Tabelle mit der Folge der Formteile an. Markiert diese mit Farben und ordnet ihnen Buchstaben zu. **AH|S. 24**

Abschnitt	1	2	3	…
Formteil	A			

   c Beschreibt den Gesamtaufbau des Satzes. Was fällt euch auf?

Das Rondo

Das **Rondo** hat sich aus dem volkstümlichen Brauch der Rund- oder Reigentänze entwickelt, bei denen man im Kreis tanzte und dazu sogenannte Rundgesänge anstimmte (vgl. ▶ S. 148). Diese bestanden aus einem Wechsel zwischen den von einem Vorsänger vorgetragenen Strophen und dem von allen gesungenen **Refrain**, dessen Text und Melodie immer gleich blieben. Solche Lieder mit einem Refrain gibt es bis heute.

Das Rondo besteht aus einem Wechsel zwischen dem mehrfach wiederholten **Refrain** (A) und Zwischenspielen, den **Couplets** (B, C …), die gegenüber dem Refrain verschieden oder gegensätzlich gestaltet sind. Daraus ergibt sich die Form A – B – A – C – A – und so weiter.

4 Vergleicht die Melodieausschnitte aus zwei weiteren Formteilen (siehe unten) mit dem Thema
⊚ 1|55/56 in Formteil A. **AH|**S. 24

a Welche Unterschiede könnt ihr jeweils feststellen? Schreibt diese stichpunktartig auf.

b Welcher dieser beiden Abschnitte ist im Vergleich zum ersten Abschnitt lediglich verschieden, welcher bildet einen Kontrast (Gegensatz)? Begründet eure Auffassung.

c Gibt es einen Formteil, den ihr als Überraschung empfindet?

Ausschnitt 1, Takt 17–24

Ausschnitt 2, Takt 84–91

Verschiedenheit und Kontrast (Gegensatz)

Neben der **Wiederholung** oder **Variante** (Veränderung) von Abschnitten findet man auch die **Verschiedenheit**, wenn sich zwei Abschnitte etwa in Melodie, Rhythmus oder anderem unterscheiden. Eine besondere Form der Verschiedenheit ist der **Kontrast** (Gegensatz). Kontraste entstehen zum Beispiel durch deutliche Unterschiede in Tonhöhe (tief – hoch), Tondauer (kurz – lang), Lautstärke (leise – laut) oder durch Wechsel des Tongeschlechts (Dur – Moll).

Ein Sinfonie-Satz mit Überraschungen

Besonderheiten in der Musik entdecken und erklären

Joseph Haydn (1732–1809)

Hanover Square Rooms in London

Joseph Haydn war zu seiner Zeit ein weltberühmter Komponist. Deshalb wurde er
1790 von dem Konzertunternehmer Johann Peter Salomon nach London eingeladen.
Für Salomon komponierte Haydn seine 12 Londoner Sinfonien.
Eine **Sinfonie** ist ein größeres Werk für Orchester. Sie besteht in der Regel aus vier Sätzen,
die sich unter anderem in Charakter, Tempo und Aufbau unterscheiden.
Zu den bekanntesten Londoner Sinfonien Haydns gehört die Sinfonie Nr. 94 in G-Dur.
Sie wurde bei ihrer Uraufführung am 23. März 1792 in London vom Publikum begeistert
aufgenommen. Zum zweiten Satz der Sinfonie soll Haydn selbst gesagt haben, seine Absicht
sei gewesen, „das Publikum durch etwas Neues zu überraschen".

1   **a** Ihr hört den Beginn des zweiten Satzes. Beschreibt euren Höreindruck.
◉ 1|57   **b** Überlegt, auf welche Art Haydn versucht, „das Publikum durch etwas Neues zu
       überraschen".

2   Untersucht den Verlauf des Abschnitts genauer.
   a Beschreibt nach einem erneuten Hören der Musik den Aufbau des Abschnitts.
   b Überprüft in der Partitur eure Höreindrücke und sucht in den Noten nach Gestaltungsmerk-
       malen der Musik, die ihr beim Hören noch nicht entdeckt habt. Vergleicht dabei vor allem
       die Takte 1–8 mit den Takten 9–16. Zur genaueren Beschreibung der Musik helfen euch die
       Fragen auf ▶ S. 56. **AH|S. 25**

3   Tauscht euch darüber aus, wie die musikalische Überraschung genau erzeugt wurde. **AH|S. 25**
◉ 1|58   **a** Was hätte man am Ende des Abschnitts eigentlich erwartet?
   b Welche Bedeutung hat der Verlauf des Abschnitts für die besondere Wirkung am Ende?
◉ 1|59   **c** Was erwartet ihr im Hinblick auf den weiteren Verlauf der Musik?

Der Beginn des zweiten Satzes aus Haydns Sinfonie Nr. 94

semplice: *einfach, schlicht,* ten. = tenuto: *gehalten, das heißt zwischen* staccato *(= getrennt) und* legato *(= gebunden),*
pizz. = pizzicato: *gezupft (die Saiten mit dem Finger anreißen),* coll'arco: *(die Saiten) mit dem Bogen streichen*

4 Hört den gesamten zweiten Satz der Sinfonie und achtet auf weitere Überraschungen.

1|60

Unterrichtsprojekt

Vorschlag 1: Ein Lied gestalten – mit Überraschungen

Die alte Moorhexe

Text: Margarete Jehn (*1935)   Musik: Wolfgang Jehn (*1937)

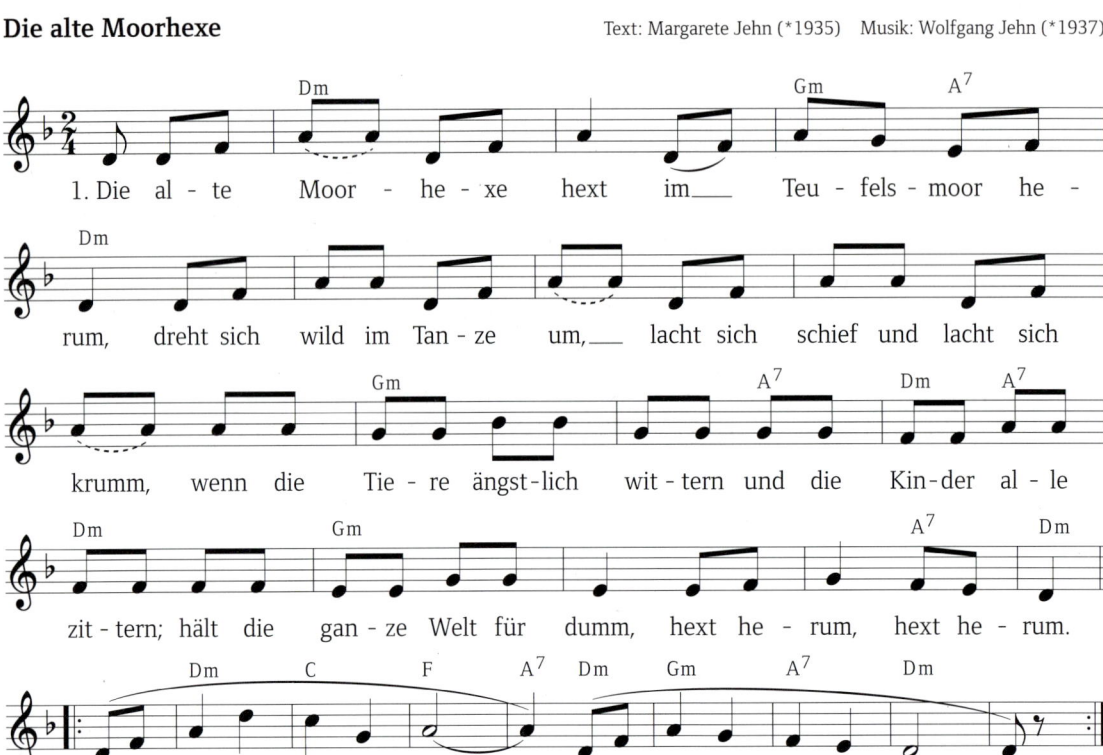

1. Die al-te Moor-he-xe hext im___ Teu-fels-moor he-rum, dreht sich wild im Tan-ze um,___ lacht sich schief und lacht sich krumm, wenn die Tie-re ängst-lich wit-tern und die Kin-der al-le zit-tern; hält die gan-ze Welt für dumm, hext he-rum, hext he-rum.

Hu!___   Hu!___

2. Gegen Mitternacht jedoch
   fährt sie in ihr Hexenloch,
   füttert ihre sieben Schlangen,
   bringt den schnellen, starken, langen
   Hexenbesen in den Stall,
   scharrt und raschelt überall;
   hält die ganze Welt für dumm,
   hext herum, hext herum. Hu! Hu!

3. Bei dem Spuk in Moor und Sumpf
   ging verlorn ihr Ringelstrumpf;
   jener rote linksgestrickte
   Strumpf, den ihre Schwester schickte,
   hängt in einer Birke drin,
   flattert einsam vor sich hin;
   hält die ganze Welt für dumm,
   hext herum, hext herum. Hu! Hu!

1 Singt das Lied und beschreibt den Charakter der Melodie. Überlegt, welcher Eindruck von der Moorhexe im Text des Liedes vermittelt wird und wie man diesen beim Singen ausdrücken könnte.

2 a Überlegt, was man außerdem musikalisch verdeutlichen könnte und welche musikalischen Gestaltungsmittel dafür geeignet wären.

b Erfindet passende Begleitrhythmen für das Lied. Legt dabei fest, in welchen Abschnitten diese Rhythmen wiederholt beziehungsweise verändert werden oder verschieden sein sollen.

c Überlegt auch, an welchen Stellen ihr Überraschungen einbauen könntet.

3 Erstellt einen Verlaufsplan, um eure Ideen festzuhalten, und musiziert das Lied.

4 Erfindet als Umrahmung des Liedes ein Vorspiel, ein Zwischenspiel (zwischen den Strophen) und ein Nachspiel. Versucht darin ebenfalls auf den Text des Liedes Bezug zu nehmen.

Vorschlag 2: Ein Rhythmus-Rondo erfinden

5 Erfindet einen Rhythmus,
   – der insgesamt aus vier Takten im 4/4-Takt besteht,
   – der sich aus kurzen rhythmischen Motiven (etwa ein Takt lang) zusammensetzt und
   – den man sich gut merken kann.
Nutzt dazu eure Kenntnisse zu Wiederholung und Variante.
Der Rhythmus soll den Refrain (Formteil A) eures Rondos bilden.

6 a Bildet Gruppen und klatscht euch eure verschiedenen Refrains vor.
   b Einigt euch auf eine Fassung, die euch am besten gefällt und als Refrain geeignet erscheint, und notiert diese.

7 Erfindet und notiert in eurer Gruppe weitere Rhythmen in der gleichen Länge wie der Refrain, die als Couplets des Rondos erklingen sollen. Überlegt dabei, ob diese gegenüber dem Refrain einfach nur verschieden sein oder aber einen Kontrast bilden sollen und wie man Überraschungen erzeugen könnte.

8 Wählt zur besseren Unterscheidung von Refrain und Couplets verschiedene Instrumente aus, auf denen die einzelnen Formteile gespielt werden.

9 Notiert den gesamten Verlauf eures Rondos, zum Beispiel so:

Refrain (A)			
Instrument(e)			
Couplet 1 (B)			
Instrument(e)			

10 Entscheidet euch, wer in den einzelnen Abschnitten jeweils spielen soll. Dabei kann ein Wechsel zwischen einzelnen und allen Gruppenmitgliedern zusätzlich zur Unterscheidung der Abschnitte beitragen.

11 Übt euer Rondo und führt es den anderen Gruppen in einem kleinen Klassenkonzert vor.

3.1

In diesem Kapitel ...
– lernt ihr Musik kennen, die euch in magische Welten versetzt,
– findet ihr heraus, wie Musik Bilder in eurer Vorstellung entstehen lässt,
– gestaltet ihr selbst eine magische Welt mit fremdartigen Wesen und stellt sie musikalisch dar.

Magische Welten
Musikalische Klanglandschaften hören und gestalten

1 Beschreibt die magische Welt, die im Bild gezeigt wird. Welche fremdartigen Wesen könnten sie bewohnen?

2 Überlegt, welche Musik zu diesem Bild passen könnte.

3 Nennt weitere Merkmale einer magischen Welt, die man mit Musik darstellen kann.

4 Hört den Beginn einer Filmmusik und beschreibt die magische Welt, die vor euren Augen entsteht.
⊚ 2|1

Tief im Wald zur Sommernacht

Eine musikalische Bewegungsszene gestalten

Wenn Komponisten, Schriftsteller oder Dichter eine magische Welt heraufbeschwören wollen, wählen sie oft einsame Orte und Zeiten, zu denen nicht viele Menschen unterwegs sind. So schrieb auch der englische Dichter William Shakespeare (1564–1616) ein Theaterstück mit dem Titel „Ein Sommernachtstraum", das des Nachts in einem Wald bei Athen spielt. 1826 komponierte Felix Mendelssohn-Bartholdy (1809–1847) dazu eine Musik, die das Theaterstück umrahmt und an wichtigen Stellen der Handlung erklingen soll.

1 Hört den Anfang der Ouvertüre „Ein Sommernachtstraum" mehrfach und beschreibt die Stimmung, die die Musik vermittelt. Was könnte währenddessen auf der Bühne geschehen?

2|2

2 Zu Beginn der Komposition spielen nur die Holzblasinstrumente, nach wenigen Takten werden sie von den Violinen abgelöst. Sammelt Adjektive, die die jeweilige Wirkung der Musik beschreiben: Wie weist die Musik hier auf den Titel „Ein Sommernachtstraum" hin?

2|2

3 **a** Überlegt, welche Wesen sich hier um Mitternacht zeigen könnten, und bastelt sie aus Fotokarton, den ihr mit Gewebeband auf Holzstäbchen befestigt.

2|2 **b** Bewegt eure Figuren passend zur Musik. Vergleicht eure Bewegungen und findet Gründe für Gemeinsamkeiten und Unterschiede.

Ein Schattenspiel entwerfen und aufführen

So baut ihr ein Schattentheater: Als Leinwand nehmt ihr ein weißes Laken. Verhängt den Tisch mit einem dunklen Tuch, hinter dem ihr nicht zu sehen seid. Als Lichtquelle ist eine Schreibtischlampe oder ein Overhead-Projektor geeignet. Achtet darauf, dass der Lichtkegel die gesamte Leinwand erhellt.

4
⦿ 2|2

a Verfolgt den Partitur-Ausschnitt zur Musik und beschreibt, wie das Notenbild aufgebaut ist. Die euch unbekannten italienischen Bezeichnungen in der Partitur schlagt ihr am besten in einem Musiklexikon nach.

b Untersucht am Partitur-Ausschnitt, welche Bewegungstipps euch die musikalische Gestaltung der Holzbläser- und der Streicherabschnitte gibt. Achtet dabei besonders auf Dynamik, Artikulation, Rhythmus, Tempo und Bewegungsrichtung der Melodie. **AH|**S. 30

5 Gestaltet ein Schattenspiel zu Mendelssohns Ouvertüre mit Hilfe der gebastelten Figuren:

a Überprüft, ob man die Formen der Figuren deutlich erkennen kann, wenn sie nur als Schattenumrisse zu sehen sind.

b Zeichnet die Kulisse für euer Schattenspiel auf Folie und legt sie anschließend auf den Overhead-Projektor.

c Entwickelt mit Hilfe der Untersuchungsergebnisse aus Aufgabe 4 Bewegungsideen, die zum Beginn der Ouvertüre passen.

⦿ 2|2 d Entwerft eine zusammenhängende Szene zur Musik und führt sie als Schattenspiel auf, sodass die Schatten eurer Figuren magisch zur Musik tanzen.

6 Erklärt anhand der musikalischen Gestaltung, warum sich eure Figuren auf diese Art und Weise bewegt haben.

Ein Sommernachtstraum

Eine Partitur lesen und entschlüsseln

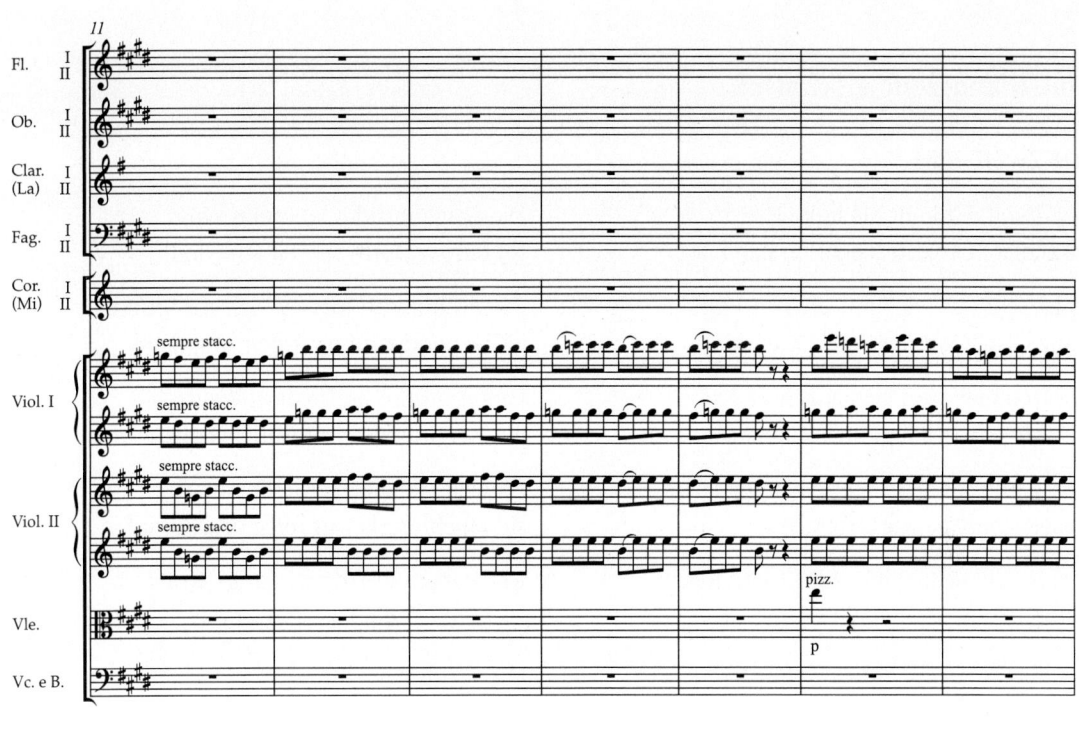

Das Moor erwacht

Eine Klangszene erschaffen

Der Zwölf-Elf

Der Zwölf-Elf hebt die linke Hand:
Da schlägt es Mitternacht im Land.

Es lauscht der Teich mit offnem Mund.
Ganz leise heult der Schluchtenhund.

Die Dommel reckt sich auf im Rohr.
Der Moosfrosch lugt aus seinem Moor.

Der Schneck horcht auf in seinem Haus.
Desgleichen die Kartoffelmaus.

Das Irrlicht selbst macht Halt und Rast
auf einem windgebrochnen Ast.

Sophie, die Maid, hat ein Gesicht:
Das Mondschaf geht zum Hochgericht.

Die Galgenbrüder wehn im Wind.
Im fernen Dorfe schreit ein Kind.

Zwei Maulwürf küssen sich zur Stund
als Neuvermählte auf den Mund.

Hingegen tief im finstern Wald
ein Nachtmahr seine Fäuste ballt:

Dieweil ein später Wanderstrumpf
sich nicht verlief in Teich und Sumpf.

Der Rabe Ralf ruft schaurig: ,Kra!
Das End ist da! Das End ist da!'

Der Zwölf-Elf senkt die linke Hand:
Und wieder schläft das ganze Land.

Christian Morgenstern (1871–1914)

1 Lest das Gedicht „Der Zwölf-Elf" von Christian Morgenstern.
a Beschreibt die Stimmung der Szene, die in diesem Gedicht dargestellt wird.
b Nennt die fremdartigen Wesen, die hier um Mitternacht unterwegs sind,
und beschreibt, wie ihr sie euch vorstellt.

2 Tragt das Gedicht so vor, dass eine magische Stimmung erzeugt wird.
Entscheidet, ob euer Vortrag heiter, ernst oder gruselig wirken soll.

3 Gestaltet das Gedicht zu einem Sprechstück, indem ihr
– einzelne Worte oder Wortgruppen wiederholt,
– Verse gleichzeitig oder im Kanon sprecht,
– die Dynamik bewusst zur Steigerung einsetzt, zum Beispiel
vom Flüstern bis zur vollen Lautstärke oder umgekehrt,
– das Sprechtempo und die Artikulation ändert,
– einzelne Verse rhythmisiert.
Weitere Ideen findet ihr auf ▶ S. 105.

4 Euer Textvortrag wird noch spannender, wenn ihr Musik erfindet, die sich als Begleitung eignet.

a Sucht Stellen im Text, die ihr mit Hilfe von Instrumenten vertonen könnt. Entscheidet euch jeweils, ob ihr eine Bewegung oder eine Stimmung darstellen wollt.

b Wählt Instrumente für eure Textvertonung aus. Schaut euch dazu im Musikraum und zu Hause um. Mit welchen Gegenständen könnt ihr außerdem Töne oder Geräusche erzeugen? Experimentiert auch mit ungewöhnlichen Spielweisen zur Erzeugung von Klängen und Geräuschen. Dabei helfen euch die Informationen im blauen Kasten. **AH|**S. 26/27

5 Probt den Ablauf zum Textvortrag. Entscheidet, wie die Vertonung mit dem Textvortrag verknüpft werden soll, und erstellt einen Ablaufplan. Ihr könnt zum Beispiel eine Zeile zuerst lesen und dann musizieren; oder ihr könnt gleichzeitig lesen und musizieren.

> Tipp: Gleichzeitiges Musizieren und Lesen wirkt spannender, euer Textvortrag muss dann aber lauter als die Musik sein.

6 Erstellt zu eurem musikalischen Vortrag des „Zwölf-Elf" ein Bühnenbild, indem ihr die mitternächtliche Szene auf die Rückseite einer Tapetenrolle malt.

7 Präsentiert euer vertontes Gedicht vor der Klasse und diskutiert, wie Musik und Text zueinander passen.

Ungewöhnliche Klangfarben

Wir haben meist eine genaue Vorstellung davon, wie ein Instrument klingen muss. Diese Klangfarbe des Instruments entsteht durch die „richtige" Spielweise.

Wir können die Instrumente jedoch auch anders als auf die übliche Weise spielen und so mit ihren Klangfarben experimentieren.

Die Musik wirkt dann fremd und ungewöhnlich und lässt sich daher gut für entsprechende Stimmungen einsetzen. Diese Wirkung können wir auch erzielen, wenn wir Alltagsgegenstände als Musikinstrumente einsetzen.

Ungewöhnliche Spielweisen sind zum Beispiel:
- Mit einem Klöppel auf die Klaviersaiten schlagen oder die Saiten mit den Fingern zupfen.
- In einen Blockflötenkopf blasen und dabei die Tonhöhe verändern.
- Ein geriffeltes Kabelrohr oder einen breiteren Schlauch über dem Kopf kreisen lassen.
- Mit dem Fingernagel auf den Saiten einer Gitarre schaben.
- Verschiedene Porzellantassen nebeneinander hängen. Mit dem Finger dagegenschnipsen und mit einem Mikrofon dicht an der Tasse den Klang verstärken.

Eine Nacht auf dem kahlen Berge

Musikalische Ausdrucksgesten zeichnerisch umsetzen

Modest Mussorgsky hat bei der Komposition der sinfonischen Dichtung „Eine Nacht auf dem kahlen Berge" viel mit Klangwirkungen experimentiert. Er starb, ehe er die Komposition vollenden konnte. Nicolaj Rimskij-Korsakow (1844–1908), ein befreundeter Komponist, stellte „Eine Nacht auf dem kahlen Berge" in Mussorgskys Sinne fertig. Besonders eindrucksvoll setzte Rimskij-Korsakow die Instrumente des Orchesters ein.

Modest Mussorgsky
(1839–1881)

1 **a** Hört den Anfang der Komposition und beschreibt die dargestellte Stimmung.
◎ 2|3 **b** Zeichnet den Berg so, wie ihr ihn euch nach dem Eindruck der Musik vorstellt. Verwendet hierfür nur einen Bleistift.
c Was begegnet euch auf dem kahlen Berge? Zeichnet eure Vorstellungen in Form von Blitzen, Wolken oder anderen nächtlichen Erscheinungen mit Bleistift in das Bild hinein.

2 Durch die Kombination unterschiedlicher Instrumente werden schon zu Beginn des Stückes auffällige Klangfarben erzeugt. Auch die gespielten Tonfolgen wirken ungewöhnlich.
a Untersucht im abgedruckten Partitur-Ausschnitt, welche Instrumente die gleichen Tonfolgen spielen. Wie viele verschiedene Tonfolgen könnt ihr unterscheiden?
b Eine der gespielten Tonfolgen bewegt sich ausschließlich chromatisch. Findet sie im Notenbild und beschreibt ihre Klangwirkung. Dabei hilft euch der blaue Kasten.
◎ 2|3 **c** Hört die Musik zum Partitur-Ausschnitt und wählt für jede gefundene Tonfolge eine Farbe aus, die zu ihrem Klang passt.

3 Gestaltet euer Bild des nächtlichen Berges mit den gewählten Farben bunt aus. Dabei helfen Vorstellungen wie hell – dunkel, grell – schattig oder auch klar – verwischt.

4 **a** Stellt eure Bilder in der Klasse aus und lasst sie zur Musik der sinfonischen Dichtung
◎ 2|4 auf euch wirken.
b Tauscht euch darüber aus, welches Bild am besten zum Ausdruck der Musik passt. Bezieht euch dabei auch auf die ausgewählten Farben.

Chromatik

Eine Tonfolge, die nur aus Halbtonschritten besteht, nennt man chromatisch. Das griechische Wort „Chroma" bedeutet „Farbe". Mit dem Begriff „chromatisch" soll also ausgesagt werden, dass diese Tonfolgen einer Komposition eine besondere, „farbige" Klangwirkung geben.

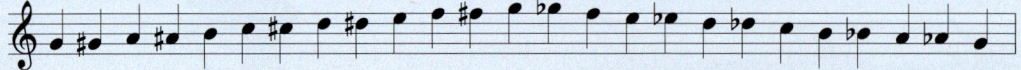

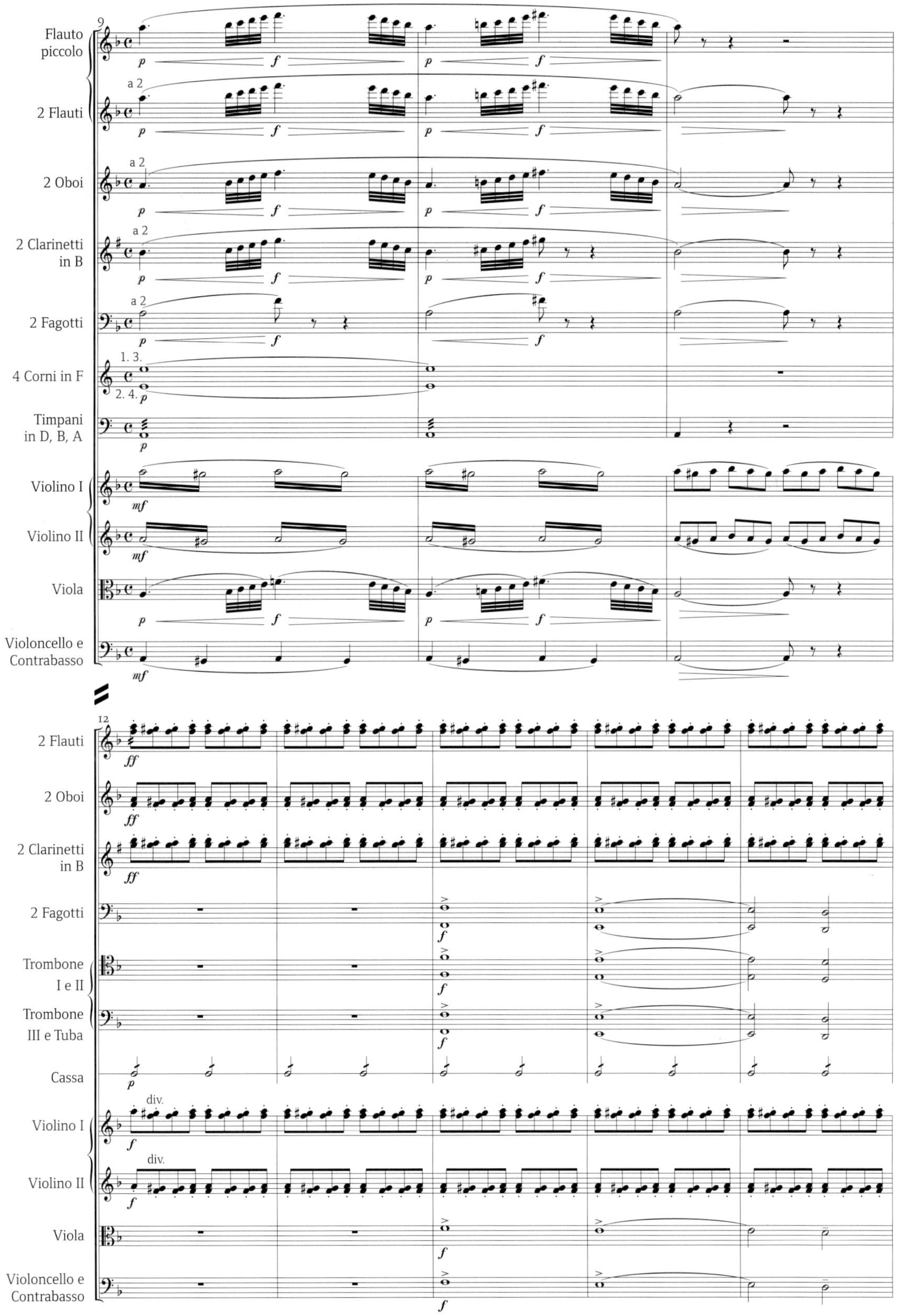
9
Flauto piccolo
2 Flauti
a 2
2 Oboi
a 2
2 Clarinetti in B
a 2
2 Fagotti
a 2
4 Corni in F
1. 3.
2. 4.
Timpani in D, B, A
Violino I
Violino II
Viola
Violoncello e Contrabasso
12
2 Flauti
2 Oboi
2 Clarinetti in B
2 Fagotti
Trombone I e II
Trombone III e Tuba
Cassa
Violino I
div.
Violino II
div.
Viola
Violoncello e Contrabasso

In der Halle des Bergkönigs

Eine Bewegungsszene entwerfen und aufführen

Ein norwegisches Märchen erzählt von Peer Gynt, einem jungen Norweger, der nur Flausen im Kopf hat. Statt seiner verwitweten Mutter beizustehen, lebt er in den Tag hinein und erzählt fantasievolle Lügengeschichten. Bald verlässt er sein Heimatdorf und zieht in die Welt, um Abenteuer zu erleben. Auf seinen Reisen gerät er auch in die Halle des Bergkönigs. Nach diesen Märchenmotiven gestaltete der Dramatiker Henrik Ibsen (1828–1906) sein Theaterstück „Peer Gynt".

„In der Halle des Bergkönigs" ist einer von mehreren Sätzen einer Suite, die Edvard Grieg (1843–1907) zu dem Bühnenstück komponiert hat.

Musik pantomimisch darstellen

1 Betrachtet das Bild und überlegt, was Peer Gynt in dieser magischen Welt erwartet.

2 Hört die Musik von Edvard Grieg und betretet in eurer Fantasie die Halle
⊚2|5 des Bergkönigs. Beschreibt anschließend, welche Stimmung dort herrscht und was ihr erlebt habt. **AH|S. 28/29**

3 **a** Hört den Anfang der Komposition und bewegt euch zur Musik. Achtet dabei auf die
⊚2|5 Artikulation, die Klangfarbe und das Tempo der Musik. Vergleicht eure Bewegungen und findet Gründe für Gemeinsamkeiten und Unterschiede.
b Hört die Fortsetzung und den Schluss. Beschreibt anschließend, wie sich eure Bewegungen im Verlauf des Stückes bis zum Schluss entwickeln sollen.

4 Stellt Peer Gynts Erlebnisse in einer vollständigen Bewegungsszene zur Musik dar:
⊚2|5 **a** Erfindet eine Geschichte mit Peer Gynt als Hauptfigur, die in der Halle des Bergkönigs spielt und zur Entwicklung der Musik passt. Achtet dabei auch auf die zunehmende Satzdichte der Musik. Informationen darüber findet ihr im blauen Kasten.
b Entwerft Bewegungen, die den Inhalt der Geschichte ohne Worte darstellen. Führt sie so aus, dass sie zur Gestaltung der Musik passen. Achtet dabei auf alle musikalischen Mittel, die ihr in der Musik entdeckt.
c Erstellt einen Regieplan, in dem ihr die gemeinsamen Abläufe in Musik und Bewegung notiert.

Regieplan

Entwicklung der Musik	Inhalt der Szene	Bewegung
Ruhiger Beginn, staccato, piano		

⊚2|5 **d** Probt den Gesamtablauf zur Musik und führt eure Ergebnisse auf.

5 Entscheidet, welche Aufführung besonders gut zur Entwicklung der Musik passte. In welcher Fassung konnte man die Geschichte auch ohne Worte erkennen?

Satzdichte

Bei der Musik „In der Halle des Bergkönigs" hört ihr, wie die Satzdichte der Musik zunimmt: Die Melodie wird zunächst von einer Instrumentengruppe, dann von immer mehr Gruppen gespielt. In anderen Instrumentengruppen treten weitere Begleitstimmen hinzu. Viele verschiedene Stimmen spielen nun gleichzeitig. Der musikalische Satz ist dichter geworden.

77

Unterrichtsprojekt

Eine musikalisch-magische Schattenwelt gestalten

Der Froschkönig (Gebrüder Grimm)

In den alten Zeiten lebte ein König, dessen Töchter waren alle schön; aber die jüngste war so schön, dass sich die Sonne selber verwunderte, sooft sie ihr ins Gesicht schien. Nahe bei dem Schlosse des Königs lag ein großer, dunkler Wald, und in dem Walde unter einer alten Linde war ein Brunnen. Wenn nun der Tag sehr heiß war, ging das Königskind hinaus in den Wald und setzte sich an den Rand des kühlen Brunnens, und wenn sie Langeweile hatte, nahm sie eine goldene Kugel, warf sie in die Höhe und fing sie wieder; und das war ihr liebstes Spielwerk. Nun trug es sich einmal zu, dass die goldene Kugel der Königstochter nicht in ihr Händchen fiel, das sie in die Höhe gehalten hatte, sondern vorbei auf die Erde schlug und geradezu ins Wasser hineinrollte. Die Königstochter folgte ihr mit den Augen nach, aber die Kugel verschwand, und der Brunnen war tief, so tief, dass man keinen Grund sah. Da fing sie an zu weinen und weinte immer lauter und konnte sich gar nicht trösten. Und wie sie so klagte, rief ihr jemand zu: „Was hast du vor, Königstochter? Du schreist ja, dass sich ein Stein erbarmen möchte." Sie sah sich um, woher die Stimme kam, da erblickte sie einen Frosch, der seinen dicken, hässlichen Kopf aus dem Wasser streckte …

1 Vertont den Anfang des Märchens „Der Froschkönig".
  a Überlegt, welche Stimmungen der Märchenwelt und welche Bewegungen ihr darstellen wollt. Unterscheidet dabei Textstellen, in denen die Umgebung beschrieben wird, von solchen, die eine Handlung erzählen.
  b Prüft, welche Klangfarben sich für eine Vertonung der ausgesuchten Textstellen eignen, und probiert passende Instrumente und Spielweisen aus. Auch hier könnt ihr mit ungewöhnlichen Klangfarben experimentieren.
  c Erfindet Tonfolgen und Rhythmen, die zu euren Ideen passen und musiziert sie mit geeigneten Klangfarben.
  d Überlegt, wie ihr außerdem Dynamik und Satzdichte einsetzen könnt.

2 **a** Plant den Ablauf eurer Vertonung. Haltet eure Ideen mit Hilfe einer Tabelle fest.
  b Probt den Gesamtablauf zusammen mit dem Vortrag des Märchentextes.

	Märchenwelt	Handlungen
Ideen zur musikalischen Gestaltung		

Ein Menschenschattenspiel durchführen

Im Menschenschattenspiel benötigt ihr keine Figuren, sondern spielt selbst hinter der Leinwand. Ihr braucht dafür:
– Eine große Projektionsfläche. Bettlaken oder Tischdecken, die ihr möglichst straff über eine Wäscheleine oder über einen Besenstiel spannt, sind hierfür gut geeignet. Zur Befestigung dienen zwei Kartenständer.
– Eine Lichtquelle. Overheadprojektor, Beamer oder Scheinwerfer geben besonders helles Licht.
– Ein Bühnenbild. Wenn ihr einen Projektor als Lichtquelle nutzt, könnt ihr einen Hintergrund auf Folie zeichnen, beim Einsatz eines Beamers kann das Bühnenbild am Computer gestaltet werden.
– Masken und Requisiten. Sie müssen klare Umrisse haben, damit ihre Schatten gut zu erkennen sind.
– Regie. Da man sich beim Schattenspiel nicht selbst zuschauen kann, ist es hilfreich, wenn jemand oder eine Gruppe von außen zuschaut, Regie führt und Tipps gibt.

3 Entwerft eine Spielszene zum Märchenausschnitt als Schattenspiel.
a Plant eine Szenenfolge, die zur erzählten Handlung passt. Beachtet dabei, dass eure Darstellung ohne Sprache auskommen muss.
b Erstellt Masken und sucht nach passenden Requisiten, durch die die Darstellung auf der Bühne anschaulicher wird. Entwerft auch ein Bühnenbild auf Folie oder am Computer.
c Probt eure Darbietung im Schattentheater mit Projektionsfläche und Lichtquelle. Achtet darauf, dass alle Schatten der Personen, Masken und Requisiten deutlich von außen zu sehen sind.

4 **a** Verbindet die Spielszene mit dem Vortrag des Märchentextes und seiner Vertonung.
b Präsentiert eure musikalisch-magische Schattenwelt vor der Klasse.

3.2

In diesem Kapitel ...
- lernt ihr eine Oper kennen,
- untersucht ihr, wie ein Komponist Situationen und Personen darstellen kann,
- erfahrt ihr, wie durch Musik Spannung erzeugt werden kann,
- führt ihr selbst Auszüge aus einer Oper auf.

Musik auf der Bühne
Die Märchenoper „Hänsel und Gretel" erkunden

Abendsegen

Abends, will ich schlafen gehn,
vierzehn Englein um mich stehn:
zwei zu meinen Häupten,
zwei zu meinen Füßen,
zwei zu meiner Rechten,
zwei zu meiner Linken,
zweie, die mich decken,
zweie, die mich wecken,
zweie, die mich weisen
zu Himmels Paradeisen!

1 Beschreibt das Bild genau.

2 Erzählt das Märchen „Hänsel und Gretel" mit eigenen Worten nach.

3 Findet heraus, welche Elemente des Bildes in der Märchenfassung der Gebrüder Grimm nicht enthalten sind.

Eine Oper erwacht zum Leben

Informationen sammeln und ordnen

*Engelbert Humperdinck
(1854–1921)*

Im Jahre 1806 begannen die Gebrüder Grimm damit, Sagen und Märchen zu sammeln, die sie sich erzählen ließen und die sie anschließend bearbeiteten. 1812 veröffentlichten sie den ersten Band ihrer „Kinder- und Hausmärchen". Eines der bekanntesten Märchen ist bis heute „Hänsel und Gretel". Viele Jahre später, im Jahr 1890, schrieb Adelheid Wette, die Schwester des Komponisten Engelbert Humperdinck, wie so oft ein kleines Theaterstück für ihre Kinder. Diesmal hatte sie sich das Märchen „Hänsel und Gretel" vorgenommen, das zum Geburtstag des Vaters im Familienkreis aufgeführt werden sollte. Sie bat ihren Bruder, einige Lieder für das Theaterstück zu komponieren. Humperdinck begann mit der Arbeit und war von dem Märchen so begeistert, dass eine Oper entstand, die insgesamt fast zwei Stunden dauert. Die Oper „Hänsel und Gretel" wurde 1893 in Weimar uraufgeführt, das heißt, sie wurde dort zum ersten Mal gespielt. Mit diesem Werk wurde Engelbert Humperdinck berühmt, und auch heute noch wird die Oper auf der ganzen Welt aufgeführt.

1 Erzählt in eigenen Worten, wie es zur Komposition der Oper „Hänsel und Gretel" kam.

2 Man unterscheidet bei den Sängerinnen und Sängern verschiedene Stimmlagen, je nachdem, ob sie in hoher, mittlerer oder tiefer Lage singen (▶ S. 99): Diese Stimmlagen nennt man bei Frauen- und Kinderstimmen Sopran, Mezzosopran und Alt, bei Männerstimmen Tenor, Bariton und Bass. Überlegt, welche Personen Engelbert Humperdinck für seine Oper benötigt und welche Stimmlagen ihr diesen zuordnen würdet.

3 Welche Situationen aus dem Märchen würdet ihr als Komponist in die Oper übernehmen und wie würdet ihr diese musikalisch gestalten? Überlegt zum Beispiel, wie laut und wie schnell die Musik sein soll und welche Instrumente für welche Situation passend sind.

Oper

Eine **Oper** ist ein Schauspiel, in dem die Handlung vor allem mit musikalischen Mitteln dargestellt wird, zum Beispiel indem die Figuren auf der Bühne singen statt sprechen. Die Sängerinnen und Sänger werden dabei in der Regel von einem Orchester begleitet. Das Textbuch zu einer Oper nennt man **Libretto**, das heißt wörtlich: Büchlein. Oft sind im Libretto auch Anweisungen vermerkt, wie sich die Darsteller auf der Bühne bewegen sollen, so genannte Regieanweisungen. Als **Bilder** bezeichnet man die einzelnen Szenen einer Oper, die an einem Schauplatz spielen und daher nur ein Bühnenbild benötigen.

Höreindrücke äußern und vergleichen

4 **a** Hört euch die Ouvertüre der Oper „Hänsel und Gretel" an und beschreibt die Stimmung, die durch die Musik entsteht, indem ihr passende Adjektive findet.

◉ 2|6

    b Achtet darauf, welche Melodie ihr wahrnehmen könnt. Summt sie leise mit und verfolgt sie im Notenbeispiel, indem ihr zum Beispiel mit der Spitze eines Geodreiecks über die entsprechenden Noten fahrt. Beschreibt die Melodie möglichst genau in ihren Klangeigenschaften.

5 **a** Überprüft im Notenbeispiel, welche Instrumente zu Beginn der Ouvertüre spielen.

◉ 2|6

    b Findet hörend heraus, welche Instrumente diese Melodie im Folgenden übernehmen.

    c Tauscht euch darüber aus, welche Handlung und welches Bühnenbild dazu passen könnten.

Ouvertüre

Die vom Orchester gespielte Einleitung einer Oper nennt man Ouvertüre. Das Wort stammt aus dem Französischen und bedeutet so viel wie: Eröffnung. In einer Ouvertüre wird das Publikum auf die nun folgende Handlung eingestimmt. Gleichzeitig werden hier bereits wichtige musikalische Gedanken vorgestellt, die später in der Oper wieder vorkommen und an die man sich dann wieder erinnern soll.

Zwei Kinder allein zu Hause

Situationen auf der Bühne darstellen

Erstes Bild: Zu sehen ist eine kleine, dürftige Stube.
Hänsel bindet Besen, Gretel strickt Strümpfe. Die Kinder
singen das Kinderlied „Suse, liebe Suse".

Suse, liebe Suse

1. Su - se, lie - be Su - se, was ra - schelt im Stroh? Die Gän - se gehn bar - fuß und
2. Ei - a po - pei - a, das ist ei - ne Not! Wer schenkt mir ei - nen Hel - ler zu

ha - ben kei - ne Schuh'; der Schus - ter hat's Le - der, kein' Leis - ten da -
Zu - cker und_ Brot? Ver - kauf' ich mein Bett - lein und leg' mich aufs

zu; drum kann er den_ Gäns - lein auch ma - chen kei - ne Schuh'.
Stroh,_____ sticht mich kei - ne Fe - der und beißt mich kein_ Floh.

1 Singt das Kinderlied und beschreibt seine Wirkung.

2 Im Text ist von Not und Entbehrung die Rede. Wie verhält sich die Musik dazu?

3 Hört den Szenenausschnitt, in dem die ersten beiden Strophen des Liedes
⊚ 2|8 in der Oper verwendet werden, und benennt Unterschiede und Gemeinsamkeiten zur
hier abgedruckten Fassung.

Äußere und innere Situation

In einer Oper wird wie in einem Schauspiel zu Beginn eine Situation vorgestellt, in der wir die
Figuren kennen lernen und in der sich die Handlung allmählich entwickelt. Dabei unterscheiden wir
zwischen der äußeren und der inneren Situation der Figuren:
- Die äußere Situation erfahren wir durch das Bühnenbild. Sie entsteht durch Ort, Zeit und
  Schauplatz der Handlung und wird meistens durch eine Regieanweisung im Textbuch erläutert.
- Die innere Situation ist das, was die Figuren in diesem Moment fühlen und denken, wie sie
  zueinander stehen und was sie erwarten. In einer Oper wird uns die innere Situation der Figuren
  vor allem durch die musikalische Gestaltung vermittelt.

4　**a** Versetzt euch in die Situation der Geschwister. Welchen Grund könnte es geben, dass sich die beiden in dieser Szene gegenseitig unterbrechen?

b Besorgt euch passende Requisiten und spielt die Szene als Schauspiel. **AH|S. 31/32**

5　**a** Hört die Fortsetzung der Szene bis „Ach Gretel, ich wollt!" und achtet auf die innere
◎2|8　Situation der beiden Geschwister. Welche Sorgen plagen die beiden und wie gehen sie damit um?

b Achtet darauf, wie Gretel den Ausspruch der Mutter wiedergibt. Wie ändert sich die Situation dadurch, und wie trägt die Musik zu dieser Veränderung bei? Woher kennt ihr diese Melodie bereits? **AH|S. 33**

Wenn die　Not aufs Höchs-te　steigt,　Gott der　Herr die　Hand___ uns　reicht!

6　Gretel will sich von Hänsels schlechter Laune nicht anstecken lassen. Sie unterbricht ihn: „Still, nicht verdrießlich sein".

◎2|8　**a** Hört die Fortsetzung der Szene und achtet besonders auf den Einsatz der Gesangsstimme.

Gries-gram hi-naus,　　fort aus dem Haus!　Ich will dich leh-ren, Herz zu beschweren,

b Klopft den Rhythmus der Melodie mit und beschreibt, wie sich Gretels Gesang nun verändert hat.

c Gliedert den musikalischen Ablauf in den Gesangsstimmen von „Griesgram hinaus" bis zum Ende des Hörbeispiels. Beschreibt, wie die Musik darstellt, dass die Kinder sich allmählich wieder vertragen. Die Informationen im blauen Kasten helfen euch dabei.

d Untersucht die Orchesterbegleitung an der Stelle „Still, nicht verdrießlich sein!" Welche Melodie hat sich hier versteckt?

7　Hört noch einmal die gesamte Szene und fasst zusammen, wodurch Musik Situationen
◎2|8　auf der Bühne lebendig werden lassen kann.

Singen in der Oper

In unterschiedlicher Weise trägt der Gesang in einer Oper dazu bei, die innere Situation der Figuren besser zu verstehen. Vor allem, wenn sich mehrere Figuren auf der Bühne befinden, verrät die Art des Gesangs viel darüber, was in diesem Moment in ihnen vorgeht:

- In einem **Solo** singt eine Figur alleine. Dabei drückt sie häufig aus, was sie fühlt oder welche Absichten sie hat.
- In einem **Duett** singen zwei Figuren nacheinander, abwechselnd oder gleichzeitig. Je nachdem, wie unterschiedlich die Stimmen gestaltet sind, können durch ein Duett sowohl Streit und Zwietracht als auch Einvernehmen und Harmonie ausgedrückt werden.
- Oft singen die Figuren in einer Oper so, dass der Gesang dem natürlichen Sprechen ähnelt. Dies nennt man **Parlando**. So können die Figuren auf der Bühne singend ein Gespräch führen.

Im Wald mit Hänsel und Gretel

Stimmungen erzeugen

Zweites Bild: Hänsel und Gretel sammeln Erdbeeren im Wald, doch anstatt die Beeren nach Hause zu bringen, essen die Kinder sie selbst, da sie großen Hunger haben. Sie wollen rasch neue suchen, doch es wird schon dunkel. Sie haben sich verirrt und fürchten sich im Wald.

Hänsel: Gretel, du musst beherzter sein! Wart, ich will einmal tüchtig schrein. Wer da?
Echo: Er da, er da, er da, da.
Gretel: Ist jemand da?
Echo: Ja! Ja!
Gretel: Hat du's gehört? 'S rief leise „ja". Hänsel, sicher ist jemand nah. Ich fürcht mich, ich fürcht mich, oh wär' ich zu Haus! Wie sieht der Wald so gespenstig aus.
Hänsel: Gretelchen, drücke dich fest an mich, ich schütze dich!
Gretel: Da kommen weiße Nebelfrauen! Sieh, wie sie winken und drohend schauen! Sie kommen, sie kommen, sie fassen uns an! Vater! Mutter! Ah!
Hänsel: Sieh dort das Männchen, Schwesterlein, was mag das für ein Männchen sein?

1 Lest den Dialogausschnitt mit verteilten Rollen. Gestaltet den Text so, dass deutlich wird, was in diesem Moment in den Kindern vorgeht.

2 **a** Hört den Ausschnitt aus der Oper und beschreibt, welche Stimmung durch die Musik
⊚ 2|12 erzeugt wird.
b Vergleicht die musikalische Gestaltung mit eurem Dialogvortrag.

3 Als Hänsel und Gretel in den Wald hineinrufen, schallt ihnen ein gespenstisches Echo ent-
⊚ 2|12 gegen. Hört den Szenenausschnitt und beschreibt, wie die Musik diese Stimmung erzeugt.

4 **a** Woran lässt sich in der Gesangsstimme erkennen, dass Gretel sich fürchtet?

⊚ 2|12 **b** Erklärt, wie die Musik des Orchesters dazu beiträgt, eine unheimliche, bedrohliche Stimmung zu erzeugen. Untersucht die Dynamik, das Tempo und die Melodierichtung.
c Fasst zusammen, wie die Musik es schafft, dem Zuhörer die Gefühle der Kinder zu vermitteln. Achtet dabei auf die Gestaltung der Gesangsstimmen und auf die Musik des Orchesters.

Das Männchen, vor dem sich Hänsel und Gretel so gefürchtet haben, ist das Sand-
männchen. Es tritt aus dem Nebel hervor und streut den Kindern Sand in die Augen.
Die Kinder werden müde und singen ihr Abendgebet.

5 Singt den „Abendsegen" und beschreibt, welche Stimmung das Lied erzeugt.

6 Hört den Ausschnitt aus der Oper und beschreibt die musikalische Gestaltung. Beachtet dabei
2|14 auch Dynamik und Tempo.

7 Vergleicht diese musikalische Gestaltung mit der in der Waldszene zuvor. Erklärt, wie es
2|12 dem Komponisten gelingt, gegensätzliche Stimmungen zu erzeugen.

8 Wie ihr seit der Ouvertüre wisst, spielt *eine* Melodie in der gesamten Oper eine wichtige Rolle.
Überlegt, warum Humperdinck den Abendsegen in den Mittelpunkt seiner Oper stellt.

Stimmungen und Gefühle in der Oper

Anders als in einem Schauspiel gibt die Musik dem Publikum in einer Oper viele zusätzliche Hinweise, damit man das Geschehen auf der Bühne besser versteht. Während der Gesang vor allem das
mitteilt, was im Inneren einer Figur vorgeht, bietet die Musik des Orchesters verschiedene Möglichkeiten, die Handlung auf der Bühne zu verdeutlichen. So kann das Orchester zum Beispiel:
– den Gesang einer Figur unterstreichen und seine Wirkung verstärken,
– Gefühle einer Figur ausdrücken, die in diesem Moment nicht singt,
– eine bestimmte Stimmung erzeugen, in der etwas auf der Bühne passiert.

Musizieren mit der ganzen Klasse

„Abendsegen" als Mitspielsatz

Satz: Ulrich Brassel

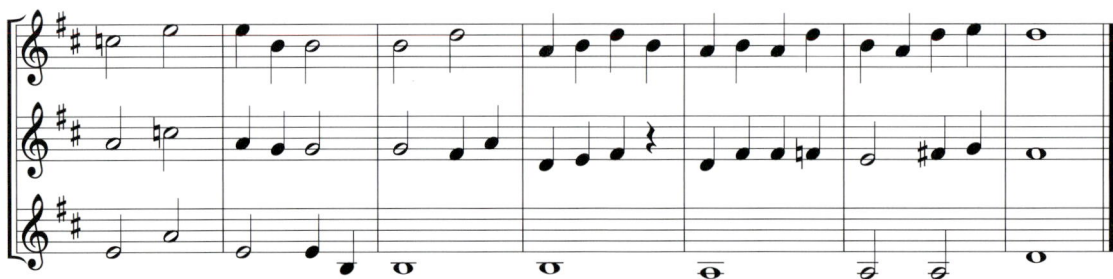

Die Hexe

Verborgene Hinweise entschlüsseln

Am nächsten Morgen entdecken die Kinder ein Häuschen, ganz aus Lebkuchen gebaut. Darin wohnt eine alte Frau, die sich als Hexe entpuppt.

1
  a Stellt euch vor, wie die Hexe in einer Oper aussehen soll, wie sie sich bewegt und welche Eigenschaften sie hat.

  b Überlegt, wie die Musik in einer Oper komponiert sein muss, damit man sofort hört, dass die Hexe auftritt. Berücksichtigt dabei die Wahl der Instrumente, Dynamik und Tempo.

2
  a Beschreibt, wie sich die Hexe den Kindern in ihrem ersten Lied vorstellt.

◉ 2|16
  b Wie passt diese musikalische Vorstellung zu dem abgedruckten Szenenbild?

  c Vergleicht die musikalische Gestaltung dieses Auftritts mit euren eigenen Vorstellungen einer Hexenmusik. Überlegt, warum Engelbert Humperdinck die Hexe wohl so dargestellt hat.

3
  a Spielt den Melodieabschnitt auf Instrumenten oder summt ihn mit. Woran erinnert er euch?

  b Erklärt, zu welchem Zweck die Hexe diese Melodie einsetzt und welchen Eindruck sie damit vermitteln möchte. Nutzt dazu die Informationen im blauen Kasten.

  c Überlegt, warum das Erinnerungsmotiv nur vom Orchester musiziert wird, nicht aber von der Hexe selbst.

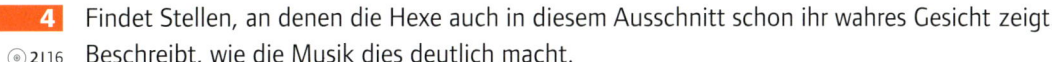

4
Findet Stellen, an denen die Hexe auch in diesem Ausschnitt schon ihr wahres Gesicht zeigt.

◉ 2|16
Beschreibt, wie die Musik dies deutlich macht.

Erinnerungsthema und Erinnerungsmotiv

Die Musik in einer Oper kann nicht nur das verdeutlichen, was in diesem Moment auf der Opernbühne geschieht. Sie kann auch an bereits Vergangenes erinnern und sogar auf Zukünftiges hinweisen. Dies ist dann möglich, wenn Melodien benutzt werden, die wir bereits früher kennen gelernt haben und die dort mit einer bestimmten Situation verbunden waren.

Wenn wir die Melodie hören und uns dadurch an die frühere Situation erinnern, sprechen wir von einem **Erinnerungsthema**. Manchmal reicht es sogar, nur durch eine ganz kurze Tonfolge erinnert zu werden. Dann nennen wir dies ein **Erinnerungsmotiv**.

Die Hexe

Charaktere hören

Jetzt zeigt die Hexe ihr wahres Gesicht und freut sich darüber, dass sie wieder zwei Kinder gefangen hat. Sie verzaubert Hänsel und treibt ihn willenlos in den Stall.

1 Erfindet Zaubersprüche und zu eurem Text passende Rhythmen, die ihr in Notenschrift übertragt. Entscheidet, ob die Komposition einstimmig oder mehrstimmig sein soll.

2 Hört euch den Zauberspruch der
⊚ 2|18   Hexe an und beschreibt, woran man den Charakter der Hexe musikalisch erkennen kann.

Gut gelaunt reitet die Hexe, nachdem sie die Kinder verzaubert hat, auf ihrem Besen um ihr Hexenhaus:
Hurr, hopp hopp hopp, Galopp hopp hopp, mein Besengaul, hurr hopp, nit faul!
So wie ich's mag am lichten Tag, spring' kreuz und quer ums Häuschen her!
Bei dunkler Nacht, wenn niemand wacht, zum Hexenschmaus am Schornstein raus.
Aus fünf und sechs, so sagt die Hex', mach sieb'n und acht, so ist's vollbracht,
und neun und eins, und zehn ist keins, und viel ist nichts, die Hexe spricht's!
So reitet sie bis morgen früh!

3 **a** Hört die Musik und beschreibt, wie der Komponist den Hexenritt musikalisch darstellt.
⊚ 2|20 **b** Bildet zwei Gruppen: Eine klopft den Rhythmus der Singstimme, die andere spricht rhythmisch den Text.
    c Beschreibt, was ihr durch diese rhythmische Gestaltung über den Charakter der Hexe erfahrt.

4 **a** Achtet auf weitere musikalische Merkmale, die den Charakter der Hexe verdeutlichen,
⊚ 2|20   zum Beispiel die Wahl der Instrumente, das Tempo, die Lautstärke. **AH|**S. 34/35
    b Summt leise die Melodie in den Trompeten mit oder spielt in der Luft den Rhythmus der Xylophonstimme mit. Auch hier versteckt sich ein Erinnerungsmotiv, das in der gesamten Oper auf die Gefahr durch die Hexe hinweist.

5 Fasst zusammen, warum die Hexe ausgerechnet beim Hexenritt und bei ihrem Zauberspruch ihr wahres Gesicht so deutlich zeigt.

Spannung bis zum Schluss

Die Freude der Hexe währt nicht lange: Sie wird von den beiden Geschwistern überlistet. Während Gretel so tut, als verstünde sie die Hexe nicht, mahnt Hänsel Gretel ängstlich zur Vorsicht. Auch an dieser Stelle hilft ein kurzes Erinnerungsmotiv beim Aufbau der Spannung.

Schwes - ter - lein,_____ hüt' dich fein!_____

1 Untersucht den Aufbau der Szene, indem ihr den Ablauf mit Hilfe des wiederkehrenden
◉ 2|22 „Schwesterlein"-Motivs gliedert.
  a Beschreibt die musikalischen Mittel, die zur Steigerung der Spannung eingesetzt werden.
  b Findet beim Hören die Stelle, an der die Hexe endlich in den Ofen gestoßen wird.
  Woran ist in der Musik der Stoß in den Ofen zu erkennen?

2 Voller Freude über ihre Rettung tanzen Hänsel und Gretel den „Knusperwalzer".
◉ 2|22 **a** Beschreibt, wie die Musik gestaltet ist und wie sie dadurch wirkt.
  b Findet heraus, welche Melodie aus der Oper sich hier versteckt hat.

Plötzlich stellen Hänsel und Gretel staunend fest, dass sie von Lebkuchenkindern umringt sind, die durch den Tod der Hexe wieder erwacht sind. Mit dem Zauberspruch der Hexe befreit Hänsel die Kinder aus ihrer Starre und gemeinsam feiern sie den Sieg über die Hexe. Doch für Hänsel und Gretel gibt es noch eine weitere Überraschung: Die Eltern finden ihre Kinder im Wald wieder und feiern das „Happy End".

3 **a** Überlegt, wie dieses Happy End auf der Bühne szenisch gestaltet werden könnte.
  b Schaut euch das Ende der Oper auf der DVD an und vergleicht diese Inszenierung
  mit euren eigenen Ideen. **DVD** Nr. 1
  c Mit welcher Melodie beendet Engelbert Humperdinck seine Oper? Erklärt, warum man
  davon spricht, dass diese Melodie der Oper einen Rahmen gibt.

Spannung durch Musik aufbauen

Wenn wir eine Handlung spannend finden, dann schauen wir nicht nur von außen zu, sondern fühlen uns selbst in die Handlung hineingezogen und fiebern mit den Figuren dem Ausgang entgegen. Wird die Handlung wie in einer Oper musikalisch dargestellt, lässt sich diese Spannung durch die musikalische Gestaltung noch vergrößern, zum Beispiel:
– Durch plötzliche Kontraste wechselt die Stimmung unvermittelt.
– Steigerungen in Tempo und Dynamik weisen darauf hin, dass die Handlung auf einen Höhepunkt zusteuert.
– Pausen signalisieren, dass jemand auf der Bühne auf etwas wartet oder unschlüssig ist.
– Erinnerungsthemen und -motive lassen uns an etwas Bekanntes denken.
Gemeinsam ist allen diesen Gestaltungsmitteln, dass die Musik mehr verrät, als durch die Handlung auf der Bühne gezeigt wird.

Unterrichtsprojekt

Szenen aus „Hänsel und Gretel" vorbereiten und aufführen

1 Tragt zusammen, welche Arbeiten an einem Opernhaus erledigt werden müssen und welche Berufe dort ausgeübt werden.

2 Schülerinnen und Schüler aus Dortmund haben den „Profis" bei den Proben zu „Hänsel und Gretel" über die Schulter geschaut. Schaut euch die DVD-Ausschnitte an und vergleicht die Informationen aus den Interviews mit euren eigenen Vermutungen. **DVD** Nr. 2–5

Nun sollt ihr selbst einige Aufgaben dieser Berufe übernehmen und die Oper „Hänsel und Gretel" mit eurer Klasse aufführen, einige Bausteine habt ihr bereits in diesem Kapitel einstudiert, andere müsst ihr nun erarbeiten, damit eine Gesamtaufführung der wichtigsten Szenen gelingen kann.

Musik

Zum ersten Bild

3 Spielt in eurer Gruppe die erste Szene nach. Plant wie ein Regisseur den genauen Ablauf der
◉ 2|8 Szene zu der Musik. Spielt die Szene pantomimisch passend zur Musik.

4 Erfindet wie ein Choreograph einen Tanz zu dem Lied „Brüderchen, komm tanz mit mir".
◉ 2|10 Er soll zu der Situation der beiden Kinder passen. Präsentiert ihn der Klasse und stimmt darüber ab, welcher Tanz bei der Gesamtaufführung gezeigt werden soll. Vergleicht eure Idee mit der Inszenierung der Detmolder Opernschule. **DVD** Nr. 6

Zum zweiten Bild

5 Hänsel und Gretel verirren sich im dunklen Wald: Spielt den in Aufgabe 1 auf ▶ S. 86
◉ 2|12 erarbeiteten Dialog zur Musik pantomimisch.

6 Singt gemeinsam den „Abendsegen", begleitet das Stück mit euren Instrumenten, leitet es durch einen Dirigenten selber an und spielt auch szenisch dazu.

Zum dritten Bild

7 Spielt, wie die Kinder plötzlich das Hexenhaus erblicken und beginnen, Stücke aus dem Knusperhäuschen herauszubrechen. Verfasst einen freien Dialog zwischen den Kindern und der Hexe. Nutzt dabei auch eure Kenntnisse aus der Märchenvorlage.

8 Führt eure rhythmischen Zaubersprüche von ▶ S. 90 beim Auftritt der Hexe auf. Ihr könnt zusätzlich auch passende Melodien erfinden. Entscheidet, ob sie einstimmig oder mehrstimmig sein sollen.

9 Spielt zur Musik pantomimisch,
2|22 wie die Kinder die Hexe in den Ofen stoßen, und tanzt anschließend den „Knusperwalzer".

10 Entwerft ein Standbild, welches die Stimmung der Musik im Finale wiedergibt. Achtet auch darauf, wie die Figuren zueinander stehen. **DVD** Nr. 1

Bühnenbild und Kostüme

11 Wählt als Bühnenbildner eine Szene aus der Oper aus und erstellt in einem Schuhkarton ein passendes Bühnenbild. Organisiert in eurer Klasse eine Ausstellung oder malt ein großes Wandplakat für die Klasse als Hintergrund für die szenische Aufführung.

12 **a** Wählt als Kostümbildner eine Figur aus der Oper aus und fertigt eine „Figurine" an. Eine Figurine ist ein Entwurf für eine Bühnenfigur. Ihr könnt den Entwurf zeichnen oder eine Figur aus Draht erstellen und für die Figuren dann ein passendes Kostüm gestalten.
b Organisiert in eurer Klasse eine Ausstellung der Figurinen. Ihr könnt die fertigen Figurinen auch an der Wand oder im Klassenraum aufhängen.
c Bewegt die Figurinen an einem Stock befestigt passend zu einem Stück aus der Oper.

13 Ihr könnt auch Kostüme für die Darsteller eurer Aufführung anfertigen.

Recherche

14 Schreibt eine Definition für ein Schülerlexikon zu dem Begriff Oper. **AH**|S. 36

15 Erstellt für eure Klasse ein Opernquiz oder ein kleines Opernlexikon mit allen wichtigen Begriffen zum Thema Oper. **AH**|S. 37

16 Ihr habt in diesem Kapitel viel über „Hänsel und Gretel" gelernt. Verfasst einen Artikel über die Oper für die Schülerzeitung. Beschreibt darin, mit welchen musikalischen „Tricks" es dem Komponisten gelungen ist, durch Musik Bilder in eurem Kopf hervorzurufen.

17 **a** Vergleicht die Märchenfassung der Gebrüder Grimm mit dem Libretto von Adelheid Wette. Warum hat sie den Text wohl verändert?
b Erklärt, warum auf ▶ S. 81 Hexe und Engel gemeinsam auf einem Bild zu sehen sind.

In diesem Kapitel …
– lernt ihr eure eigene Stimme
  besser kennen,
– untersucht und erprobt ihr
  verschiedene Möglichkeiten, sich
  mit der Stimme musikalisch
  auszudrücken,
– gestaltet ihr mit euren Stimmen
  eine Klangszene.

Entdeckungen mit der Stimme
Unser angeborenes Instrument erkunden

Die menschliche Stimme – wir benutzen sie ständig und ohne über sie nachzudenken: Sie ist einfach da. Schon mit dem ersten Schrei, wenn wir als Baby auf die Welt kommen, benutzen wir sie im Reflex. Später lernen wir mit der Stimme zu sprechen, Worte zu formulieren und uns mit ihr mitzuteilen. Die Stimme ist ein Instrument, dem unendlich viele Töne und Klänge entlockt werden können. Mit ihr können wir verführen oder abschrecken, schreien oder flüstern, jubeln oder weinen – und wir können mit ihr singen. Zugleich ist die Stimme Ausdruck und Spiegelbild unserer Seele.

1 Betrachtet die beiden Bilder: Woran erkennt man, dass die Person auf dem einen Bild spricht, die Person auf dem anderen Bild singt?

2 Stimme – Stimmung – stimmen. Überlegt, was diese Begriffe alles bedeuten können und worin ihr Zusammenhang besteht.

3 Im Text werden verschiedene Verwendungsweisen der menschlichen Stimme genannt. Tragt sie zusammen und sammelt weitere. Wie versteht ihr den Satz: „Die Stimme ist das Spiegelbild unserer Seele"?

Laute – Wörter – Töne

Mit der Stimme ausdrucksvoll umgehen

KARAWANE

jolifanto bambla ô falli bambla
grossiga m'pfa habla horem
égiga goramen
higo bloiko russula huju
hollaka hollala
anlogo bung
blago bung
blago bung
bosso fataka
ü üü ü
schampa wulla wussa ólobo
hej tatta gôrem
eschige zunbada
wulubu ssubudu uluw ssubudu
tumba ba- umf
kusagauma
ba - umf

Hugo Ball (1886–1927) ist vor allem als Verfasser von Lautgedichten bekannt, in denen er Fantasiewörter ohne sprachliche Bedeutung alleine nach ihrem Klang in Versform zusammenstellte.

1 a Lest das Gedicht „Karawane" von Hugo Ball und beschreibt das Schriftbild.
   Worauf müsst ihr achten, wenn ihr den Text laut vortragt?
   b Ergänzt am Schluss eines jeden Verses ein Satzzeichen eurer Wahl, zum Beispiel
   Ausrufezeichen, Fragezeichen oder Komma. Tragt das Gedicht anschließend so vor,
   dass man die Abfolge der Satzzeichen heraushören kann. **AH | S. 38**

2 Wählt fünf Verse aus dem Gedicht aus und sprecht sie mit unterschiedlichen Absichten,
   zum Beispiel: Ihr wollt zur Eile antreiben; ihr habt euch furchtbar über etwas geärgert,
   das euch zugestoßen ist; ihr wollt jemanden trösten; ihr seid munter und aufgekratzt,
   heute gelingt euch alles!

3 Erstellt eine Aufnahme eurer unterschiedlichen Fassungen und spielt sie euch vor:
   Woran kann man eure Absichten besonders gut erkennen?

4 Manche Menschen mögen es nicht, wenn sie ihre eigene Stimme in einer Aufnahme hören.
   Wie ist es euch gegangen? Überlegt gemeinsam, welche Gründe es für dieses Gefühl
   geben könnte.

Atmen – Sprechen – Singen: Eine Entdeckungsreise in den Körper

Die menschliche Stimme wird durch den Luftstrom erzeugt, der aus der Lunge durch den Kehlkopf strömt, bevor er durch den Rachen- und Nasenraum, das so genannte Ansatzrohr, nach außen dringt. Zwar formen wir unsere Stimme im Mundraum; der eigentliche Ton-erzeuger liegt aber im Kehlkopf. Dort befinden sich die Stimmlippen, die im Luftstrom hin- und herschwingen und dabei wie die Saiten eines Instruments unterschied-lich gespannt sein können: Je stärker ihre Spannung ist, desto höher klingt der hervorgebrachte Ton.

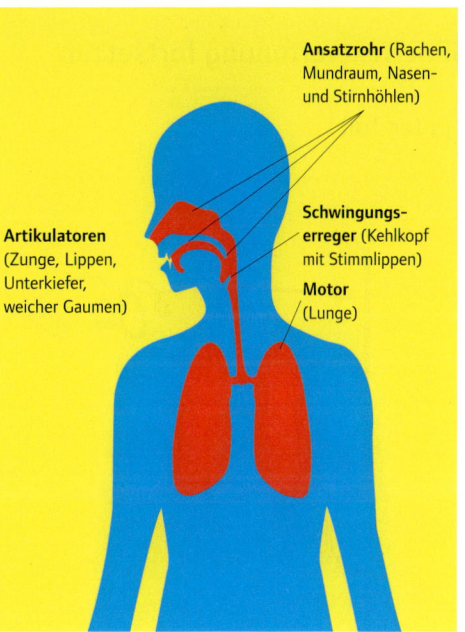

Ansatzrohr (Rachen, Mundraum, Nasen- und Stirnhöhlen)

Schwingungs-erreger (Kehlkopf mit Stimmlippen)

Motor (Lunge)

Artikulatoren (Zunge, Lippen, Unterkiefer, weicher Gaumen)

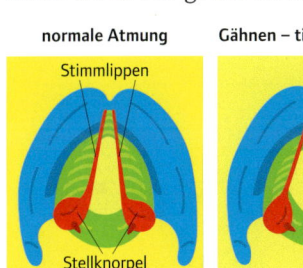

normale Atmung

Stimmlippen

Stellknorpel

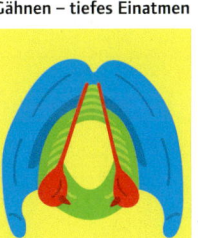

Gähnen – tiefes Einatmen

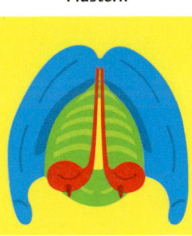

Flüstern

Während wir mit unserer Stimme in fast jeder Situation sprechen können, müssen wir zum Singen eine geeignete Körperhaltung einnehmen, um unseren Atem steuern zu können. Denn nur mit einem durchgehenden, kontrollierten Luftstrom lassen sich mit der Stimme auch Töne erzeugen.

5 Erklärt mit eigenen Worten, wie die Stimme im Körper des Menschen erzeugt wird. Welche Teile des Körpers spielen dabei eine wichtige Rolle?

6 a Ahmt den Flug einer Hummel nach, indem ihr mit einem tiefen Summton beginnt und anschließend einer vorgestellten Flugbahn mit der Stimme folgt.
b Führt die Übung erneut durch, diesmal aber auf ein stimmhaftes „bs-". Bei welcher Übung fällt es leichter, den Luftstrom zu kontrollieren?

7 Auch beim Sprechen benutzen wir unterschiedliche Tonhöhen, allerdings tun dies die meisten Menschen nur unbewusst.
a Lest den Anfang der „Karawane" sehr langsam und ausdrucksvoll vor, achtet dabei auf den Wechsel der Tonhöhen.
b Vergleicht verschiedene Vortragsweisen und findet Gemeinsamkeiten. **AH** | S. 39

8 a Sprecht das Wort „Hallo" so aus, als würdet ihr jemandem freundlich zurufen. Verlangsamt euren Ruf anschließend immer mehr, bis daraus zwei unterschiedliche Töne geworden sind.
b Singt die beiden Töne auf Klangsilben, zum Beispiel auf „du".
c Bestimmt die Tonhöhen mit Hilfe eines Instruments.

Zwischen Sprechen und Singen

Eine Textvertonung fortsetzen

Süßer Tod

Text: Johannes R. Köhler
Musik: Klaus Stahmer, (*1941)

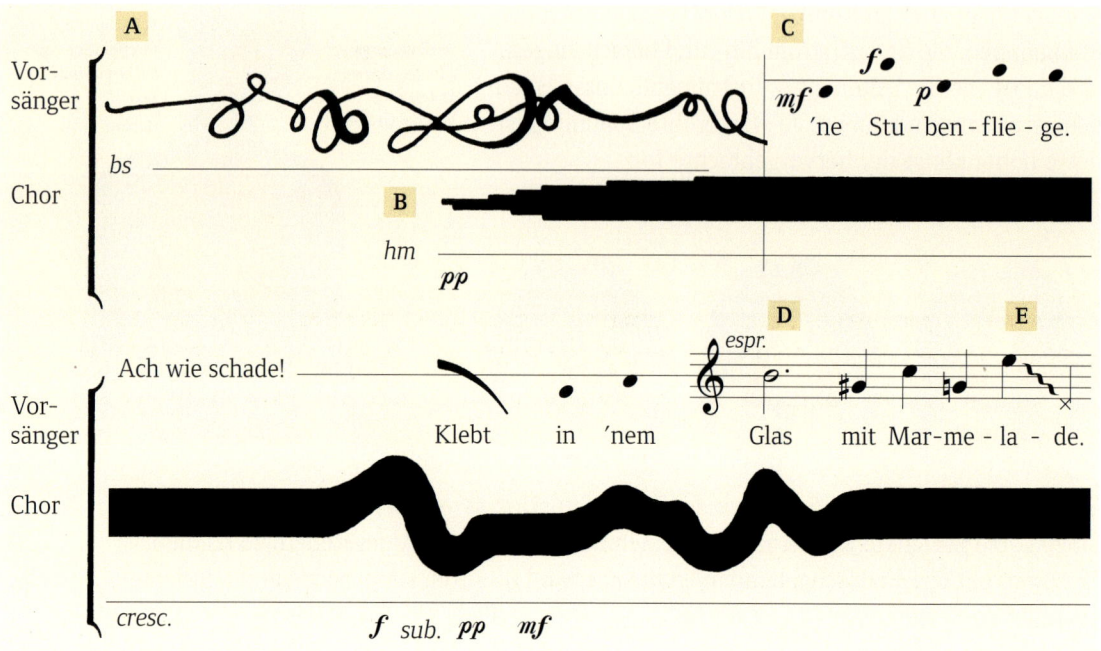

Der Komponist Klaus Stahmer beschreibt in einem seiner Chorstücke das Schicksal einer Fliege in einem Marmeladenglas. Dazu müssen die Ausführenden auf sehr verschiedenartige Weise mit der Stimme umgehen.

1 Beschreibt den Anfang des Stückes:
a An welchen Stellen muss gesungen, an welchen gesprochen werden? Wie wird die Stimme außerdem noch benutzt?
b Vergleicht die Notation des Textes in den Abschnitten C, D und E miteinander: Wie wird hier jeweils mit der Tonhöhe umgegangen?

2 a Gestaltet mit Hilfe des Textes eine Fortsetzung des Chorstückes, indem ihr die Stimme auf unterschiedliche Arten einsetzt. Dabei könnt ihr wie im Original zwischen Vorsänger und Chorgruppe unterscheiden.
b Haltet eure Fassung schriftlich fest. Dazu könnt ihr grafische und traditionelle Notation benutzen.

Fortsetzung des Textes:
Sie zappelte mit ihren Beinen,
zuerst mit sechs, dann nur mit einem.
Und immer fester stak die Arme
in dieser zähen Lademarme.

4 Hört die Aufnahme des Chorstückes und erklärt die Bedeutung des Titels.

◉ 2|24

Rhythmisches Sprechen: „Fuge aus der Geographie"

Im Jahr 1930 komponierte Ernst Toch (1887–1964) eine Folge von Sprechstücken für Chor, die er „Gesprochene Musik" nannte. Das Schlussstück trägt den Titel „Fuge aus der Geographie". Eine Fuge ist ein mehrstimmiges Musikstück, bei dem die einzelnen Stimmen nacheinander den gleichen musikalischen Gedanken – das „Thema" der Fuge – vorstellen und im weiteren Verlauf immer wieder aufgreifen. In Tochs Sprechfuge lautet das Thema:

5   **a** Sprecht den Text des Themas zuerst in normaler Sprechweise, anschließend so, wie Toch ihn in seiner Sprechfuge notiert hat. Inwiefern ist dies „gesprochene Musik"?

  b Informiert euch über die in diesem Abschnitt enthaltenen geografischen Begriffe.

6   **a** Hört den Anfang des Chorstückes. Unterscheidet dabei die einsetzenden Stimmen Sopran, Alt, Tenor und Bass. **AH | S. 40**

⊚ 2|25

  b Hört nun den weiteren Ablauf und achtet auf die wiederkehrenden Einsätze des Fugenthemas. Versucht auch hier, die Frauen- und Männerstimmen zu unterscheiden. **AH | S. 40**

7   Führt den Beginn der Sprechfuge als Kanon mit drei Chorgruppen auf.

Stimmgattungen

Verschiedene Menschen haben unterschiedlich hohe Stimmen. Am besten lässt sich dies erkennen, wenn eine Männer- und eine Frauenstimme gleichzeitig zu hören sind. Aber auch innerhalb der Geschlechtergruppen gibt es große Unterschiede.

Daher unterscheiden wir musikalisch im Allgemeinen vier Stimmgattungen, die auch in der Besetzung eines Chores verwendet werden.

Frauenstimmen
Sopran (c′ bis a′′)

Alt (g bis e′′)

Männerstimmen
Tenor (c bis a′)

Bass (E bis e′)

Auch bei Kinderstimmen gibt es große Tonhöhenunterschiede. Vor dem Stimmbruch liegen allerdings die Stimmen von Jungen und von Mädchen im Bereich von Sopran und Alt.

Singen – Wenn der Stimme Flügel wachsen

Vokale Klangfarben unterscheiden

1 Schaut euch die Abbildungen an und beschreibt die dargestellten Situationen.

2 a Benennt bei den abgebildeten Personen Gemeinsamkeiten und Unterschiede in ihrer Körperhaltung, ihrem Gesichtsausdruck sowie ihrer äußeren Erscheinung.
 b Erklärt, woran man auf den Bildern erkennen kann, wie sich die Person gerade fühlt. Woran orientiert ihr euch dabei?

3 Ordnet vier Hörbeispiele den Bildern zu. Beschreibt anschließend möglichst genau,
⦿ 2|26–29 worin sich die gehörten Stimmen voneinander unterscheiden.

4 Den Klang unserer Singstimme können wir allein dadurch beeinflussen, dass wir uns Gefühle und Stimmungen vorstellen.
 a Singt die beiden Lieder auf der nächsten Seite.
 b Beschreibt die unterschiedlichen Gefühle und Stimmungen, die die Melodien in euch hervorrufen. Überlegt zu jedem Lied eine passende Situation.
 c Singt die Lieder erneut, indem ihr euch in die beschriebenen Stimmungen und Situationen hineinversetzt. Wie hat sich eure Stimme nun verändert?

5 Überlegt, wie es möglich ist, allein durch Gedanken und innere Vorstellungen den Klang der eigenen Stimme zu verändern.

Lieder singen – Klang gestalten

Es geht ein dunkle Wolk' herein

aus Johann Werlins Liederhandschrift

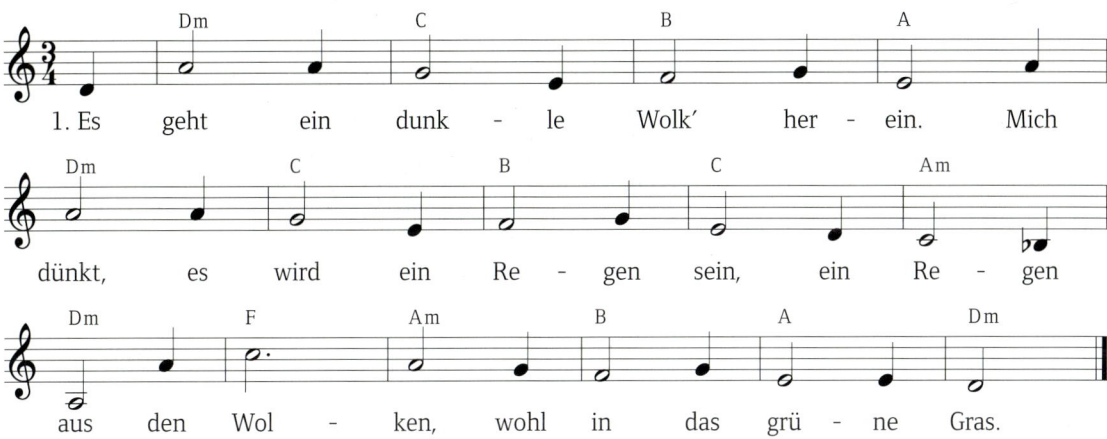

Freude, schöner Götterfunken

Text: Friedrich Schiller (1759–1804)
Musik: Ludwig van Beethoven (1770–1827)

Elysium, lateinisch: paradiesischer Ort in der antiken Sagen- und Götterwelt.

In einem Lied wird ein Text – häufig ist dies ein Gedicht – musikalisch zum Klingen gebracht. Eine gute Liedmelodie macht außerdem den Aufbau des Textes deutlich und erleichtert so das Verständnis.

6　**a** Singt die beiden Lieder und achtet dabei auf den Klang der Worte. An welchen Stellen kann man sich die Reime besonders gut einprägen?
　b Achtet beim Singen auf besonders wichtige Wörter und beschreibt, wodurch sie in der Melodie hervorgehoben werden.

Mit der Stimme Naturklänge nachahmen

Tierstimmen singen im Chor

Der italienische Komponist Antonio Banchieri (1567–1643) hat unter dem Titel „Contrappunto bestiale alle mente" ein spaßhaftes Chorstück für fünf Stimmen geschrieben. Darin singen vier verschiedene Tiere über einer sehr ernst wirkenden Melodie der Bassstimme einen mehrstimmigen Chorsatz, dessen Stimmen alle unabhängig voneinander einsetzen, was die Musiker „polyphon" nennen.

1 Hört die Aufnahme der King's Singers und findet heraus, welche Tiere
⊚ 2|30 nachgeahmt werden.

2 Lest den abgedruckten Ausschnitt mit und verteilt die Tierlaute auf die einzelnen
⊚ 2|30 Stimmen. **AH|**S. 41

3 Vergleicht die Tonhöhen der fünf Stimmen und ordnet ihnen die passenden Stimmgattungen
zu. Welche Stimmgattung ist doppelt vertreten? **AH|**S. 41

Nul - la   fi - des   go -   bis   si -

Notation von Chorstimmen

In einer Chorpartitur werden Sopran und Alt im Violinschlüssel, der Bass im Bassschlüssel notiert. Der Tenor steht wie die Frauenstimmen im Violinschlüssel, klingt jedoch eine Oktave tiefer als notiert. Daher ergänzt man unter dem Schlüssel eine 8, das bedeutet: Jeder notierte Ton muss acht Töne (= eine Oktave) tiefer gelesen werden.

Anfang der Tenorstimme: notiert: klingend:

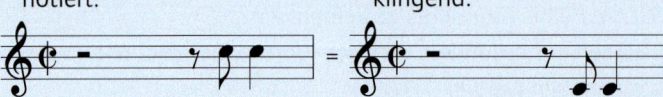

Singen als Spiel: Jodler und Katajjaq

Überall auf der Welt finden wir Musik, bei der Menschen auf spielerische Weise mit ihrer Stimme umgehen und dabei zu sehr ungewöhnlichen Klängen gelangen.

In den Ländern des Alpenraums, vor allem in Süddeutschland, Österreich, Norditalien und der Schweiz, ist das Jodeln seit Jahrhunderten sehr verbreitet. Dabei wird sehr schnell zwischen Kopf- und Brust- stimme gewechselt, was dazu führt, dass die Stimme zwischen einer sehr hohen und einer eher tiefen Lage hin- und herkippt. Auch im Süden der USA und in Mexiko findet man Jodler. Eine sehr ähnliche Gesangstechnik ist in Nordeuropa unter dem Namen Joik bekannt. Dagegen pflegen die Inuit im Norden Kanadas eine Form des Kehl- gesangs, bei der die Atemluft durch den verengten Kehlkopf gepresst wird. Dieser so genannte „Katajjaq" ahmt häufig Natur- und Tier- geräusche nach, von denen die Inuit in ihrem Lebensraum umgeben sind. Eine Besonderheit des Katajjaq besteht darin, dass Inuitfrauen auf diese Weise Wettbewerbe austragen: Im schnellen Wechselgesang werden kurze Klangfolgen von einer Sängerin vorgegeben, die dann sofort von ihrer Partnerin nachgesungen werden müssen. Wer sich als erste versingt oder lachen muss, hat verloren.

Jodlerensemble

Inuitfrauen beim Katajjaq

1 Findet auf einer Landkarte die hier genannten Länder und Landesteile.

2 Vergleicht die Aufnahmen eines Jodlers und eines Katajjaq miteinander:
⊚ 2|31–32 Welche Gemeinsamkeiten und Unterschiede bestehen im Umgang mit der Stimme?

3 Jodler, Joik und Katajjaq bestehen seit vielen Generationen. Überlegt, aus welchen Gründen Menschen ihre Stimmen in der gehörten Weise einsetzen.

4 Obwohl das Umschlagen von Kopf- und Bruststimme bei Männerstimmen auffälliger klingt, kann auch mit Frauen- und Kinderstimmen gejodelt werden.
  a Haltet die Fingerspitzen an euren Kehlkopf. Summt nun einen tiefen Ton und zieht ihn allmählich nach oben (Glissando). Wie verhält sich der Kehlkopf dabei?
  b Singt tiefe und hohe Töne im Wechsel: Wie verändert sich die Stellung des Kehlkopfes?

Kopfstimme und Bruststimme

Bei der menschlichen Stimme unterscheiden wir verschiedene Lagen, die jeder Mensch nutzen kann, egal wie hoch oder tief seine natürliche Stimme ist. Wir nennen sie auch **Stimmregister**. Die wichtigsten Stimmregister sind Bruststimme und Kopfstimme.
Diese Namen haben nichts damit zu tun, wo die Stimme erzeugt wird: Dies geschieht immer im Kehlkopf. Unterschieden wird damit, wo wir die Schwingungen der Stimme spüren, das heißt: welche Resonanzräume vor allem ausgenutzt werden.

Experimente mit der Stimme

„Stripsody" von Cathy Berberian

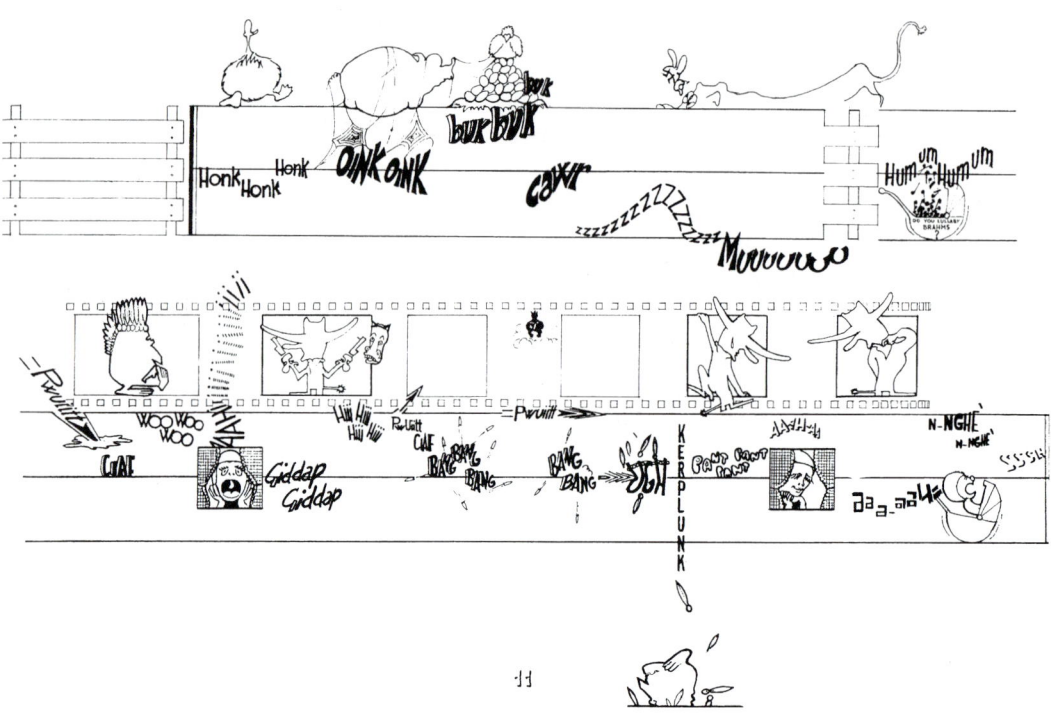

Die amerikanische Künstlerin Cathy Berberian (1928–1983) komponierte im Jahr 1966 „Stripsody", ein Solostück für Stimme, in dem sie versuchte, die Vielfalt menschlicher Lautäußerungen darzustellen. Auch typische Comicsprache setzte sie darin ein, zum Beispiel um Geräusche oder Bewegungen allein mit ihrer Stimme auszudrücken. Darüber hinaus enthält die Partitur zahlreiche Anspielungen auf bekannte Filme, Fernsehserien und Produkte dieser Zeit. So ist etwa „Kerplunk" der Name eines damals oft verkauften Kinderspiels mit Murmeln.

1 Beschreibt die Partiturseite und erklärt, wie sie aufgebaut ist.

2 Überlegt, wie aus den einzelnen Zeichnungen ein musikalischer Ablauf entstehen könnte.

3 Vergleicht eure Ideen mit der Originalaufnahme von Cathy Berberian.
◉ 2|33 Benennt Gemeinsamkeiten und Unterschiede.

4 Hört die Fortsetzung des Ausschnitts: Welche Szene wird hier musikalisch
◉ 2|34 dargestellt?

Unterrichtsprojekt

Eine Klangszene mit der Stimme

Vertont den Peanuts-Comic zu einem Chorstück. Nutzt dazu die vielfältigen Ausdrucksmöglichkeiten der Stimme.

1 Macht euch mit der Handlung des Comics vertraut: Worin besteht der Witz der Geschichte?

2 a Überlegt, an welchen Stellen ihr die Handlung erzählen und wo ihr sie darstellen wollt, zum Beispiel indem ihr Geräusche oder Tierlaute nachahmt.
b Entscheidet euch, wie ihr die erzählenden Texte musikalisch ausgestalten wollt. Dazu hilft euch die Ideensammlung.

3 Legt den genauen Ablauf fest und nehmt das Ergebnis auf.

Ideen zur musikalischen Gestaltung mit der Stimme:
– Rhythmisches Sprechen
– Singen, Singen in ungefährer Tonhöhe, Singen ohne Text
– Wiederholungen von Silben, Wörtern, Wortgruppen
– Wechsel von Vorsänger und Chorgruppe
– Polyphone Einsatzfolge, Kanon

4.2

In diesem Kapitel …
– lernt ihr verschiedene Instrumente
  und ihre Klänge kennen,
– erforscht ihr, wie Instrumente
  entstanden sind,
– erzeugt ihr selbst Klänge mit
  Instrumenten.

Der Klang und sein Körper
Klangmöglichkeiten mit Instrumenten erkunden

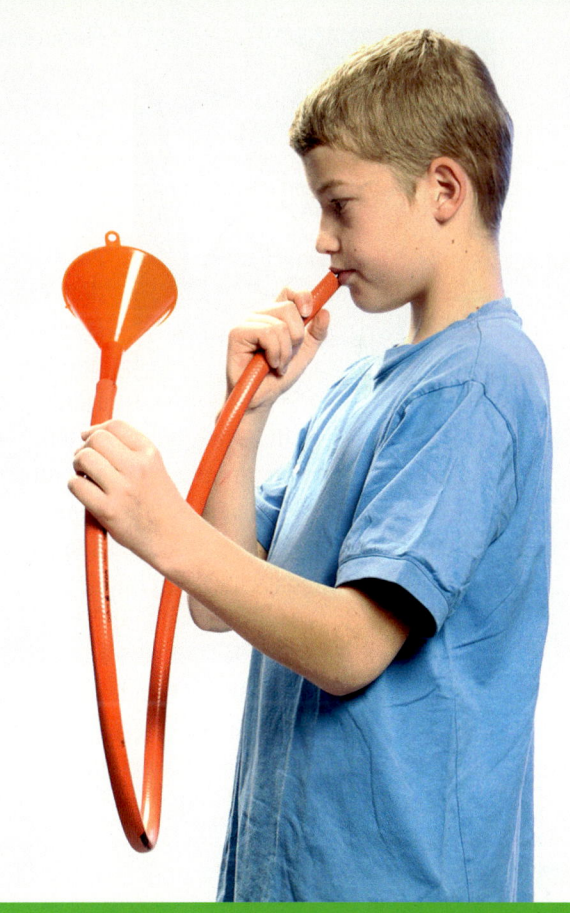

Unser Körper ist ein vielseitiges Instrument. Die Klangerzeugung mit dem Körper nennt man Bodypercussion (englisch body = Körper; percussion = Schlag). Aber auch mit alltäglichen Gegenständen wie Papier, Strohhalmen oder Flaschen lassen sich Klänge erzeugen.

1 Beschreibt, wie auf den Bildern Klänge erzeugt werden.

2 Ahmt diese Klänge nach.

3 Findet weitere Möglichkeiten sowohl mit Bodypercussion als auch mit Hilfe von Gegenständen.

Die Entstehung der Instrumente

Sagen und Legenden auswerten

Eine Legende aus Europa

Hermes war ein Sohn des Göttervaters Zeus, er wurde von seiner Mutter Maia in einer Höhle geboren. Vor dem Eingang der Höhle fand er den Panzer einer toten Schildkröte. Das kleine Kind begann damit zu spielen und hatte bald eine Idee. Aus einer Hälfte des Panzers baute es ein Musikinstrument mit sieben Saiten – die erste Leier der Welt.

Nicht weit entfernt graste eine Herde prächtiger Kühe, die dem Gott Apollon – auch dieser ein Sohn des Zeus – gehörten. Hermes versteckte die Herde, ging zurück zu seiner Mutter und legte sich schlafen. Plötzlich kam Apollon wütend in die Höhle gestürmt. Hermes öffnete die Augen und machte ein unschuldiges Gesicht. „Lass mich schlafen! Was willst du von mir?" „Ich bin Apollon, der Gott der Weissagung. Mir gehören die Kühe, die du gestohlen hast!" „Ich habe nichts gestohlen." „Ich bringe dich zu Zeus! Zeus soll mit dir reden! Du bist sein Sohn!" Auch vor Zeus beteuerte Hermes seine Unschuld, aber Zeus hatte ihn durchschaut. „Hermes", sagte er, „ihr seid beide meine Söhne. Ich möchte nicht, dass ihr Streit miteinander habt. Flieg mit Apollon zur Erde und zeige ihm, wo du seine Herde versteckt hast."

Unterwegs spielte Hermes auf seiner Leier. Apollon war von dem neuen Musikinstrument so begeistert, dass er ihm einen Handel vorschlug: „Ich gebe dir meine Herde, wenn du mir deine Leier gibst. Wahrscheinlich weißt du es nicht, aber ich bin auch der Gott der schönen Künste. Musik habe ich am liebsten. Tauschen wir?" Sie tauschten tatsächlich und Apollon wurde Hermes bester Freund.

1 Überlegt, wozu die Menschen der Steinzeit Musikinstrumente brauchten.

2 In den drei Legenden wird der Ursprung der Instrumente auf unterschiedliche Weise dargestellt. Sie stammen aus verschiedenen Ländern und Kulturen. **AH|S. 42**
a Um welche Instrumente geht es in den einzelnen Legenden? Wie sehen sie aus?
b Aus welchen Gründen wurden sie erfunden?
c Welche Rolle spielen die Instrumente für die Handlung der Legenden?

3 Vergleicht die Instrumente aus den Legenden mit heutigen Musikinstrumenten. Sucht nach Beispielen für diese Instrumente und erklärt, wie der Inhalt der Legenden dazu passt. **AH|S. 42**

4 In Legenden geht es nicht darum, wie etwas wirklich geschah. Sie enthalten aber immer einen wahren Kern. Diskutiert, was wir aus den Legenden über die Verwendung von Musikinstrumenten erfahren können. Bezieht euch auch auf eure Vermutungen aus Aufgabe 1.

Eine Legende aus Nordamerika

Der Häuptling eines Stammes hatte eine schöne Tochter. Ein junger Jäger hatte sich in sie verliebt und wollte sie heiraten. Der Häuptling aber fand keinen Mann gut genug für seine Tochter. Jeder, der sie heiraten wollte, musste beweisen, dass er ein guter Jäger war.

Eines Tages ging der Jäger auf die Jagd und sah einen großen Elch. Immer wenn er ihm nahe kam, lief der Elch fort. Schließlich wurde es dunkel. Aus der Ferne hörte der Jäger eine wunderschöne Musik, eine Musik voller Hoffnung und Liebe. Dann schlief er ein und träumte von einem Specht, der zu ihm sagte: „Folge mir, ich will dir etwas zeigen." Beim Aufwachen erblickte er den gleichen Vogel wie im Traum. Dieser flog von Ast zu Ast, landete schließlich auf einer Zeder und begann, Löcher in einen der Äste zu picken. Da bemerkte der Jäger, dass die Musik von diesem hohlen Ast kam. Als der Wind durch den hohlen Ast blies, ertönte die wunderschöne Musik. Der Jäger sagte zum Vogel: „Ich konnte den Elch nicht erlegen, aber wenn ich dieses wunderbare Ding nach Hause bringe, wird mich der Häuptling anerkennen."

Eines Abends dachte der Jäger an seine Liebe und spielte auf seinem Instrument ein Lied. Der Wind trug die Melodie bis zu ihrem Tipi. Die Häuptlingstochter saß am warmen Feuer, als sie die Töne hörte. Da lief sie schnell nach draußen und folgte der Melodie, bis sie ihren jungen Jäger fand.

Eine Legende aus Asien

Es gab eine Zeit, als der Gott Susanowa seine Heimat auf den Meeren verließ und das Land verwüstete. Sein wildes Toben verärgerte seine Schwester Ameterasu, die Sonnengöttin. Sie flüchtete in eine Höhle, rollte einen Felsblock vor den Eingang und schwor, sich nie wieder sehen zu lassen. Auf der Welt wurde es dunkel. Teufel kamen aus ihren Verstecken und wanderten über die Erde.

Die Götter des Himmels und der Erde versammelten sich am Eingang der Höhle. Sie überredeten die Sonnengöttin, sie baten, sie drohten. Schließlich versuchten sie, den Felsen vom Eingang der Höhle zu entfernen. Aber alle Versuche, Ameterasu zum Verlassen der Höhle zu bewegen, schlugen fehl; die Schöpfung schien verloren. Uzume, eine kleine Göttin mit einem vom Alter und Lachen zerknitterten Gesicht, trat in die Mitte der anderen Götter und sprach: „Ich hole Ameterasu aus der Höhle heraus."

Die anderen Götter schauten auf die alte Frau und spotteten. Uzume goss ein großes Sake-Fass aus, sprang auf den Deckel und begann einen wilden Tanz. Das laute, frenetische Stampfen ihrer Füße machte eine noch nie dagewesene Musik. Der Rhythmus war so ansteckend, dass bald auch die anderen Götter zu tanzen und zu singen begannen. Musik erfüllte die Erde, und die Feier war so wild, dass Ameterasu aus ihrer Höhle herausschaute. Sie sah in die glücklichen Gesichter der tanzenden Götter und brachte ihr Licht zurück. So kam das Licht wieder auf die Erde und Susanowa wurde verbannt.

Der Wunsch sich auszudrücken

Schlaginstrumente erkunden

Schlaginstrumente sind wohl die ältesten Instrumente der Welt. Hier steht der Rhythmus und nicht die Melodie im Vordergrund. Das ursprünglichste Schlaginstrument kennt ihr bereits – euren Körper.

1 Erinnert euch an die Bodypercussion. Wie wird der Körper dabei als Schlaginstrument eingesetzt?

2 Sucht draußen in der Natur nach Dingen, die man als Schlaginstrumente verwenden kann.

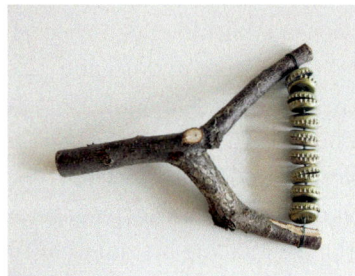

a Versucht auf verschiedene Weise, Klänge oder Geräusche damit zu erzeugen.

b Ergänzt eure Funde mit weiteren Materialien, die Urzeitmenschen zur Verfügung standen, wie Schnüre und Leder (ersatzweise auch Pergamentpapier), und bastelt daraus einfache Schlaginstrumente.

3 Vergleicht die Klänge dieser Instrumente mit der Bodypercussion und benennt Gemeinsamkeiten und Unterschiede.

4 Diskutiert Vor- und Nachteile von Schlaginstrumenten gegenüber Bodypercussion. Versucht zu begründen, warum Menschen Schlaginstrumente erfunden haben.

5 Ordnet eure Schlaginstrumente mit Hilfe des blauen Kastens nach Idiophonen und Membranophonen.

6 Findet weitere Beispiele für Idiophone und Membranophone. Hört euch ihren Klang an und untersucht die Art der Klangerzeugung.

Schlaginstrumente

Schlaginstrumente lassen sich in Idiophone und Membranophone unterteilen. Als **Idiophone** (griechisch idios = eigen) bezeichnet man Instrumente, deren Körper selbst klingt, beispielsweise der (das) Triangel. Bei **Membranophonen** (griechisch membrana = Haut) wird eine Membran, also eine Art Haut, in Schwingungen versetzt – wie zum Beispiel bei der Trommel. Man unterscheidet Schlaginstrumente auch danach, ob sie unterschiedliche Tonhöhen erzeugen können wie Pauken und Xylophone, oder ob sie Geräusche erzeugen wie die kleine Trommel.

Wie in der Legende von Ameterasu und Susanowo werden in vielen Kulturen Schlaginstrumente für religiöse Handlungen und Tänze eingesetzt.

7
◎ 3|1
a Hört eine traditionelle indianische Musik und beschreibt, wie die Schlaginstrumente eingesetzt werden.
b Imitiert deren Klang mit modernen Schlaginstrumenten und notiert den Rhythmus.
c Bewegt euch passend zur Musik im Raum.

8
◎ 3|2
Hört die japanischen Taiko-Trommler. Schließt dabei die Augen.
a Welche Wirkung hat diese Musik auf euch?
b Beschreibt, mit welchen Mitteln diese Wirkung hervorgerufen wird.

Mit Schlaginstrumenten kann man sehr unterschiedliche Klänge und Klangfarben erzeugen. Daher eignen sie sich auch, um Geschichten musikalisch zu erzählen.

9
Erzeugt auf einer Trommel unterschiedliche Klänge, in dem ihr
a mit verschiedenen Schlägeln einen Ton erzeugt,
b mit verschiedenen Formen eurer Hand, zum Beispiel mit Handfläche oder Fingerspitzen, das Fell zum Klingen bringt.

10
Untermalt das Gedicht „Der Stein" von Ringelnatz mit Schlaginstrumenten: Wählt zu jedem Vers Klänge aus, die den Text unterstreichen. Die Begleitung darf aber nie lauter als der Gedichtvortrag sein.

Der Stein

Ein kleines Steinchen rollte munter
von einem hohen Berg herunter.
Und als es durch den Schnee so rollte,
ward es viel grösser, als es wollte.
Da sprach der Stein mit stolzer Miene:
„Jetzt bin ich eine Schneelawine."
Er riss im Rollen noch ein Haus
und sieben große Bäume aus.
Dann rollte er ins Meer hinein.
Und dort versank der kleine Stein.

Joachim Ringelnatz (1883–1934)

Eine Saite – Viele Saiten

Die Tonerzeugung von Saiteninstrumenten erforschen

Wenn wir ein Gummiband um Daumen und Zeigefinger legen, entsteht ein sehr einfaches Saiteninstrument, dessen Töne sich durch Zupfen erzeugen lassen. Je nachdem, wie stark wir das Gummiband spannen, können wir damit sogar unterschiedliche Tonhöhen gestalten. Saiteninstrumente lassen sich aber auch auf andere Weise zum Klingen bringen.

1 Ein einfaches Saiteninstrument ist das Berimbau, das aus Brasilien stammt. Es wird meist von den Musikern selbst gefertigt.

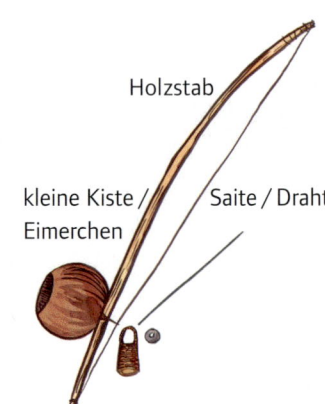

Holzstab

kleine Kiste / Eimerchen

Saite / Draht

   a Baut ein Berimbau, indem ihr eine Saite oder einen Draht mit Hilfe eines Holzstabes spannt. Das Instrument ähnelt einem Bogen. Damit der Ton lauter wird, könnt ihr an einem Ende eine kleine Kiste oder ein Eimerchen als Resonanzkörper (= Tonverstärker) befestigen.

   b Bringt das Instrument auf unterschiedliche Art und Weise zum Klingen. Notiert, welche Spielweisen gut funktionieren.

   c Sucht in einem Lexikon oder im Internet nach Beispielen von Instrumenten, deren Klänge auf die gleiche Weise entstehen.

2 Das Berimbau wird mit einem Holzstäbchen geschlagen. Mit einem Stein oder einer Münze wird die Tonhöhe verändert.

⊚ 3|3 **a** Hört den Klang des Berimbau. Wie viele unterschiedliche Tonhöhen könnt ihr unterscheiden?

   b Versucht selbst, diese Tonhöhen auf eurem Instrument zu erzeugen.

3 Beschreibt, wie ihr unterschiedliche Tonhöhen erzeugt habt. Welcher Zusammenhang besteht zwischen der Länge der schwingenden Saite und der Tonhöhe?

Die Harfe ist eines der ältesten Musikinstrumente. In der Legende auf ▶ S. 108 erfindet Gott Hermes die Leier, ein harfenähnliches Instrument. In der Bibel ist sie das Instrument des hebräischen Königs David.

4 **a** Vergleicht das Bild der Harfe mit einem Berimbau. Welche Gemeinsamkeiten und Unterschiede lassen sich feststellen?

⊚ 3|4 **b** Welche klanglichen Möglichkeiten ergeben sich jeweils? Überprüft eure Vermutungen mit Hilfe des Hörbeispiels.

5 **a** Beschreibt den Klang einer Harfe.

   b Das Gemälde zeigt einen Harfe spielenden Engel, wie es jahrhundertelang üblich war. Was verbindet ihr heute mit dem Ausdruck „Engelsmusik"?

Violine oder Fiddle?

Die Klangmöglichkeiten der Violine untersuchen

Die Violine ist vielseitig einsetzbar. Sie ist eines der wichtigsten Orchesterinstrumente, aber auch ein beliebtes Instrument der englischen und amerikanischen Volksmusik. Dort ist sie unter dem Namen Fiddle bekannt.

Die Violine lässt sich auf sehr unterschiedliche Weise zum Klingen bringen. Am gebräuchlichsten ist das Streichen der Saiten mit den Haaren eines Bogens, man kann die Saiten aber auch zupfen, mit dem Holz des Bogens streichen oder anschlagen.

1 3|5–8
a Hört die Beispiele für unterschiedliche Arten der Tonerzeugung und beschreibt eure Höreindrücke. Stellt Vermutungen über die Tonerzeugung an.
b Orientiert euch im blauen Kasten über die Fachbegriffe zur Tonerzeugung und ordnet sie den Hörbeispielen zu.

2 Vergleicht den Fiddle-Spieler mit dem klassischen Violinisten.
a Beschreibt Aussehen und Haltung der beiden Instrumentalisten.
b Welche Art von Musik erwartet ihr? Wo wird diese Art von Musik meistens gespielt?
3|9–10 c Ordnet die Klangbeispiele den richtigen Interpreten zu.

3 Beschreibt den Klang einer klassischen Violine und einer Fiddle genauer und benennt
 3|9–10 Gemeinsamkeiten und Unterschiede.

Bau und Spielweise der Violine

Die wichtigsten Bauteile der Violine sind Resonanzkörper, Griffbrett, Wirbelkasten und Steg. Der Resonanzkörper sorgt für den besonderen Klang des Instruments, der Wirbelkasten ist notwendig, um die Saiten zu befestigen. Über den Steg werden die Schwingungen der Saiten auf den Resonanzkörper übertragen.

arco - mit dem Bogen gestrichen

pizzicato, pizz. – gezupft

col legno – mit dem Holz des Bogens

con sordino – mit Dämpfer

Flöte – Trompete – Oboe

Die Tonerzeugung bei Blasinstrumenten untersuchen

Bei Blasinstrumenten wird der Ton dadurch erzeugt, dass eine Luftsäule zum Schwingen gebracht wird. Man nennt diese Instrumente Aerophone (lateinisch aer = Luft). Es gibt verschiedene Möglichkeiten, die Luftsäule in Schwingung zu versetzen. Bei den Blechblasinstrumenten, die aus Metall gefertigt sind, entsteht der Ton dadurch, dass die Lippen beim Hineinblasen vibrieren. Aerophone mit einer anderen Art der Tonerzeugung nennen wir Holzblasinstrumente, weil sie vor allem aus Holz bestehen oder ursprünglich einmal aus Holz bestanden.

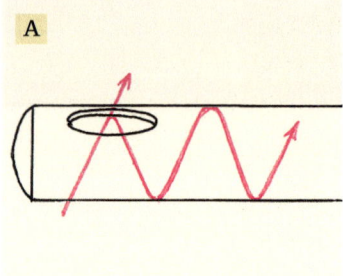 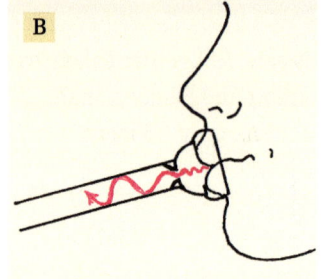 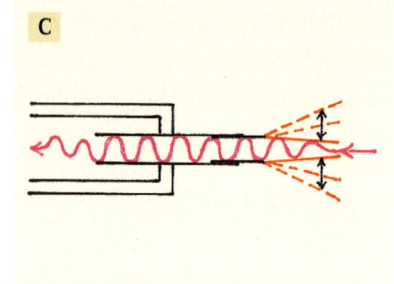

1 Wir basteln eigene Aerophone.
Ihr braucht: 1 Strohhalm, 1 Flasche, 1 Trichter, 1 kurzes Stück Schlauch, etwas Wasser, Schere und Klebeband. Bastelt die abgebildeten Instrumente und versucht, durch Blasen Töne zu erzeugen.

2 Ordnet eure Instrumente den Grafiken A–C zu. Begründet eure Zuordnung.

3 Ordnet die Hörbeispiele den abgebildeten Arten der Klangerzeugung zu und beschreibt
⊙ 3|11–13 die Besonderheiten der Klangfarbe. Welche Instrumente hört ihr?

Von der Sehnsucht nach musikalischer Schönheit

Flöte und Oboe unterscheiden

Die Flöte war eines der ersten Blasinstrumente. Der älteste Fund, eine Knochenflöte, ist schon mehr als 50 000 Jahre alt. Auch die Oboe geht auf sehr alte Vorläufer zurück. Beide Instrumente gehören zur Gruppe der Holzblasinstrumente: Durch das Öffnen oder Schließen der Löcher ist das Spielen von Melodien möglich. Die Klangfarbe der Flöte und der Oboe inspirierte viele Komponisten, sie als Soloinstrumente einzusetzen.

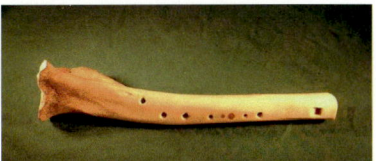

1 Überprüft die Erzeugung unterschiedlicher Tonhöhen bei Holzblasinstrumenten:
  a Füllt drei Flaschen unterschiedlich hoch mit Wasser. Wie ändert sich die Tonhöhe,
     wenn mehr oder weniger Wasser in der Flasche ist?
  b Spielt verschiedene Töne auf einer Flöte. Wie ändert sich die Tonhöhe,
     wenn die Löcher einer Flöte geschlossen werden?
  c Welcher Zusammenhang besteht zwischen der Wassermenge in den Flaschen und dem
     Schließen der Löcher auf der Flöte?

2 Vergleicht den Klang der Oboe mit dem der Flöte: Welche Besonderheiten fallen euch auf?
◎ 3|14–15 Welche Wirkungen haben die Klänge auf euch?

3 Hört den Anfang des 1. Satzes der Sonate für Flöte, Oboe und Klavier von Harald Genzmer
◎ 3|16–18 (1909–2007) aus dem Jahre 1993. **AH** S. 43
  a Achtet darauf, wie sich Flöte und Oboe abwechseln. Wo spielen sie gemeinsam?
  b Erstellt für den ersten Abschnitt eine grafische Partitur, aus der ersichtlich wird,
     wann welches Instrument spielt. Hinweise für die Erstellung einer grafischen Partitur
     findet ihr auf ▶ S. 13.
  c Führt die grafische Partitur weiter.

Wie viele Töne stecken in einem Rohr?

Die Tonerzeugung der Blechblasinstrumente erkunden

Zur Gruppe der Blechblasinstrumente gehören Trompete, Posaune und Horn.
Gemeinsam ist diesen Instrumenten, dass sie aus einem gebogenen Metallrohr bestehen,
das zur Verstärkung des Klangs in einen größeren Schalltrichter ausläuft.

1 a Spielt Töne auf euren Schlauchtrompeten und beschreibt, wie ihr sie erzeugt habt.
  b Verändert die Spannung der Lippen: Wie viele verschiedene Tonhöhen könnt ihr dadurch
    erzeugen?

2 Durch die Änderung der Lippenspannung können auf einem Blechblasinstrument nicht alle Töne
  einer Tonleiter in Folge gespielt werden. Es entsteht die sogenannte Naturtonreihe. **AH** S. 44
  a Informiert euch mit Hilfe des blauen Kastens über die Veränderung der Tonhöhen bei
    Blasinstrumenten.
  ◎ 3|19 b Hört und spielt die Naturtonreihe und benennt die Tonnamen.
    Welche Tonnamen kommen besonders häufig vor?

Die Naturtonreihe

Verschiedene Tonhöhen werden auf einem Blechblasinstrument dadurch erzeugt, dass die Lippen
beim Spielen unterschiedlich große Spannung haben. Dabei gilt: Je größer die Spannung der Lippen
ist, desto höhere Töne lassen sich erzeugen. Diese Tonhöhen ergeben, wenn man sie von unten
nach oben ordnet, eine besondere Tonreihe, die Naturtonreihe genannt wird.

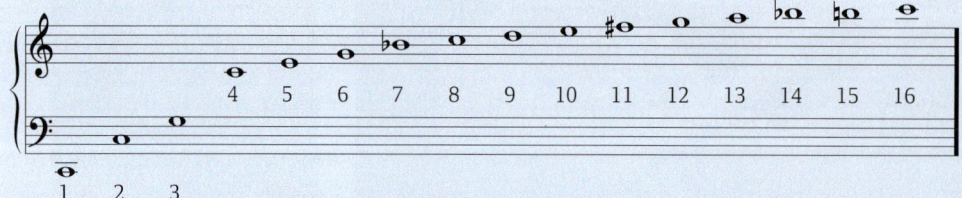

Die Herkunft von Blechblasinstrumenten erforschen

Lange bevor man Blechblasinstrumente im Konzertsaal gespielt hat, wurden sie schon für besondere Zwecke eingesetzt. Die Abbildungen zeigen euch Beispiele.

4 **a** Überlegt, wozu man Blechblasinstrumente besonders gut einsetzen konnte.

3|20–22 **b** Beschreibt die Klangwirkung der Hörbeispiele und ordnet sie einer der Abbildungen zu. Begründet eure Entscheidung.

Sowohl bei der Jagd als auch im Militär werden heute noch Blasinstrumente verwendet. Jagdhörner und Fanfarentrompeten können nur die Töne der Naturtonreihe spielen. Durch diesen eingeschränkten Tonvorrat ergeben sich markante signalhafte Melodien.

5 Hört und beschreibt die Jagdsignale. Achtet dabei auf

3|22–24 Instrumentation, Takt, Rhythmus, Artikulation, Tempo und Charakter. Welche Töne der Naturtonreihe werden in den Beispielen benutzt? **AH** S. 45

6 Komponiert ein eigenes Jagdsignal. Jagdsignale stehen überwiegend im 6/8-Takt. Verwendet ausschließlich Töne der Naturtonreihe und die vorgegebenen typischen Rhythmusbausteine. **AH** S. 45

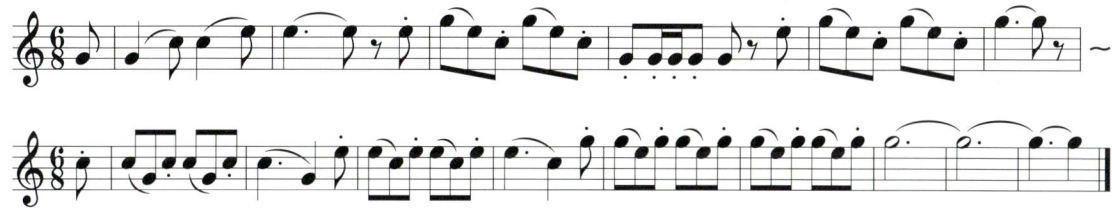

Rhythmusbausteine

Auf der Suche nach neuen Klängen

Instrumente entwickeln sich weiter

Die Klarinette ist ein vergleichsweise junges Instrument. Sie wurde um 1700 von Johann Christoph Denner (1655–1707) erfunden. Als Vorbild diente wohl das Chalumeau. Weil Denners Instrument einen lauten, klaren Klang hatte, wurde es Clarinetto, also kleine Trompete genannt. Das Mundstück der Klarinette besteht aus einem einfachen Rohrblatt.

1 Überlegt euch Gründe, warum neue Instrumente, neue Klänge erfunden wurden und werden.

Auch Adolphe Sax (1814–1894, siehe Bild) erfand um 1841 ein neuartiges Instrument. Der Komponist Hector Berlioz schrieb 1842 folgenden Artikel für eine französische Zeitschrift:

Heutzutage werden Musikinstrumente oft […] unüberlegt eingesetzt. Jeder weiß, welch herrliche Effekte sich mit ihnen erzielen lassen, und Publikum wie auch Musiker suchen immer neue Effekte, verlangen sie auch von jedem neuen Instrument. Dies führte notwendigerweise zu einer
5 immer weiterer Verbesserung der Instrumente. Das Saxophon, benannt nach seinem Erfinder, ist ein Instrument aus Blech mit 19 Klappen. Sein Mundstück, ungleich dem der meisten Blechinstrumente, ist identisch mit dem der Bassklarinette. So ist das Saxophon das Haupt einer neuen Instrumentengruppe, der Blechinstrumente mit Blatt. Es hat einen Umfang von
10 drei Oktaven, begonnen vom tiefen B im Bassschlüssel. Seine Griffweise ist verwandt mit der der Flöte und dem zweiten Teil der Klarinette. Sein Klang ist von einer seltenen Natur, der meines Wissens mit keinem anderen tiefen Blasinstrument verglichen werden kann. Er ist voll, weich, vibrierend, extrem kräftig und kann leicht abgeschwächt werden. Aber der Charakter des Klangs ist absolut neu und erinnert an keine andere Klangfarbe, die jemals in unseren
15 Orchestern gehört wurde. Wegen des Rohrblattes kann es die Intensität des Klanges leicht erhöhen oder abschwächen. Die Töne der oberen Register haben eine solche Energie, dass sie erfolgreich zu melodischen Ausdrücken eingesetzt werden können.

2 Lest den Artikel von Berlioz.
a Welchen Grund für die Entwicklung von neuen oder verbesserten Instrumenten gibt Berlioz an?
b Welche Eigenschaften spricht er dem neu erfundenen Saxophon zu?

3 Hört den Klang eines Saxophons und beschreibt ihn mit eigenen Worten.
◉ 3|25 Wo stimmt ihr mit der Einschätzung von Berlioz überein?

4 Sowohl das Saxophon als auch die Klarinette sind in vielen Musikstilen zu Hause. Findet Musikbeispiele, in denen Saxophon oder Klarinette zu hören sind.

Unterrichtsprojekt

Ein Instrumentenporträt erstellen

Möglichkeit 1

Erstellt ein Instrumentenporträt. Wählt ein Instrument oder eine Instrumentengruppe und geht dann folgendermaßen vor:

1 Sucht Informationen zu eurem Instrument in Büchern und Internet. Wichtige Aspekte eines jeden Instruments sind:
- Geschichte des Instruments
- Tonerzeugung
- Bau des Instruments
- Klangfarbe

2 Entscheidet euch, wie ihr euer Instrument präsentieren wollt. Hier einige Möglichkeiten:
- Präsentation und praktische Demonstration (Lernplakat …)
- Interview mit einem Instrumentenexperten, Musiker …
- Video- oder Hörspielclip

3 Sucht Hörbeispiele und bindet diese mehrmals an passenden Stellen in eure Präsentation ein.

4 Stellt euer Instrument der Klasse vor.

Möglichkeit 2

Erstellt eine Klangcollage mit Hilfe eines Sequencer-Programms. Die Collage soll die Klangvielfalt eurer Instrumentengruppe demonstrieren. Wählt eine Instrumentengruppe und geht dann folgendermaßen vor:

5 Sucht nach möglichst unterschiedlichen Musikbeispielen, bei denen Instrumente eurer Instrumentengruppe deutlich zu hören sind. Vielleicht könnt ihr auch selbst auf diesen Instrumenten musizieren.

6 Wählt passende Ausschnitte und nehmt sie hintereinander auf. Achtet darauf, dass ihr die Übergänge gestaltet.

7 Präsentiert eure Collage vor der Klasse. Kann die Klasse die verwendeten Instrumente erkennen?

In diesem Kapitel …
– findet ihr heraus, welche besonderen
  musikalischen Fähigkeiten Menschen
  zu Stars machen können,
– entdeckt ihr, auf welche Art und
  Weise Stars ihre Fans begeistern,
– lernt ihr etwas über das Verhältnis
  zwischen dem „Star" und seinem
  „Fan" kennen – und zwar auch
  an eurer Schule.

Sterne, Sternchen, Virtuosen
Wie durch Musik Stars entstehen

Auch wenn nur aus den wenigsten Menschen große Stars werden – irgendwann erwischt es uns doch alle. Dann muss es einfach raus, allein zu Hause oder auf offener Bühne, wo immer die gerade sein mag. – Und sobald wir Musik für andere machen, hoffen wir, dass sie ihnen gefällt. So träumen manche ein Leben lang davon, ein Star zu werden …

1 Schaut euch die Abbildung genau an und beschreibt, worum es hier geht.

2 Formuliert knapp, welche Gefühle die „Sängerin" zum Ausdruck bringen möchte.

3 Tauscht euch mit euren Nachbarn darüber aus, wo und wann ihr zum letzten Mal aus vollem Hals gesungen habt.

4 Notiert die Reaktionen, die euer Gesang hervorgerufen hat, und sammelt die Notizen anschließend in eurer Klasse.

Stars und ihre Zeit

In einem Gruppenpuzzle Informationen sammeln

1 Einige der oben abgebildeten Künstler werden euch bekannt sein, andere wahrscheinlich nicht. Allen gemeinsam ist, dass sie zu ihrer Zeit anerkannte „Stars" waren.

a Beschreibt zunächst möglichst genau, was auf den einzelnen Abbildungen zu erkennen ist. Wie zeigen die Künstler, dass sie Stars sind? Achtet zum Beispiel auf Kleidung, Körpersprache oder andere Merkmale.

b Bildet vier Gruppen und tauscht euch innerhalb eurer Gruppe aus, um erste Informationen zu den abgebildeten Stars zu sammeln.

2 Hört vier Hörbeispiele hintereinander und achtet dabei auf
◉ 3|26–29
– besondere Merkmale des Gesangs,
– besondere Merkmale der musikalischen Begleitung. **AH|S. 46**

3 Jede Gruppe erhält je einen Text zu einer der Abbildungen. Lest euch euren Gruppentext genau durch. Notiert die wichtigsten Informationen. Nun seid ihr vier Expertengruppen.

Informationen für die Expertengruppen

Die „Beatles" entwickeln sich aus einer Teeanagerband Ende der 50er-Jahre des letzten Jahrhunderts zu einer weltweiten musikalischen Sensation. Ursprünglich zu fünft spielen sich die Liverpooler durch recht zwielichtige Kneipen, auch in Hamburg, wo 1960 viele Nachwuchsbands ihr Glück suchen. Nach einer wechselvollen Zeit
5 wird in einem Club ihrer Heimatstadt ihr späterer Manager auf sie aufmerksam und sie bekommen 1962 ihren ersten Plattenvertrag. Sie ändern ihren musikalischen Stil, ihren Haarschnitt und ihre Kleidung; von nun an sind John Lennon, Paul McCartney, George Harrison und Ringo Starr, der als Letzter hinzukommt und den bisherigen Schlagzeuger ersetzt, auf
10 Erfolgskurs und starten in England 1963 die so genannte „Beatlemania": Wo immer sie spielen, treffen sie auf kreischende Fans, so laut, dass sie ihre eigene Musik kaum hören können, die Live-Technik ist noch ganz am Anfang. Ein Jahr später stürmen sie auch die US-Charts. Zwischen 1962 und 1966 sind die Beatles auf Tournee in 24 Ländern und geben Hunderte von Konzerten auf der ganzen Welt. Doch noch im selben Jahr entscheidet sich
15 die Band, nie wieder live zu spielen: Die Musiker haben Angst vor der Hysterie der Fans und sind enttäuscht von der musikalischen Qualität ihrer Auftritte. Sie konzentrieren sich von nun an auf die Arbeit im Plattenstudio: Es entstehen Aufnahmen, die die Popmusik entscheidend beeinflusst haben. Streitigkeiten führen zur Auflösung der Band 1970. John Lennon stirbt 1980 durch einen Anschlag, George Harrison 2001 an Krebs.

Carlo Broschi, Künstlername „Farinelli", geboren 1705 in Neapel, fasziniert durch seine „glockenhelle" Stimme schon als Knabe seine Zuhörer. Weil in der Barockzeit im katholischen Italien Frauen weder in der Kirche noch auf der Bühne auftreten dürfen, werden kräftige Sopran-Stimmen benötigt. So unterzieht man Carlo mit
5 ca. 7 Jahren einem medizinischen Eingriff, der sicherstellt, dass sich der Stimmbruch des Jungen nicht einstellt. Im Folgenden entwickelt sich seine Stimme zu jener eigenartigen Mischung weiblicher Klangfarbe mit männlicher Strahlkraft, die Farinelli zu einem Star der europäischen Opernbühnen werden lässt. Doch eine talentierte und geschulte Stimme allein
10 reicht nicht aus, um erfolgreich und berühmt zu werden: Farinelli erhält zusätzlich umfangreichen Unterricht an Tasteninstrumenten, um ein Gefühl dafür zu bekommen, wie man beim Gesang improvisieren kann, sodass durch verzierende Zusatztöne jede Arie selbst in der Wiederholung etwas anders klingt. Dies gibt dem Sänger bei seinem Auftritt die Möglichkeit, im Vortrag einen eigenen, unverwechselbaren Stil zu entwickeln. Die Fans des Sängers haben
15 solche Freiheiten geradezu erwartet. Farinelli stirbt 1782 als bekannte und geachtete Persönlichkeit. Männer wie Frauen haben seiner Stimme sogar eine „heilende" Wirkung bescheinigt.

4 Damit ihr alle auf denselben Informationsstand kommt, bildet ihr Puzzlegruppen, die sich mindestens aus je einem Vertreter der Expertengruppen zusammensetzen. Anschließend tauscht ihr in den neuen Gruppen euer Expertenwissen untereinander aus.

5 Hört alle Beispiele noch einmal und ändert oder ergänzt eure Notizen; ordnet den Beispielen
⊚ 3|26–29 die Namen der Sängerinnen und Sänger zu und begründet eure Zuordnungen. **AH|S. 46**

Informationen für die Expertengruppen

Als siebtes Kind der Familie Jackson wird Michael 1958 im US-Bundesstaat Indiana geboren. Schon als kleiner Junge ist sein Tagesablauf geprägt durch die Musik, unaufhörlich angetrieben durch das strenge Regiment seines Vaters Joseph. Zusammen mit seinen
5 vier Brüdern ist er ein Kinderstar in der Familienband „The Jackson Five". Ein Privatleben gibt es von Beginn an so gut wie nicht, alles in der Familie ist ausgerichtet auf Musik und Öffentlichkeit. Michaels großes musikalisches Talent mündet in erste Soloerfolge, die einen vorläufigen Höhepunkt erreichen, als er mit dem Jazzmusiker und Produzenten Quincy Jones 1982 das Album „Thriller" veröffentlicht, welches bis heute
10 als das weltweit meistverkaufte Album der Pop-Geschichte gilt. Die nun mit jedem Album zunehmende Popularität hat ihren Preis: Der erklärte „King of Pop" ist „Herr der Bühne", aber es zeigen sich immer mehr Brüche in seiner Persönlichkeit. Große Mengen seines Geldes werden in sein eigenes „Kinderreich", die Neverland-Ranch, investiert; er gilt als einer der größten Unterstützer von Wohltätigkeitsorganisationen. Und er verhält sich zunehmend
15 scheu in einer Öffentlichkeit, die sich in den 2000er-Jahren eher für seinen auffälligen Lebensstil interessiert als für seine Musik: seine Operationen, seine Depressionen, für die Vorwürfe des Kindesmissbrauchs. Sein Tod erschüttert die Welt und hinterlässt viele Geheimnisse. Was bleibt, sind seine Verdienste als Musiker und Entertainer und seine musikalische Wandlungsfähigkeit, die er nicht zuletzt seiner besonderen Stimme zu verdanken hat.

Francesca Cuzzoni, 1696 in Parma geboren, steht bereits als Teenager auf der Bühne ihrer italienischen Heimatstadt. Schon bald reißen sich die Opernhäuser um ihren strahlenden Sopran, früh gehört sie zu den Stars und Spitzenverdienerinnen unter den Opernsängerinnen, die bald, wie
5 viele ihrer männlichen Kollegen, nach England geht. 1726 engagiert sie die Royal Academy of Music in London, wo der Komponist Händel extra für sie zahlreiche Arien komponiert, die sie europaweit bekannt machen. In der Zusammenarbeit gilt sie als schwierig: Es heißt, sie solle Konkurrentinnen auf offener Bühne beschimpft, Probenabsprachen nicht eingehalten, ja ganze Partien verweigert haben, wenn die Musik sie nicht im
10 rechten Licht darzustellen schien. Während ihrer Tourneen soll sie einen auffallend teuren Lebensstil gepflegt haben und in ihrem Verhalten selbst guten Freunden gegenüber äußerst unberechenbar gewesen sein. Andererseits berichtet ein Zeitgenosse, sie habe mit der „Zärtlichkeit" ihres Vortrages alle Zuhörer für sich eingenommen. Aber genau durch dieses Schillernde und Unberechenbare entfacht die Cuzzoni bei ihren Fans wilde Begeisterungsstürme, während ihre Gegner sie schlichtweg
15 ablehnen. Am Ende eines extravaganten Lebens gerät sie, hoch verschuldet, sogar in Konflikt mit dem Gesetz und stirbt 1770 völlig verarmt in Bologna. Ihre Stimme soll zuletzt „dünn" und „gebrochen" gewesen sein.

6 **a** Gibt es weitere Themen zu diesen Stars, die euch interessieren? Notiert sie in Stichpunkten.
b Wählt einen der vorgestellten Stars aus und sammelt weitere Informationen.

7 Könnt ihr euch vorstellen, ein Fan zu werden? Diskutiert untereinander die Vor- und Nachteile.

Der Zauber der besonderen Stimme

Eine Stimme aus früheren Zeiten entdecken

Kinoplakat zum gleichnamigen Film   *Carlo Broschi, genannt Farinelli*   *Francesca Cuzzoni mit Farinelli*

Farinelli galt als „Gott" unter den Opernsängern seiner Zeit, genauso berühmt wie seine weibliche Kollegin Francesca Cuzzoni. Beide traten in der Londoner „Royal Academy" auf, für beide schrieben Komponisten wie zum Beispiel Georg Friedrich Händel (1685–1759) die schwierigsten Bravour-Arien. Doch ist es nicht nur die Stimme, die Berühmtheit ausmacht, sondern viele andere Dinge kommen hinzu, die die Fans in ihrer Zeit mit den Stars in Verbindung bringen. 1994 wurde Farinelli einem breiteren Publikum wieder in Erinnerung gebracht durch den gleichnamigen Film, dessen Kinoplakat oben links abgebildet ist; in der Mitte ist ein zeitgenössisches Gemälde zu sehen.

1 Untersucht die Abbildungen oben links und in der Mitte und beschreibt euren Eindruck: Was sagen sie jeweils über den „Künstler" Farinelli und „Menschen" Carlo Broschi aus?

2 Was könnte die Menschen an Farinelli begeistert haben?

3 Wer ist euer aktueller Star? Formuliert, was es an ihm Besonderes gibt.

4 Farinelli und Cuzzoni haben sich gekannt und sind sich begegnet.
Eine solche Begegnung hat ein Zeitgenosse in der Zeichnung oben rechts festgehalten:
a Beschreibt genau, was ihr seht.
b Worauf kommt es dem Zeichner offensichtlich an?

5 Das Farinelli-Beispiel aus dem Kinofilm wurde mit einem technischen Trick aufgenommen, verschiedene Stimmen wurden miteinander kombiniert. Wie könnte dies bei der Aufnahme erzeugt worden sein?

◉ 3|28

Die Musik der Kastraten heute

Interview mit einem „Counter"

Der französische Countertenor Philippe Jaroussky ist ein Star der barocken Musik. Insbesondere widmet er sich der Musik der **Kastraten**.

Philippe Jaroussky, geboren 1978

Frage: Barock boomt. Musik aus dieser Ära stürmt die Klassikcharts, die Konzertsäle sind voll. Woran liegt das?

Jaroussky: Ja, Barock ist sehr beliebt. […] Es ist unfair, dass diese Musik so lange ein Schattendasein geführt hat. Die Leute kannten sie einfach nicht. Jetzt mögen sie sie, weil sie sie endlich hören können. Zweitens denke ich, dass Barockmusik die Basis der klassischen und romantischen Musik ist. Es ist wichtig, diese Basis zu kennen. Hinzu kommt, dass die Geschichte der Kastraten fasziniert. Sie hat etwas Sensationelles. Denken Sie an zeitgenössische Karikaturen, in denen Kastraten viel größer gezeichnet sind als normale Menschen. Das waren Superhelden, sie wurden verehrt. Das ist ja auch etwas, wovon wir Countertenöre leben.

Frage: Was können Sie, was die Kastraten nicht konnten? Oder andersherum: Was konnten Kastraten, das Sie nicht können?

Jaroussky: Ich glaube, vor allem der zweite Teil dieser Frage trifft zu. Wir können ganz vieles nicht, was die Kastraten beherrschten. Die Kastraten waren menschliche Widersprüche. Durch die Beschneidung wurde die hormonelle Balance verändert, sodass sie die Stimme eines Kindes behielten und gleichzeitig sehr wuchsen. Kastraten hatten riesige Brustkörbe bei einer kleinen stimmlichen Spanne. Sie konnten ganz andere Schwierigkeiten bewältigen. Für Countertenöre sind ihre Partien eine enorme Herausforderung. Deswegen brauchen wir Frauen, die Kastratenrepertoire singen. […]

Frauen haben natürlich einen anderen Stimmumfang und einen anderen Umgang mit der Stimme als wir. […] Aber ich glaube, was wir Countertenöre geben können, ist unser spezieller Ton. Wir haben eine Stimmfarbe, die sehr kindlich und süß klingt.

1 Lest das Interview und die Informationen im blauen Kasten und teilt eurem Nachbarn in eigenen Worten mit, worum es hier geht. Klärt dabei auch unbekannte Begriffe.

Ungewöhnliche Stimmgattungen: Kastraten und Countertenöre

Als Kastraten bezeichnete man in Italien im 16. bis 19. Jahrhundert männliche Sänger, deren Geschlechtsreife dadurch verhindert wurde, dass man die Samenleiter durchtrennte (castrare: lateinisch entmannen). Die Sopran- oder Altstimmen der Jungen blieben dadurch erhalten, während der Atem- und Resonanzapparat sich auf natürliche Weise entwickelte. Auch heute singen Männer sehr erfolgreich in dieser Stimmlage – ohne medizinischen Eingriff, nur durch entsprechendes Training der „Kopfstimme". Sie nennen sich heute Countertenöre.

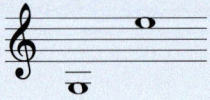

Countertenor g bis e''   Kastrat e bis c'''

Stimmideale vergleichen

2 Schließt die Augen und beschreibt, wie die Musik auf euch wirkt. Vergleicht diese Wirkung
◉ 3|30 mit der Aussage des Sängers: „Wir haben eine Stimmfarbe, die sehr kindlich und süß klingt."

3 Vergleicht den Stimmumfang eines Kastraten mit den üblichen Stimmgattungen.
Nutzt dazu die Übersicht auf ▶ S. 99.

4 Ihr habt bereits einen Auszug aus dem „Earth Song" von Michael Jackson gehört.
◉ 3|31 **a** Welche Besonderheiten machen die Stimme Michael Jacksons aus?
Vergleicht sie mit der Stimme von Philippe Jaroussky.
b Mit Hilfe der letzten Takte, die ihr ständig wiederholt, könnt ihr euch rhythmisch
und stimmlich „aufwärmen", bevor ihr den ganzen Song in Angriff nehmt:
– Klatscht auf den Taktzeiten zwei und vier,
– „shouted" auf denselben Taktzeiten je eine kurze Silbe (etwa „hey" oder „ah"),
– singt mit Unterstützung eines Instruments den originalen Melodieverlauf.
c Schafft ihr den Spitzenton und wie heißt er?
d Teilt euch in Gruppen auf und übernehmt jeweils gleichzeitig einen Part.
e Singt nun den unten abgedruckten Auszug des „Earth Song".

5 Die menschliche Stimme kann sehr unterschiedliche Höhen- und Tiefenbereiche abdecken;
natürlich ist dies auch eine Frage der Übung, denn jede Stimme lässt sich trainieren.
Überprüft mit Hilfe eines Klaviers oder eines Keyboards den Umfang eurer eigenen Stimme.

Rampenlicht und Schattenseiten

Das Auftreten eines Stars untersuchen

Fans lieben ihre Stars – und nirgendwo gibt es so viele davon wie im Bereich der Musik. Sicher spielen in den meisten Fällen besondere musikalische Fähigkeiten eine ganz wesentliche Rolle. Doch darüber hinaus gibt es noch eine ganze Reihe anderer Gesichtspunkte, die wichtig sind, wenn wir einen Star toll und großartig finden.

1 Zählt auf, welche Eigenschaften ein Musiker eurer Meinung nach braucht, um sich von anderen so sehr zu unterscheiden, dass er zu einem Star wird.

2 Farinelli und Michael Jackson sind Musiker aus unterschiedlichen Jahrhunderten – und doch verbindet sie etwas. Beschreibt die Gemeinsamkeiten und beachtet dabei ihre Haltungen, die in den Abbildungen dargestellt sind.

3 Viele Stars benutzen typische Gesten und Körperhaltungen, das „Posing", um Gefühle und Gedanken ganz ohne Worte auszudrücken. Auch ihr könnt ein solches Posing darstellen, indem ihr eines der Bilder zu einem Standbild umformt.

a Bildet Gruppen und überlegt, was die beiden Stars durch die Art ihres Auftritts zum Ausdruck bringen wollen.

b Einer oder zwei von euch sind das „Modell", einer übernimmt die Rolle des „Bildhauers", die anderen unterstützen ihn dabei. Stellt die Pose nach: Bringt eure Modelle in die entsprechende Haltung, indem ihr sie wie eine Puppe biegt und zurechtstellt. Achtet darauf, dass Mimik und Gestik dem Original möglichst nahe kommen.

c Die Modelle müssen nun für eine kurze Zeit erstarren: So präsentiert die Gruppe ihr Standbild dem Plenum; wenn ihr wollt, könnt ihr eure Standbilder fotografieren, um sie später genauer auszuwerten.

d Baut auf die gleiche Art und Weise Bilder zu anderen Stars, die ihr kennt und die ein völlig anderes Posing einsetzen. Diskutiert anschließend in der Klasse darüber, welche Gedanken und Gefühle die Standbilder ausgelöst haben.

Wie ein Star sich verändert – „König einsam"

Für die Fans spielt es eine wichtige Rolle, wie ein Star sich in der Öffentlichkeit zeigt.
Durch das Posing, durch Kleidung, Frisur und weitere äußerliche Merkmale hebt
der Star sich vom Alltäglichen ab und wird zu einem Wesen „von einem anderen Stern":
weit weg – und doch irgendwie ganz nah. Auf Postern, in Zeitungsartikeln und im
Internet wird diese Wirkung gezielt eingesetzt, um für den Star zu werben.

4   **a** Beschreibt, wie sich Michael Jackson von Bild zu Bild verändert hat.

       b Stellt begründete Vermutungen darüber an, warum ein Mensch solche Veränderungen
seines Äußeren anstrebt.

       c „König einsam" lautet der Titel eines Filmbeitrags zum Jahrestag des Todes von Michael
Jackson am 25. Juni 2009. Tauscht euch untereinander aus, wie es dazu kommen kann,
dass sich ein Star inmitten seiner Fans so einsam fühlt, wie es Jackson offensichtlich getan
hat. Zieht bei euren Überlegungen auch Informationen aus dem Gruppenpuzzle hinzu.

5   Bereitet mit Hilfe der Rollenkarten in Partnerarbeit ein TV-Interview vor. Einer ist der Reporter
und der andere der berühmt gewordene Star. Ihr könnt die Rollenkarten auch durch eigene
Ideen ergänzen:

Rollenkarte A: Star	**Rollenkarte B: Reporter**
Versetze dich in die Situation eines berühmten Stars, der gleich interviewt werden soll. Du überlegst dir, was du der Öffentlichkeit mitteilen oder worüber du lieber nicht sprechen möchtest. Vielleicht kannst du das Gespräch auch in eine andere Richtung lenken als vom Reporter geplant. Über die Punkte auf der Rollenkarte B musst du dich natürlich auch informieren.	Du bereitest ein TV-Interview mit einem berühmten Star vor; folgende Punkte sind dabei für dich von Interesse: – Kindheit und Jugend – Schulabschlüsse und Ausbildung – wann und von wem entdeckt – Privatleben/Familienleben – weitere Pläne

Hey Jude – Ein berühmter Beatles-Song

Die Vermarktung von Musik untersuchen

Erinnert euch an die Informationen zu den Beatles aus dem Gruppen-puzzle: Kaum singen und spielen die Musiker, schon schreien die Fans ohrenbetäubend. Schließlich ent-schlossen sich die Beatles, keine Live-Konzerte mehr zu geben, und wurden zu einer Studioband. Dabei konnten sie eine sich schnell ent-wickelnde Aufnahmetechnik nutzen. Doch ohne Fans und Live-Auftritte wurden aus den Beatles über die Jahre vier Musiker, die sich, jeder für sich, musikalisch in andere Rich-tungen entwickelt haben.

Das Foto entstand im September 1968 in einem Studio in London. Die Beatles produzierten eine Fernsehwerbung für ihren neuen Song. Paul McCartney hatte den Song für John Lennons Sohn Julian (Spitzname „Jules") geschrieben, um ihn zu trösten – John hatte sich gerade von seiner ersten Frau scheiden lassen. Der ursprüngliche Titel „Hey Jules" wurde als „Hey Jude" zu einem der erfolgreichsten Beatles-Songs überhaupt.

1 Schaut euch die Abbildung an und beschreibt euren Eindruck:
   a Wie ist die Situation im Studio?
   b Was erfährt man über die Beziehung zwischen den Stars und ihren Fans?
   c Warum eignet sich diese Situation als Werbung für die Beatles und ihren Song?

2 Der Schlussrefrain prägt sich beim Hören und Singen besonders gut ein: Formuliert möglichst genau, welche besonderen Eigenschaften diesen Schluss so berühmt gemacht haben.

⊚ 3|32

3 Noch heute singt Paul McCartney diesen Song bei seinen Konzerten gemeinsam mit seinem Publikum. Probiert es einmal aus: Singt diesen Refrain mit der ganzen Klasse; beim nächsten Mal singen nur die Mädchen, danach nur die Jungen, dann wieder alle zusammen.

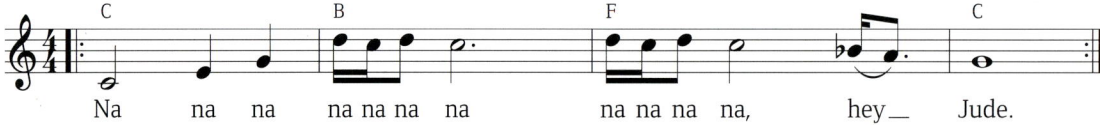

4 Eine Plattenfirma will Werbung für einen Song in der Öffentlichkeit machen. Überlegt, welche Rolle die Fans dabei spielen können.

Wie ein Geiger sich vermarktet – Der Sound der fliegenden Hummel

David Garrett im Dresdner Zwinger und in Konzerten

5 Drei Abbildungen des deutsch-amerikanischen Geigers David Garrett:

a Beschreibt, wie der Künstler dargestellt ist.

b Überlegt, welche Art von Musik er jeweils spielt.

6 a Hört euch „Hey Jude" in der Fassung von David Garrett an und vergleicht sie mit dem Original: Beschreibt Unterschiede im musikalischen Ausdruck.

◉ 3|33

b Wie passt dieser musikalische Ausdruck zur Darstellung Garretts auf den Abbildungen?

David Garrett in einem Interview: „Ich arbeite sehr diszipliniert. Das sollen die jungen Leute ruhig sehen. Wenn du etwas erreichen willst, musst du knallhart dafür arbeiten und kämpfen ohne Ende. Diese Erfolgsgeschichten, aus dem Nichts heraus ganz nach oben zu kommen, führen zu falschen Vorstellungen. Es ist großartig, wenn es einmal passiert. Aber man darf jungen Menschen nicht suggerieren: Wir machen nichts und haben danach Erfolg."

7 Gebt mit eigenen Worten wieder, worum es in dem Interviewausschnitt geht. Diskutiert anschließend, warum der Geiger die Aspekte „Arbeit" und „Disziplin" so deutlich herausstellt.

David Bongartz, Künstlername David Garrett, geboren in Aachen, bekommt mit vier seine erste Geige und mit 13 seinen ersten Plattenvertrag. Er studiert unter anderem an der berühmten Juilliard School in New York und erhält neben einer klassischen Geigenausbildung auch Unterricht in Musikwissenschaft und Komposition. Garrett entwickelt schon früh Interesse an musikalischen Stilrichtungen jenseits der Klassik und wird als „Grenzgänger" auch im Rock-Pop-Bereich erfolgreich. Auch taucht er immer wieder im Guiness-Buch der Rekorde auf für die schnellste (fehlerfreie) Fassung von Nikolaj Rimskij-Korsakows „Hummelflug".

8 Vergleicht zwei Aufnahmen des Hummelflugs:

◉ 3|34–35

a Notiert in zwei Spalten, was beide Versionen gemeinsam haben und was sie unterscheidet.

b Welche Aufnahme stammt von David Garrett? Begründet eure Vermutungen.

9 Ein Star kann nie alle Menschen gleichermaßen begeistern.

a Welche Version findet ihr besser und warum? Notiert eure Argumente.

b Überlegt, welches Publikum David Garrett ansprechen möchte. Formuliert einige typische Eigenschaften eines „David-Garrett-Fans".

Die Show um das Casting – Super ohne Stars?

„Es ist kein Geheimnis, dass es bei DSDS nicht wirklich darum geht, Gesangstalente zu finden. Die bisherigen Gewinner geraten meist nach kurzer Zeit wieder in Vergessenheit."

„Deutschland sucht den Superstar – und wird auch diesmal keinen finden, ganz egal, wer das Finale der RTL-Show gewinnt."

„Eine Zicke, einen Macho, ein Sensibelchen gibt es eigentlich immer."

„Ehrlicherweise müsste die Sendung also heißen: Deutschland sucht einen Superstar – mit Zeitvertrag."

1 Lest die Textausschnitte und tragt die darin enthaltenen Informationen zusammen. Was ist den Autoren besonders wichtig?

2 Sammelt in eurer Klasse Informationen über „Deutschland sucht den Superstar". Findet Überschriften für eure Ergebnisse und ordnet sie in einem Schaubild.

3 Macht euch auf die Suche und recherchiert weitere Hintergründe der erfolgreichen Casting-Show, zum Beispiel: Wer sind die Verantwortlichen, was muss man können, wie wird gevotet?

4 Stellt euch vor, DSDS hätte das Mindestalter von 16 Jahren auf 10 heruntergesetzt und ihr könntet euch bewerben: Wärt ihr mit dabei und worauf käme es euch an?

5 Die beiden Sänger unten sind ehemalige Gewinner bei DSDS.
   a Versucht herauszubekommen, was seit dem Jahr ihres Sieges aus ihnen geworden ist.
   b Benutzt eure Recherche-Ergebnisse, um eine kurze Zeitungsmeldung über „Deutschland sucht den Superstar" zu verfassen.

Daniel Schumacher

Thomas Godoj

Unterrichtsprojekt

Wir produzieren einen Star

Zahlreiche Stars und Sternchen werden künstlich aufgebaut und vermarktet und viele sind daran beteiligt. Was braucht man, um ein „Star" zu werden? Mit wenigen Überlegungen könnt ihr eine Strategie zusammenstellen, wie ihr vorgehen würdet, um einen Star zu erfinden.

1
a Teilt euch in kleine Gruppen auf und überlegt, wer von euch zu einem Star aufgebaut werden könnte.
b Entscheidet, welche Personengruppe ihr mit eurem neuen Star besonders ansprechen wollt.
  – Mädchen zwischen 11 und 14
  – Jungen zwischen 13 und 16
  – Hausfrauen ab 50
  – Singlefrauen um die 30
  – Männer zwischen 30 und 45

„Wie werde ich ein Star? Ich bin „xy" Jahre alt und jeder meiner Freunde sagt, ich kann gut singen."

2 Beschreibt typische Merkmale und Eigenschaften, die der neue Star haben soll. Arbeitet einige der folgenden Anregungen aus und macht euch zu einzelnen Punkten Notizen:

Alter / Künstlername / musikalische Stilrichtung / Aussehen / besondere Kleidung / typisches Auftreten bei Presseterminen / typische Merkmale der Bühnenshow / Einzelheiten aus dem Privatleben, die öffentlich gemacht werden sollen („Home-Story") / Besonderheiten im Instrumental- oder Gesangsstil / typisches Posing

3 In der Musikindustrie wirken viele Menschen in unterschiedlichen Berufen mit, zum Beispiel Komponisten, Texter, Mitarbeiter von Plattenfirmen, Sendeanstalten, Notenverlagen, Musik-zeitschriften, Hersteller von Fanartikeln. Teilt die Berufe in eurer Gruppe auf und überlegt jeweils in eurer Rolle, was für die erfolgreiche Vermarktung eures Stars wichtig ist.

4 Plant eine Form der Präsentation, etwa mit Hilfe des Computers, in einem Rollenspiel oder als Wandzeitung. Stellt euren Star anschließend der Klasse vor; nennt dabei auch Gründe, die dagegen sprechen, dass euer Star morgen schon berühmt sein könnte.

5.2

In diesem Kapitel …
– lernt ihr Djelifily Sako aus Mali
  kennen, der in Berlin lebt und Musik
  macht,
– überprüft ihr gängige Vorstellungen
  von afrikanischer Musik,
– befasst ihr euch eingehend mit
  der Kora und ihrer Spielweise,
– musiziert ihr selbst Lieder aus Afrika.

Die Kora aus Westafrika
Die eigene und eine fremde Musikkultur erkunden

1 Beschreibt Situationen, in denen ihr schon einmal Musik aus anderen Erdteilen gehört habt. Erläutert dabei auch, welche Instrumente benutzt wurden, wie die Musiker gekleidet waren, und welche besonderen Beobachtungen ihr gemacht habt.

2 **a** Sammelt gemeinsam, welche Begriffe und Bilder euch zum Stichwort „Afrika" einfallen.

◉ 3|36–38 **b** Ordnet die Hörbeispiele den Bildern zu. Beschreibt dabei, welche Bilder die Musik in euch entstehen lässt.

3 Betrachtet die Bilder und erklärt, was sie über Afrika vermitteln. Haltet ihr diese Vorstellung für realistisch?

Ich bin ein Berliner

Ein Kora-Spieler stellt sich vor

Hallo, ich bin Djelifily Sako, aber meistens werde ich Fily Sako genannt. Ich lebe in Berlin und bin Kora-Spieler. Die Kora ist ein Instrument aus Westafrika, das jeder Mann in meiner Familie spielt. Mit meiner Kora spiele ich zum Beispiel auf Musikfestivals. Dafür reise ich auch in andere Städte oder Länder. Letztens habe ich zum Beispiel auf einem Musikfestival in Polen gespielt. Manchmal spiele ich mit meiner Kora auch bei der Eröffnung von Ausstellungen. Das Bild oben rechts zeigt mich bei einem Konzert in einer Kirche. Da habe ich traditionelle Kora-Stücke, aber auch Musikstücke von Bach gespielt. Die Musik von Johann Sebastian Bach mag ich nämlich sehr gern. Aber auch Jazz gefällt mir. Darum spiele ich in einer kleinen Jazzband, mit der wir in Jazz-Clubs auftreten. Neben meinen Konzerten gebe ich Kora-Unterricht und veranstalte Workshops. Immer wenn ich die Kora spiele, trage ich den Bou-Bou und meistens eine Kopfbedeckung. Diese traditionelle Kleidung und das Koraspielen gehören für mich einfach zusammen.

1 Hört euch das Kora-Stück an und beschreibt den Klang der Kora und den Eindruck, den die Musik auf euch macht. Gibt es Instrumente, die für eure Ohren ähnlich klingen? **DVD** Nr. 7
⊚ 3|39 Falls ihr schon einmal einen Koraspieler gehört habt, berichtet euren Mitschülern davon.

2 Untersucht Fily Sakos Vorstellung anhand folgender Aufgaben: **DVD** Nr. 8
   a Tauscht euch darüber aus, welche der Aussagen euch am meisten überrascht hat.
   b Sammelt die genannten musikalischen Tätigkeiten eines Kora-Spielers hier in Deutschland.
   c Stellt Vermutungen an, wieso Fily Sako das Koraspielen in Deutschland pflegt, obwohl er
      so weit von dem Ursprung der Kora entfernt lebt.

3 **a** Überlegt, welche Bedeutung das Tragen traditioneller Kleidung bei Kora-Konzerten
      haben kann.
   b Nennt Situationen, in denen sich Musiker in eurem Umfeld – oder sogar ihr selbst –
      für die Bühne bestimmte Kleidung anziehen, und sammelt Gründe dafür.

Mein Leben in Kayes

Zusammenhänge zwischen Musik und Lebensweise untersuchen

*Der Bruder des Kora-Spielers
Djelifily Sako beim Herstellen einer
Kora in Kayes*

Die Musik Afrikas ist sehr vielfältig, denn Afrika ist ein sehr großer Kontinent mit vielen unterschiedlichen Ländern, Menschen und Kulturen. Darum kann man nicht über die *eine* Musik Afrikas sprechen. Traditionelle Musik aus Spanien klingt ja auch ganz anders als Musik aus Schweden – obwohl beide Länder in Europa liegen. Musik entsteht immer aus dem Leben der Menschen. Damit ihr etwas über das Leben in Djelifily Sakos Heimat erfahrt, berichtet er nun aus dem westafrikanischen Land Mali.

Ich komme aus einem kleinen Dorf in der Region Kayes. Das ist ein Gebiet ganz im Westen von Mali. Ihr könnt ja versuchen, diesen Ort auf der kleinen Karte, die oben zu sehen ist, zu finden. In Mali ist der Hip-Hop-Musiker Madou Toungara übrigens sehr populär. Auch die Kora-Spieler nehmen oft Musik mit Bands auf. Manchmal reise ich in meine Heimat und besuche mein Dorf. Dort gibt es keine Fabriken, alles wird mit der Hand gemacht. Die Frauen in meinem Dorf bereiten das Essen immer frisch zu, das Geschirr wird im Fluss gewaschen. Sie kümmern sich um die Kinder, nähen Kleider und helfen den Männern auf dem Feld. Die Männer sind meist Bauern, Fischer oder Schneider. Sie bauen außerdem die Hütten und schlachten die Tiere. Auf dem Foto oben seht ihr meinen Bruder beim Herstellen einer Kora. Obwohl es immer sehr heiß ist, wird viel gesungen und getanzt. Musik und Tanz gehören bei uns nämlich zusammen, das ist anders als in Berlin, wo das Publikum oftmals nur zuhört und sich nicht bewegt. In meiner Familie sind alle Männer seit vielen Generationen Kora-Spieler. Sie wohnen in der ganzen Welt: in den USA, Kanada, England …

4 **a** Bewegt euch zum Lied „Kano" und erklärt hinterher, warum ihr euch wie bewegt habt.

⊚ 3|40 **b** Benennt die Instrumente, die hier zusammen spielen. Was findet ihr überraschend?

5 **a** Schreibt aus dem Bericht die Informationen über Mali heraus, die Fily Sako nennt.
b Informiert euch im Internet oder in Nachschlagewerken über das Land und seine Musik.
c Erstellt eine Liste und notiert darin die Unterschiede zwischen dem Leben im Dorf bei Kayes und dem Leben bei uns.

Der Griot in Mali

Eine wichtige Aufgabe im Wandel

Mein erster Kora-Lehrer war mein Vater. Nachdem er gestorben war, hat meine Tante gesagt: „Djelifily, du bist der Sohn und darum musst du die Kora weiter lernen!" Denn ich komme aus einer Griot-Familie, in der das Koraspielen immer weitervererbt wird. Das kann man sich nicht aussuchen. Ich wurde nun von Sidiki Diabate, dem Vater des berühmten Toumani Diabate, unterrichtet. Ich war wie ein Sohn für ihn und habe acht Jahre mit ihm gelebt. Im Unterricht hat er mir eine Melodie vorgespielt. Dann habe ich mich alleine hingesetzt und die Melodie stundenlang geübt. Manchmal ist der Meister gekommen und hat gesagt: „Fily, da fehlt ein Ton!" Dann habe ich alles wieder stundenlang wiederholt, bis der Meister zufrieden war. So ist die Tradition: Wir lernen mit den Ohren. Es wird nichts aufgeschrieben, es gibt keine Noten.

Verbreitung der Kora: Gambia, Senegal, Mali, Guinea, Burkina Faso, Côte d'Ivoire (Elfenbeinküste)

Der Griot ist Musiker, Sänger und Dichter. In vielen Griot-Familien lernen die Jungen das Koraspielen von ihren Vätern, die Mädchen lernen von ihren Müttern, dazu zu singen. Man muss aber nicht zur Koramusik singen, denn die Kora singt selbst. Früher sang der Griot zum Beispiel über bedeutende Ereignisse, es gab ja noch kein Radio oder Fernsehen. Er sang auch Loblieder auf den König und war ein wichtiger Ratgeber am Hof. Heute gibt es zwar keine Könige mehr in Mali, doch der Griot ist immer noch ein wichtiger Ratgeber. Wenn eine Familie sich streitet, dann wird der Griot besucht. Er berät die Familie dann, wie sie den Streit schlichten soll. Das geschieht häufig mit einem Lied. Wenn zwei Menschen heiraten möchten, wird auch immer zuerst der Griot gefragt. Sein Rat wird oftmals respektiert.

1 a Fragt in eurer Klasse nach, wer ein Instrument spielt und aus welchen Gründen. Lasst euch berichten, wie der Unterricht abläuft.

b Vergleicht diese Berichte mit den Informationen, die Djelifily Sako gibt.

2 Ein Griot zu sein ist einerseits sehr ehrenvoll. Andererseits bringt dies viele Pflichten mit sich.

a Sammelt die Informationen über die traditionellen Aufgaben eines Griot und die Aufgaben, die er heute in der Gesellschaft in Mali hat.

b Beschreibt in einem Satz, wieso der Griot viel Verantwortung in seiner Gemeinschaft trägt.

c Wie findet ihr es, dass Djelifily Sako sich nicht aussuchen durfte, ob er ein Griot werden möchte? Welche Probleme können dabei entstehen?

3 Sucht im Internet nach Musik der bekannten Kora-Spieler Tata Dindin oder Toumani Diabate.

Geschichten über das Leben: Die Rolle eines Musikers untersuchen

Die Geschichte „Fa ni teri ka bèn"

Es gab einmal zwei Könige, die miteinander im Streit lagen. Nun kam es, dass der Sohn des
einen Königs und die Tochter des anderen Königs sich ineinander verliebten. Sie konnten
das wegen des Streits ihrer Familien aber niemandem verraten. Darum suchten die beiden
einen Griot auf und baten ihn um Rat. Der spielte auf seiner Kora und gab den beiden
Verliebten dabei diesen Rat: „Wenn sich eure Väter das nächste Mal begegnen, sagt ihnen
gemeinsam, dass der Streit sofort enden muss, weil ihr euch das wünscht und der Griot
gesagt hat, eure Väter müssen auf euch hören." Und so kam es tatsächlich: Die Kinder
gingen zu ihren Vätern und teilten ihnen mit, was der Griot gesagt hatte. Sofort legten die
Väter ihren Streit bei.
Wenn dieses Lied heute von einem Griot gespielt wird, erinnert es die Zuhörer immer daran,
dass Erwachsene ihren Streit beilegen müssen, wenn ihre Kinder sie darum bitten.

4 Hört euch das Lied „Fa ni teri ka bèn" an, das Djelifily Sako in seiner Muttersprache Bambara
⊚ 3|41 singt. Beschreibt die Wirkung, die das Lied auf euch hat. **DVD** Nr. 9

5 a Gebt die Handlung in eigenen Worten wieder und erklärt dabei auch, was man über
   den Einfluss des Griot erfährt.
   b Haltet ihr es für sinnvoll, dass Griots diese alte Geschichte heutzutage immer noch
   spielen und singen? Begründet eure Meinung.

6 Prüft, ob es in unserer Gesellschaft Personen gibt, die eine ähnliche Rolle für die Gemeinschaft
   spielen wie der Griot in Westafrika. Welches Ansehen haben diese Personen bei uns?

Die Kora wird gebaut

Wie sich Musiker mit ihrem Instrument befassen

Die Kuhhaut wird in Wasser eingeweicht.

Die Kuhhaut wird auf die Kalebasse gespannt.

Haltegriffe (oben und unten) sowie Stützstrebe (quer) sind angebracht.

Die Griots in meiner Familie bauen ihr Instrument immer selbst. Das ist sehr wichtig. Die anderen Familienmitglieder helfen dabei. Zunächst wird ein großes Stück Kuhhaut in Wasser gelegt, dabei weicht es durch. Dann breiten wir das Fell auf dem Boden aus und legen eine ausgehöhlte und halbierte Kalebasse umgekehrt darauf. Eine Kalebasse ist übrigens die getrocknete Hülle einer Flaschenkürbisfrucht. Dann spannen wir die Kuhhaut auf die Kalebasse. Das machen wir immer zu zweit. Einer stellt den Fuß auf und zieht das Fell stramm. Der andere streicht die Haut dann immer wieder glatt. Anschließend machen wir das Fell mit Nägeln fest. Wenn es trocknet, sitzt es schön straff. Dann ziehen wir die Handgriffe und die Stützstrebe durch das Fell und arbeiten das Schallloch auf der Rückseite der Kora sowie die zwei Löcher für den Hals der Kora heraus. Alles muss sehr stabil sein, da die 21 Saiten, die aus Angelschnur sind, sehr viel Kraft haben, wenn man die Kora gestimmt hat. Bei meiner Kora habe ich die Saiten unten an der Kora um einen Metallring gewickelt. Dann laufen sie über den Steg und sind am Hals mit Stimmriemen aus Kuhhaut befestigt. Die Saiten können nicht abgegriffen werden. Mit jeder Saite kann man also nur einen Ton spielen.

1 a Betrachtet die Bilder und lest den Text dazu. Informiert euch anschließend gegenseitig über den Bau und die Gestalt der Kora.

b Stellt Vermutungen an, wieso ein Musiker sein Instrument selbst bauen möchte.

2 a Vergleicht den Aufbau der Kora mit den europäischen Instrumenten aus dem Kapitel „Der Klang und sein Körper". Welche Ähnlichkeiten lassen sich entdecken?

b Ein Gegenstand auf den Fotos auf ▶ S. 141 gehört eigentlich nicht zum Instrument. Habt ihr eine Idee, wofür Fily Sako den Gegenstand benutzt?

Die Spielweise und Klangerzeugung der Kora untersuchen

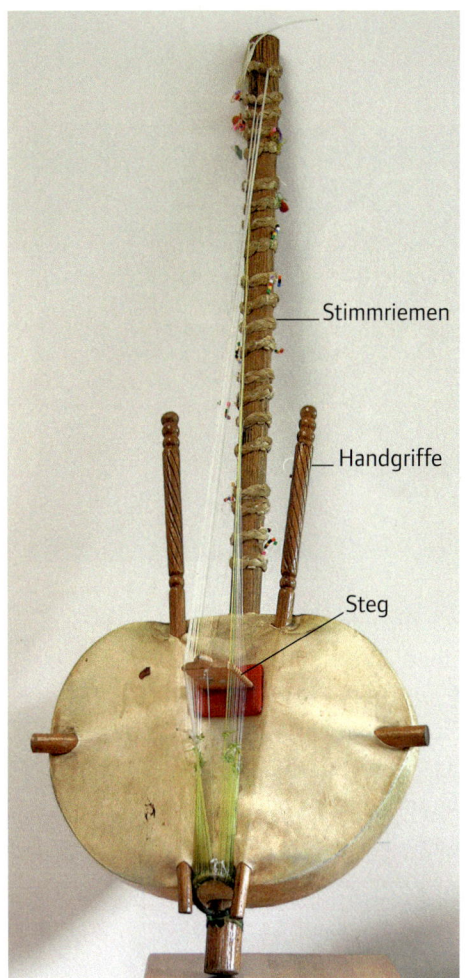

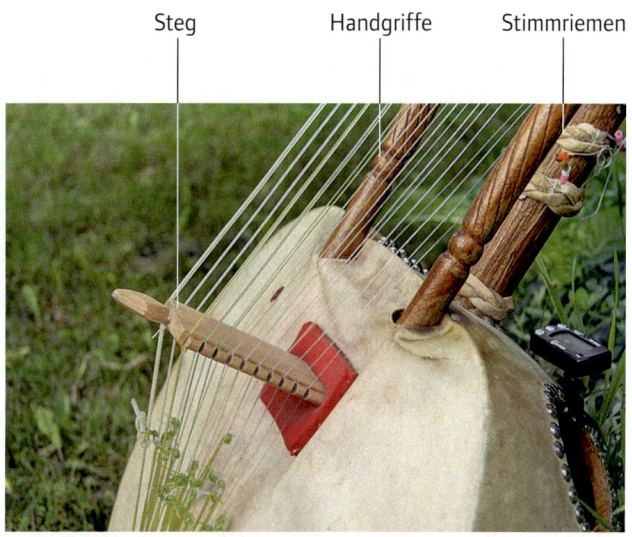

Steg   Handgriffe   Stimmriemen

Stimmriemen

Handgriffe

Steg

3   **a** Beschreibt die Handhaltung beim Spielen der Kora. Welche Aufgabe haben die einzelnen Finger, was machen die Daumen? **DVD** Nr. 10

    b Erklärt, wie sich diese Art der Tonerzeugung auf den Klang der Kora auswirkt. Denkt dabei auch an den Klang von Saiteninstrumenten, bei denen der Ton auf eine ähnliche Art und Weise erzeugt wird.

4   Verfasst einen eigenen Text, in dem ihr die Kora erklärt. Nutzt dazu die Bilder und den Text auf dieser Doppelseite und beantwortet dabei folgende Fragen:
- Aus welchen Materialien wird eine Kora gebaut?
- Wie viele unterschiedliche Töne kann man auf der Kora spielen?
- Zu welchen euch bekannten Instrumenten bestehen Ähnlichkeiten? Worin bestehen sie?
- In welche Instrumentenfamilie (Schlagt nach im Kapitel „Der Klang sucht seinen Körper") ordnet ihr die Kora ein?
- Was könnte eurer Meinung nach beim Koraspielen schwer zu lernen sein?

Das Eigene und das Fremde

Eine musikalische Legende untersuchen

Jali, ein junger Mann aus Gambia, ging im Wald spazieren. Plötzlich hörte er eine wunderschöne Musik. Er suchte den Ort, wo sie herkam, und fand einen Jiin, einen Geist, der auf einer Kora spielte. Jali wollte auch dieses schöne Instrument spielen können. Der Jiin sagte: „Na gut, ich bringe dir das Koraspielen bei, aber nur, wenn du meine Tochter heiratest und immer bei uns in der Geisterwelt bleibst. Also heiratete Jali die Tochter, lernte das Koraspielen und wohnte ein paar Jahre bei den Geistern. Dann bekam er Sehnsucht nach seiner Heimat und Familie und floh mit der Kora nach Gambia. So kam die Kora zu den Menschen. Jali war der erste Kora-Spieler der Welt.

Jedes Bauteil der Kora hat eine besondere Bedeutung: **DVD** Nr. 11
Die Kalebasse steht für die Erde, das verwendete Kuhfell für die Welt der Tiere, das verwendete Holz für die Pflanzenwelt und das Eisen (der Ring) für die Magie. Zugleich entsprechen die neun Löcher, die eine Kora hat, den neun Körperöffnungen des Menschen.

1 Durch Legenden werden oft Gebräuche und Traditionen verständlich gemacht, die für eine Gemeinschaft von großer Bedeutung sind. Die hier abgedruckte Legende verweist auf den hohen gesellschaftlichen Wert der Kora.
a Erzählt die Legende in eigenen Worten nach: Wie wird die Herkunft der Kora darin beschrieben?
b Erklärt die Bedeutung der einzelnen Geschehnisse für das Bild, das von der Kora und ihrer Musik vermittelt wird.
c Stellt Bezüge her zwischen der Musik der Kora und den Bedeutungen der einzelnen Bauteile: Was bedeutet es offenbar für die Gemeinschaft, wenn auf der Kora musiziert wird?

2 Auf ▶ S. 108/109 findet ihr Texte zur Entstehung anderer Musikinstrumente. Sucht nach Ähnlichkeiten und Unterschieden zur Legende über den ersten Kora-Spieler.

Das Tonmaterial der Kora untersuchen

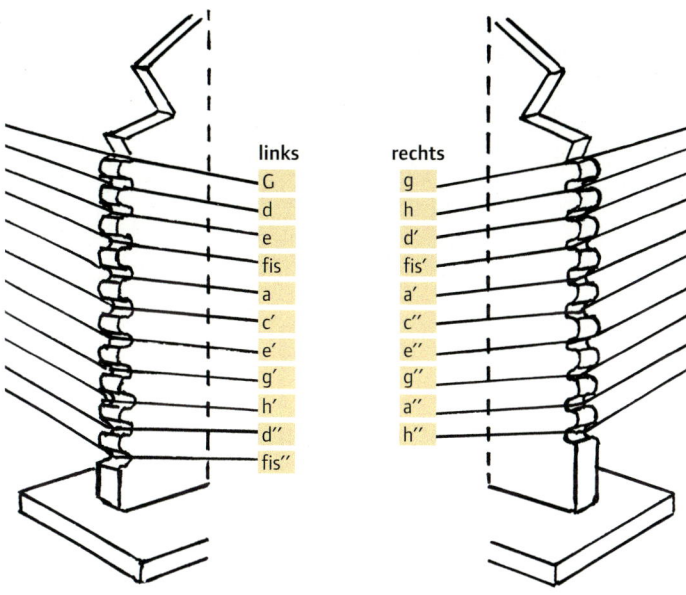

Es gibt verschiedene Möglich-keiten, die Kora zu stimmen. Sehr verbreitet ist die hier abgebildete Stimmung der Saiten, die auch Djelifily Sako nutzt. Sie heißt Silaba.

Tonmaterial der Stimmung Silaba – dargestellt in Klaviernotation:

3　**a** Bestimmt mit Hilfe einer Klaviertastatur (▶ S. 20) die Töne, die die Kora spielen kann, wenn sie so gestimmt ist. Nutzt eine Farbe für alle Töne, die mit der rechten Hand gespielt werden können, eine andere für alle Töne der linken Hand. **AH | S. 47**

　b Untersucht die Stimmung der Kora: Welche Töne kehren in allen Oktaven wieder? **AH | S. 47**

　c Vergleicht das Tonmaterial mit dem Aufbau von Dur- und Moll-Tonleitern (▶ S. 48). Welche Übereinstimmungen findet ihr? **AH | S. 47**

4　Das Kronos-Quartett hat gemeinsam mit dem Kora-Spieler Foday Musa Suso das Musikstück
◉ 3 | 42　„Tilliboyo" (Sonnenaufgang) aufgenommen.

　a Beschreibt den Ausdruck der Musik und benutzt dazu passende Adjektive.

　b Benennt die vier Instrumente, die außer der Kora noch mitspielen, und beschreibt das Zusammenspiel der Musiker.

　c Erläutert mit Hilfe eurer Ergebnisse aus Aufgabe 3, warum Instrumente aus so unter-schiedlichen Traditionen ein Stück gemeinsam spielen können.

　d Gefällt euch diese ungewöhnliche Kombination von Instrumenten? Begründet eure Meinung.

5　Recherchiert im Internet nach Musik, bei der eine Kora mitspielt. Mit welchen anderen Instrumenten spielt die Kora zusammen, welche Musikrichtungen werden gespielt?

Das Pattern als Grundlage

Ein musikalisches Gestaltungsprinzip untersuchen und erfahren

Das Lied „Alalake" kennt ihr bereits von ▶ S. 136. Es handelt davon, dass man im Leben seiner Berufung folgen soll. Es ist in ganz Westafrika bekannt. In diesem Musikstück erklingt oft das folgende Pattern.

Alalake-Pattern

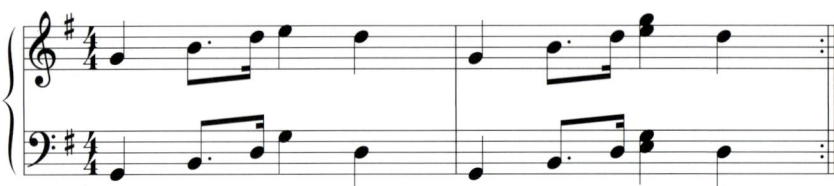

1   Spielt das Pattern auf euren Instrumenten. Ihr könnt euch so aufteilen, dass einige die im Bassschlüssel notierte Stimme spielen und andere die Stimme im Violinschlüssel. Ihr könnt eure Stimme auch mitsummen.

2   **a** Hört das Lied „Alalake" und meldet euch jedes Mal, wenn das Pattern erklingt. **DVD** Nr. 7
⊚ 3|39   **b** Beschreibt, was euch beim Hören aufgefallen ist.
       c Spielt das Pattern durchgehend zur Aufnahme. Welche Schwierigkeiten habt ihr dabei entdeckt?

3   **a** Hört nochmals Musikstücke dieses Kapitels und überprüft, ob auch in diesen Stücken Patterns vorkommen. Die Suche nach Patterns fällt leichter, wenn ihr euch zur Musik bewegt.
       b Erklärt, woran ihr die Patterns erkannt habt.

4   Ihr habt auf ▶ S. 137 erfahren, dass man sich in Westafrika eigentlich immer zur Musik bewegt. Erklärt, wieso Patterns die Bewegung zur Musik erleichtern.

Pattern

Pattern (englisch: Muster) nennt man eine kurze Rhythmus- oder Melodiefolge, die in regelmäßigen Abständen wiederkehrt. Oft wird ein Pattern auch pausenlos wiederholt oder nur leicht verändert, während darüber eine andere Melodie oder ein anderer Rhythmus erklingt. Ein Pattern erkennt der Hörer schnell wieder und es gliedert dadurch das Musikstück. So kann man sich schnell in der Musik orientieren. In dem Beispiel Alalake ist das Pattern zwei Takte lang. In der traditionellen Musik Westafrikas bilden Patterns oft die Grundlage von Musikstücken: Ganz egal, ob mit der Kora, dem Balafon (westafrikanisches Xylophon) oder mit Trommeln gespielt wird, die sich daraus ergebende Gleichmäßigkeit der Musik wird oft von uns als „typisch afrikanisch" empfunden.

Unterrichtsprojekt

„Ba ni den" – Koramusik selbst musizieren

Mögliche Abweichung vom „Ba ni den"-Pattern

1 „Ba ni den" heißt „Mutter und Kind" und ist ein Wiegen- oder Einschlaflied. **DVD** Nr. 12

⊚ 3|43   **a** Spielt das Pattern, aus dem das Lied besteht, und bewegt euch dazu.
 Ihr könnt die Stimmen aufteilen und als Hilfe die Aufnahme anhören.

b Beschreibt den Unterschied zwischen dem Klang der Aufnahme und dem Klang
 eurer Instrumente.

c Empfindet ihr „Ba ni den" als ein gelungenes Wiegenlied? Begründet eure Meinung.
 Nehmt dabei auch Bezug auf Wiegenlieder, die ihr kennt.

2 Bei Musik, die aus Patterns besteht, weichen die Spieler oft spontan vom grundlegenden
 Pattern ab, kehren aber immer wieder dahin zurück. Es ist ebenso möglich, dass ein einzelner
 Spieler frei improvisiert, während die anderen das Pattern weiterspielen.

a Übt die oben vorgeschlagene Abweichung vom Banide-Pattern.

b Spielt gemeinsam das „Ba ni den"-Pattern. Wechselt euch damit ab, die Abweichung zu
 spielen. Achtet darauf, immer wieder zum „Ba ni den"-Pattern zurückzukehren.

3 **a** Entwerft eigene Abweichungen vom „Ba ni den"-Pattern und studiert sie ein.
 Ihr müsst sie nicht unbedingt notieren können. Wichtig ist aber, dass in euren
 Abweichungen noch Spuren des „Ba ni den"-Patterns zu erkennen sind.

b Führt eure eigenen Abweichungen so vor, wie in Aufgabe 2 b beschrieben.

4 In diesem Kapitel habt ihr gelernt, dass ihr zur Kora-Musik sprechen oder singen
 könnt. **AH** S. 48

a Schreibt einen eigenen kurzen Liedtext, der eine Geschichte erzählt, die eine Lehre
 für die Zuhörer enthält. Dabei helfen euch auch Fabeln, die ihr aus dem Deutschunterricht
 kennt.

b Sprecht oder singt euren Text zum Alalake- oder „Ba ni den"-Pattern. Ihr könnt auch
 Pattern-Abweichungen einsetzen.

In diesem Kapitel …
– erprobt ihr Bewegungsabläufe
  passend zur Musik,
– tanzt ihr zu Musik aus verschiedenen
  Epochen,
– entwerft ihr eigene Choreographien.

Bewegende Zeiten

Tänze verstehen und aufführen

1 Tauscht euch darüber aus, wo und zu welchen Gelegenheiten heute getanzt wird. Überlegt, wo Tanzen in eurem Leben eine Rolle spielt und zu welchen Gelegenheiten ihr selbst tanzt.

2 a Vergleicht die beiden Tanzdarstellungen. Woran erkennt man, dass sie aus verschiedenen Jahrhunderten stammen?
b Nehmt die Haltungen der abgebildeten Personen ein und erklärt, worauf ihr dabei besonders achten müsst. Welches Lebensgefühl wird durch die Bilder vermittelt?

3 Hört die Musik und bewegt euch passend zur Musik. Tauscht euch im Anschluss
◉ 2|29 über eure Ideen und Erfahrungen aus.

Tanzen im Mittelalter

Einfache Bewegungsabläufe erschließen

Ambrosio Lorenzetti: Wandgemälde in Siena, um 1340

Wandgemälde, Briefe, Gedichte und Liedtexte, ja sogar bemalte Gebrauchsgegenstände geben uns heute Aufschluss über das Tanzen in früheren Zeiten. Wir erfahren aus diesen Quellen einiges über Kleidung und Haltung der Tänzer und die Orte, an denen getanzt wurde. Aber erst um 1450 haben Tanzlehrer in Italien begonnen, die Abfolge der Tanzschritte so aufzuschreiben, dass die Bewegungen immer gleich aufgeführt werden konnten. Einer der ältesten europäischen Tänze ist der Reigen. Eine besondere Form des Reigens ist die „Farandole", die im Mittelalter besonders gerne getanzt wurde.

1
a Schaut euch das Bild an und beschreibt die dargestellte Szene.
b Sammelt Hinweise auf die Art und Weise des Tanzes. Welche Hinweise gibt das Bild auf die Musik?

2 Beschreibt, welche Wege die Tanzenden auf dem Bild zurücklegen.

3
◎ 4|1
a Hört euch das Stück „Un flambeau" an und achtet dabei auf Tempo und Metrum der Musik. Klatscht leise zum Tempo der Musik mit.
b Geht mit den Fingern auf dem Tisch passend zur Musik.

4
a Stellt euch in zwei bis drei Gruppen als Kette auf, fasst euch an den Händen und nehmt die Haltung der im Bild dargestellten Tänzerinnen und Tänzer ein. Beachtet, dass die Arme locker am Körper hängen, damit sie beim Tanz mitschwingen können.
b Schreitet nun in euren Gruppen, passend zum Rhythmus der Musik, durch den Raum. Wechselt euch mit dem Anführen der Gruppe ab.

Raumwege entwerfen

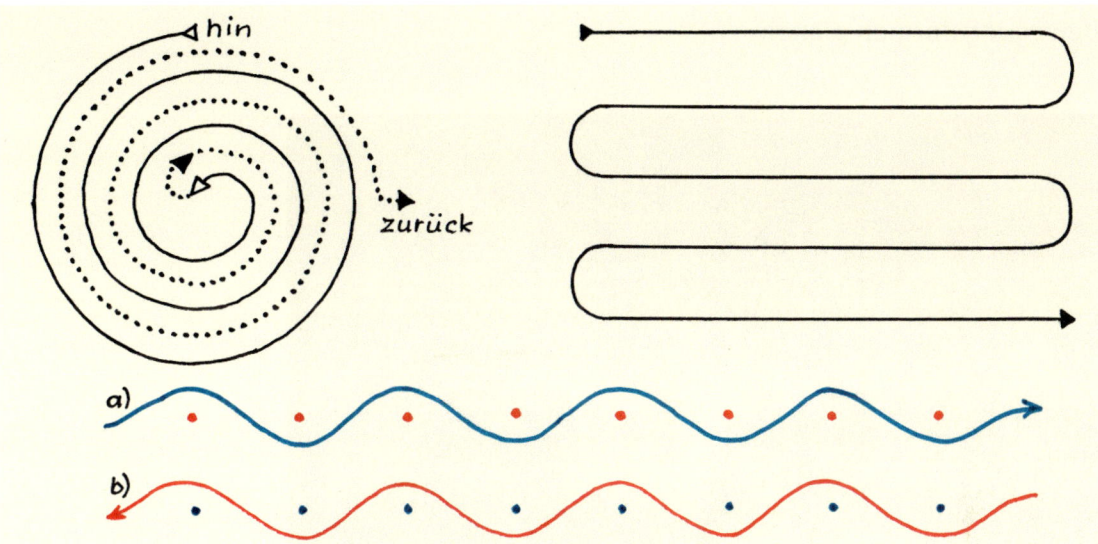

5 **a** Beschreibt die abgedruckten Tanzanleitungen und überlegt, wie ihr euch bei einer
Farandole wie auf den Bildern oben abgebildet im Raum bewegen könnt.

b Erprobt die hier dargestellten Raumwege zur Musik. Worüber müsst ihr euch
zuerst verständigen?

c Verdoppelt das Tempo und bewegt euch mit Hüpfschritten zur Musik.

Im Laufe der Zeit haben sich einige Grundschritte entwickelt, die in ihrer Bewegungsfolge
festgelegt sind und das gemeinsame Tanzen erleichtern.
- Beim Double seitwärts (D) werden zwei Schritte nach links (Dl = links ran, links ran) oder nach
  rechts (Dr = rechts ran, rechts ran) getanzt.
- Nach vorne oder nach hinten tanzt man den Double mit drei einfachen Gehschritten
  (links, rechts, links, ran).
- Beim Simple (S) geht man nur einen Schritt nach links (Sl), rechts (Sr), vorne (Sv) oder
  hinten (Sh).
- Die Schritte nach rechts werden kleiner ausgeführt als die nach links, damit die Gruppe sich
  insgesamt nach links bewegt.
- Die Tänze beginnen in der Regel mit Schritten nach links.

6 **a** Übt die angegebenen Schritte in einem einheitlichen Tempo zunächst ohne Musik.
Kombiniert sie anschließend in unterschiedlicher Weise.

4|1 **b** Führt die Schritte zur Musik aus und erprobt unterschiedliche Abfolgen.

7 **a** Notiert eine von euch festgelegte Schrittfolge. Verwendet dabei die oben genannten Kürzel.

4|1 **b** Malt die vorgesehenen Raumwege nach dem Vorbild der abgebildeten Tanzschriften auf
und präsentiert die Tänze in der Klasse. **AH**|S. 51

Tanzen in der Renaissance

Bewegungsformen planen

Marten Pepyn, Hofball, 1604

Ein Tanzmeister berichtet über das Tanzen am Königshof:

„Auch bei großen Festen wird getanzt. Der Ball beginnt mit Gruppentänzen, damit alle sich zum Tanze bewegen. Wenn seine Majestät den Ball beginnen möchte, erhebt sie sich und die ganze Gesellschaft ebenfalls. Der König und die Königin stellen sich am Ende des Raumes auf, wo der Tanz beginnen soll, nahe bei den Musikern. Alle Tanzpaare stellen sich ihrem Rang entsprechend hinter dem Königspaar auf. Zunächst begrüßen die Paare sich mit der Reverenz und dann eröffnet der König den Ball mit der Branle. Die Branle besteht immer aus mehreren Teilen, die hintereinander getanzt werden. Zu Beginn wird ein einfacher, langsamer Tanz getanzt, damit die ganze Gesellschaft mittanzen kann. Dann wird die Musik immer schneller und die Branles komplizierter, sodass zum Schluss nur noch die jungen oder besonders geübten Tänzer auf der Tanzfläche sind. Es folgen anspruchsvolle Tänze für die Paare."

1 Beschreibt die im Bild dargestellte Szene und vergleicht sie mit den Informationen aus dem Text. Achtet zum Beispiel auf die Kleidung der Personen und den Raum, in dem sie tanzen. Was sagt dieses Bild über die Macht und den Reichtum des Herrschers aus?

2 Hört die „Branle des Pois" und klopft das Metrum des Stückes mit. Welche Taktart
◉ 4|2 könnt ihr erkennen?

3 Schreitet als Paar passend zur Musik durch den Raum. Achtet auf eine angemessene Körperhaltung. Stellt euch vor, ihr seid als Gäste des Königs zum Ball geladen und tragt entsprechende Kleidung.

Bei der „Branle des Pois" erfolgt die Aufstellung paarweise in einem Kreis. Neben den schon bekannten Schritten Double und Simple benötigt ihr für diesen Tanz außerdem Sprünge nach oben von beiden Füßen auf beide Füße zurück auf der Stelle (Sp).

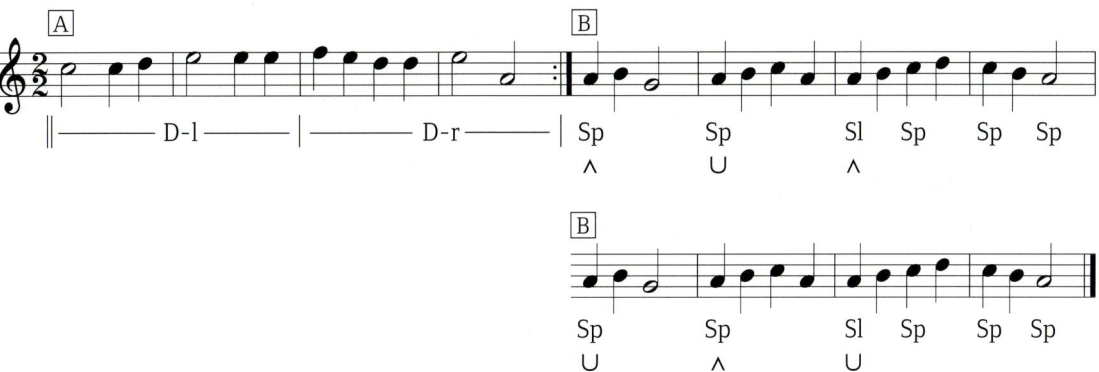

4 Studiert die „Branle des Pois" anhand der Tanzschrift ein.

◉ 4|2, 5

Es folgt die „Branle d'Ecosse", die ebenfalls im Kreis getanzt wird. Die bereits bekannten Sprünge werden hier noch erweitert, indem man die Fußspitze des Schwungbeins beim Sprung nach vorne streckt, sodass die Fußspitze knapp über dem Boden schwebt. (P = pied en l'air = ein Fuß in der Luft. Pl = linker Fuß vor, Pr = rechter Fuß vor)

A	I: Dl	Dr	Sl	Sr	Dl	Dr	Sl	Sr :I
B	I: Dl	Sr	Sl	Dr	Dl	Sr	Pl Pr	Pl Sp :I

5 Entschlüsselt die Tabelle und übt die Bewegungsabläufe zunächst ohne Musik in einem einheitlichen Tempo. Sprecht die Schrittfolge leise mit.

6 Tanzt den Ablauf nun mit den passenden Tanzschritten zur Musik. Achtet nicht nur
◉ 4|3, 6 auf die korrekte Schrittfolge, sondern auch auf eine vornehme Haltung.

Als Drittes folgt die „Branle des Chevaux" (Pferdebranle). Sie besteht aus drei Teilen. Im dritten Teil benötigt ihr Stampfer mit dem rechten Fuß (STr) und eine Drehung mit Doubleschritten (DDreh) über die linke Schulter über zwei Takte, die mit einem Sprung abschließt. Für diesen letzten Tanz müsst ihr zwei Kreise bilden. Daher führt der Herr die Dame nach der „Branle d'Ecosse" an ihren Platz ihm gegenüber; es entstehen so zwei Kreise, die Mädchen stehen innen, die Jungen außen. Die Tanzenden schauen ihren Tanzpartner gegenüber an.

7 Übt diesen Teil der Suite mit den auf der DVD gezeigten Schritten oder den Ansagen
◉ 4|4, 7 auf der CD ein. **DVD** Nr. 15

8 Spielt eine Ballszene am Königshof. Achtet auf die passende Körperhaltung und erfindet
◉ 4|2–4 Begrüßungs- und Verabschiedungsgesten. Plant die Übergänge zwischen den drei Tänzen und tanzt die dreiteilige Suite anschließend ganz. **DVD** Nr. 13–15

Tanzen im Barock

Figuren kombinieren

Aus John Playford: The Dancing Schoole, gedruckt 1698

In der Zeit des Barock waren in England Country-Dances sehr beliebt. Eine beliebte Aufstellung war der Longway. Dabei stehen sich die Partner gegenüber und tanzen verschiedene Figuren miteinander. Im Country-Dance werden die bereits bekannten Bewegungsfolgen noch einmal erweitert. Beliebte Tanzfiguren sind:

Mühle (Mr): Paar eins und Paar zwei reichen sich die rechte Hand und gehen zu viert vorwärts im Uhrzeigersinn mit acht Schritten im Kreis. Ml: Die Paare reichen sich die linke Hand und kehren gegen den Uhrzeigersinn vorwärts gehend zum alten Platz zurück.
Ronde (Rr): Jedes Paar reicht sich beide Hände und geht mit acht Schritten im Kreis im Uhrzeigersinn. Rl: Das Paar geht gegen den Uhrzeigersinn mit acht Schritten zum eigenen Platz zurück.
dos à dos: Frau (∪) und Mann (∧) gehen aufeinander zu, mit der rechten Schulter aneinander vorbei, Rücken an Rücken umeinander und kehren rückwärtsgehend zu ihrem Platz zurück.
Dreiviertel-Kette: 1. Zuerst reichen sich die Partner die rechte Hand und tanzen aneinander vorbei. 2. Dann gibt man dem Tanznachbarn die linke Hand, tanzt wieder aneinander vorbei. 3. Danach tanzt man dem eigenen Partner entgegen und gibt ihm die rechte Hand. 4. Am Schluss befindet man sich auf dem Platz des Tanznachbarn und dreht sich so, dass man Blickkontakt mit dem eigenen Partner bekommt. So haben Paar eins und zwei den Platz getauscht. Diesen Tausch nennt man Fortschritt. **DVD** Nr. 16

1 Informiert euch über die Epoche des Barock: Sammelt Abbildungen von Schlössern, Kirchen, Gärten oder Mode der Zeit von etwa 1600 bis 1750. Welche Gemeinsamkeiten entdeckt ihr? **AH|**S. 49/50

2 Studiert die Figuren zunächst ohne Musik in einem einheitlichen Tempo ein.

The Indian Queen

	Teil	Taktanzahl	Person	Figur	Schritte	Hände	Besonderes
		2	∧1U1	Reverenz			alle Paare
	A	1	∧1U2		Sl Sr	ohne	∧2U1 stehen
		1	∧1U2	Drehung links	4	ohne	∧2U1 stehen
		2	∧1U2	Ronde rechts	8	beide	∧2U1 stehen
1. Strophe		1	∧2U1		Sl Sr	ohne	∧1U2 stehen
		1	∧2U1	Drehung links	4	ohne	∧1U2 stehen
		2	∧2U1	Ronde rechts	8	beide	∧1U2 stehen
	B	2	∧1U1 + ∧2U2	Mühle	8	re	alle Paare
		2	∧1U1 + ∧2U2	Mühle	8	li	alle Paare
		2	∧1U1	dos à dos	8	ohne	alle Paare
		2	∧1U1 + ∧2U2	3/4-Kette	8	re li re	alle Paare
	A						

3 „The Indian Queen" ist bis heute einer der beliebtesten Country-Dances. Entschlüsselt die Tanzanleitung aus der Tabelle und studiert den Tanz zunächst ohne Musik ein. **DVD** Nr. 16

4 Stellt euch wie abgebildet in einem Longway auf und tanzt die Figuren in der richtigen Reihenfolge zur Musik. Die Paare werden zu Beginn von oben nach unten durchgezählt. Wenn man als Paar eins am Ende der Reihe angekommen ist, hat man eine Pause von einer Strophe. In der nächsten Strophe tanzt man als Paar zwei weiter und ändert die Tanzrichtung.

◉ 4|8–9

```
U  U  U  U   Tanzrichtung Paar 1 ⇒
1  2  1  2   Tanzrichtung Paar 2 ⇐
∧  ∧  ∧  ∧
```

5 Entwerft eine eigene Choreographie, in der ihr auch die neuen Figuren nutzt. Der Tanz soll mit einer Reverenz über zwei Takte beginnen und mit einem Congé – einer Verabschiedung – über zwei Takte enden.

◉ 4|10 **a** Hört euch den Contredanse „La Capricieuse" an und gliedert die Musik in Abschnitte. Achtet auf Wiederholungen und ähnliche Teile und gestaltet eure Choreographie so, dass musikalisch gleiche Teile mit gleichen Figuren getanzt werden. Ihr könnt auch neue Figuren erfinden. Präsentiert den Tanz vor der Klasse. **AH|**S. 51

b Notiert den Ablauf des Tanzes, indem ihr nach dem Vorbild der oben abgedruckten Tanzschrift eine Tabelle anlegt.

6 Die Figuren der Barocktänze wurden im Lauf der Zeit immer komplizierter und waren gegen Ende des Barock so reich verziert, dass zur Erziehung der Kinder am Hofe täglich mehrere Stunden Tanzunterricht bei einem professionellen Tanzlehrer gehörten. Schaut euch die Aufführung einer Bourrée und eines Menuetts an und findet Gemeinsamkeiten mit den von euch gesammelten Abbildungen. **AH|**S. 50 **DVD** Nr. 17–18

Tanzen um 1785

Mit Figuren spielen

W. A. Mozart war Komponist, Musiker und begeisterter Tänzer. In einem Brief an seinen Vater schreibt er: „Vergangene Woche habe ich in meiner Wohnung einen Ball gegeben. Wir haben abends um 6 uhr angefangen und um 7 uhr aufgehört – was nur eine Stunde? – Nein Nein – Morgens um 7 uhr."

Nicht nur Mozart liebte das Tanzen. Am Hofe und in Bürgersälen tanzten die Menschen aus allen Schichten begeistert und jeder kannte die wichtigsten Grundformen. Als kaiserlich-königlicher Kammerkompositeur komponierte Mozart für die großen Bälle am Hofe zahlreiche Tänze. Diese wurden zu vier Paaren ausgeführt. Besonders wichtig war es, dass sich die Paare so zueinander bewegten, dass symmetrisch geordnete Bilder entstanden. Ein Tanzmeister aus dem Jahre 1784 schreibt: „Die Figuren sind sehr verschieden. Ein jeder hat die Freyheit nach seinem eigenen Belieben neue zu erfinden (...) Es ist aber nothwendig, dass man vorher die notwendigen Hauptfiguren wisse."

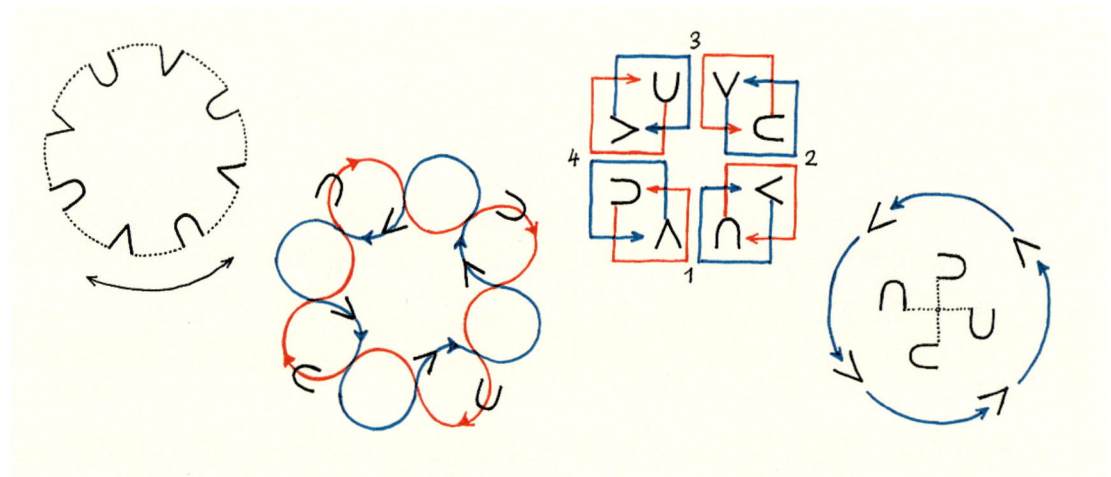

1 Bildet Gruppen zu je acht Personen, entschlüsselt die Tanzfiguren und übt sie in eurer Gruppe ein. **DVD** Nr. 19–20

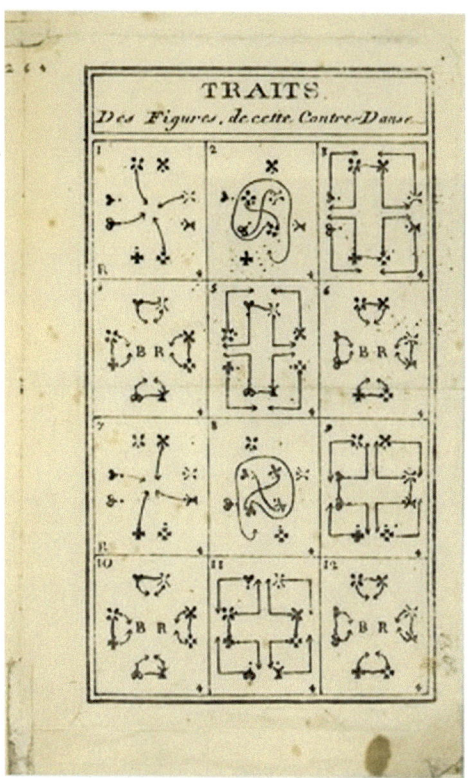

Figuren zur Tanzanleitung, um 1770

Augustin de Saint-Aubin: Le bal paré, 1773

2 a Beschreibt die Abbildungen aus einer historischen Tanzanleitung. Wie viele Paare tanzen?
Welche Wege legen sie zurück? Tanzen immer alle? Wer tanzt mit wem?
b Wählt eine Figur aus und übt sie in eurer Gruppe zunächst ohne Musik ein.
Stellt sie anschließend in eurer Klasse vor und erklärt den Ablauf.

3 a Hört euch das Stück von Mozart an. Achtet auf die Taktart und gliedert die Musik
⊙ 4|11 in Abschnitte.
b Wählt Figuren aus der Tanzanleitung aus, die zum Ablauf der Musik passen,
oder entwerft ähnliche Figuren.

4 a Entwickelt aus den in diesem Kapitel bereits gelernten Tanzschritten und Figuren und
euren eigenen Ideen eine vollständige Choreographie zu der Musik und notiert diese.
Notiert zusätzlich, wie viele Takte eine Figur dauert.
b Studiert den Tanz ein und präsentiert eure Tänze. **AH|S.51**

5 Stellt euch vor, ihr kehrt im Morgengrauen von einem Ball zurück. Verfasst einen Brief an einen
Freund oder eine Freundin, in dem ihr über eure Erlebnisse berichtet.

6 Informiert euch ausführlich über das Tanzen zu Mozarts Zeit.

Tanzen heute

Eigene Figuren erfinden

Heute können Tanzbegeisterte zwischen vielen Tanzstilen wählen. Wie bei den historischen Tänzen entstehen beim Modern Dance aus festgelegten Grundelementen neue Bewegungs-abfolgen. Anders als in den Tänzen früherer Zeiten improvisieren die Tänzer aber vor allem zur Musik, das heißt, sie erfinden passend zur Musik aus den erlernten Grundelementen spontan einen neuen Tanz. Oft wird zu einem zuvor festgelegten Thema improvisiert. Die hier abgebildeten Ausschnitte gehören zu einer Improvisation zum Thema „getanzter Streit – fairer Streit". Dazu werden unter anderem Elemente aus Kampfsportarten so einbezogen, dass daraus Tanzbewegungen entstehen.

1 Tauscht euch darüber aus, welche Bewegungen aus dem Kampfsport für einen Tanz übernommen werden könnten.

2 Formuliert Grundregeln für einen Tanz zu dem angegebenen Motto, damit er fair und verantwortungsvoll verläuft.

3 a Beschreibt die Haltung der Tänzerinnen auf den Bildern und stellt sie nach.
◉ 4|12 b Überlegt, wie der Übergang zwischen beiden Haltungen gestaltet werden sollte. Erprobt eure Ideen zur Musik.

4 Entwerft eine dritte Tanzposition und gestaltet zur Musik eine längere Bewegungsfolge.

5 Erweitert eure Bewegungsfolge, indem ihr weitere Positionen und Übergänge erfindet.

Man unterscheidet im Modern Dance drei Körperebenen: *unten* für die Bewegungen am Boden, *Mitte* für die Bewegungen um die Körpermitte und *oben* für die Bewegungen über dem Kopf.

6 **a** Entschlüsselt die auf den Bildern dargestellten Körperhaltungen und stellt jedes Bild nach. Achtet besonders auf eine gute Körperspannung.

b Ordnet die Bilder den Körperebenen zu.

c Erfindet zu der fehlenden Ebene passende Haltungen.

⊚ 4|12 **d** Kombiniert die dargestellten Haltungen zu längeren Bewegungsabläufen und probiert sie zur Musik aus. Achtet dabei auch auf passende Übergänge.

e Erfindet weitere Elemente zu den drei Körperebenen und baut sie in eine Bewegungsfolge ein.

Sprünge und Bewegungsabläufe zu zweit

1 Übt die Sprünge und findet Alternativen.

2 a Stellt die Bilder (Bewegungsabläufe zu zweit) zunächst als Standbild nach.
     b Setzt jedes Bild zu zweit in Bewegungen um.

3 a Plant einen zusammenhängenden Tanz zum Thema „Getanzter Streit – fairer Streit", bei dem
        ihr die in Aufgabe 2 auf Seite 156 formulierten Grundregeln berücksichtigt.
     b Legt für jeden Abschnitt des Tanzes fest, wo ihr euch frei bewegt und wo ihr festgelegte
        Bewegungsabläufe verwendet. Achtet darauf, dass die Bewegungen zum Rhythmus der
        Musik passen.
  ◉ 4|12 c Studiert euren Tanz ein und führt ihn in der Klasse auf. Tauscht euch darüber aus, welche
        Fassung am besten zum Thema „Getanzter Streit – fairer Streit" passt.

4 Vergleicht eure Tänze mit der Aufführung auf der DVD. Überarbeitet eure Bewegungen,
     wenn nötig. **DVD** Nr. 21

Unterrichtsprojekt

Einen Tanz im Stil des Modern Dance entwerfen

1
a Formuliert Regeln für das Erstellen einer Choreographie.
b Wählt ein Thema, zu dem ihr einen Tanz entwerfen könnt.
c Sammelt in eurer Klasse Vorschläge für Musik, zu der nach den Regeln des Modern Dance getanzt werden soll.
d Stellt die Stücke in der Klasse vor und begründet eure Wahl.
e Wählt eines der Stücke aus, um dazu eine Choreographie zu erstellen.

2 Plant eure Choreographie. Nutzt dazu die euch bekannten Elemente auf ▶ S. 157/158. und beantwortet folgende Fragen:
    – Wer nimmt welche Position ein?
    – Tanzt ihr alleine oder in Gruppen?
    – An welchen Stellen soll frei improvisiert werden?
    – Welche Wege legt ihr im Raum zurück?
    – Wie werden Anfang und Schluss gestaltet?

3 Haltet eure Choreographie schriftlich fest, indem ihr notiert, wie viele Takte lang ihr welche Haltungen einnehmt und welche Bewegungen ihr benutzt.

4
a Präsentiert eure Choreographien vor der Klasse.
b Wählt die besten Ausschnitte aus jeder Präsentation aus. Jede Gruppe studiert jetzt mit allen anderen den jeweils ausgewählten Teil ein. So entsteht am Ende ein Tanz für die Klasse von der Klasse.

5 Ihr könnt in der Pausenhalle oder auf dem Schulhof außerdem einen Flashmob veranstalten, bei dem möglichst viele eurer Mitschüler sofort mittanzen können. Dazu muss euer Tanz sehr einfach sein. Im Internet findet ihr Anregungen zum Thema Flashmob und Tanzen.

In diesem Kapitel …
- lernt ihr zwei typische Komponisten der Zeit um 1785 kennen,
- lernt ihr, Merkmale des klassischen Stils hörend und lesend zu erkennen und zu beschreiben,
- gestaltet ihr eine Spielszene zur Musik dieser Zeit.

W. A. Mozart und Carl Dittersdorf
Zwei Komponisten des 18. Jahrhunderts stellen sich vor

Carolus Ditters a Dittersdorf
Nomenque erit indelebile
Ovid: Metamorph. Lib XV. v.878

Löschenkohl in Wien

1 a Schaut euch die beiden Abbildungen an und beschreibt euren Eindruck:
Was sagen die Bilder über die dargestellten Personen aus?
b Beschreibt möglichst genau die Kleidung und Haltung der beiden Personen.
Was erfahren wir dadurch über das Leben in dieser Zeit?

2 Tragt zusammen, was ihr bereits über die beiden Komponisten wisst.
Notiert, was ihr in der nächsten Zeit noch erfahren wollt.

3 Ihr hört von beiden Komponisten je drei kurze Musikausschnitte.
4|13–18 Welche kennt ihr?

Musik für Kenner und Liebhaber: Der klassische Stil

Viele Menschen verwenden den Ausdruck „klassische Musik" allgemein, wenn sie Musik aus einer früheren Zeit meinen. Oft wird damit auch Musik bezeichnet, die nicht allein zur Unterhaltung gedacht ist. Musiker benutzen den Ausdruck dagegen in erster Linie, um die Musik des späten 18. Jahrhunderts (von etwa 1770 bis 1800) zu bezeichnen, einer Zeit also, in der auch Mozart und Dittersdorf lebten. Wichtige Merkmale des „klassischen" Stils kann man bereits beim genauen Zuhören erkennen.

1 Beschreibt, worin sich die Musikausschnitte von Mozart und Dittersdorf von heutiger Popmusik unterscheiden. 4|13–18

2 Die Abbildungen oben zeigen typische Instrumente des klassischen Stils. Allerdings haben sich auch zwei ganz untypische Instrumente eingeschlichen. Findet sie durch erneutes Hören. 4|13–18

3 a Findet die oben abgebildeten Instrumente auf dem Foto eines Sinfonieorchesters.
b Benennt die Instrumente mit den richtigen Namen. **AH|**S.52

„Eine kleine Nachtmusik": Musikalische Gedanken beschreiben

„Die Musik sollte ein Mittelding sein zwischen zu schwer und zu leicht – hier und da können auch Kenner allein Satisfaction erhalten, doch so, dass die Nichtkenner damit zufrieden sein müssen, ohne zu wissen, warum." *Mozart über seine Musik*

„Ich habe bisher noch keinen Komponisten gekannt, der so einen erstaunlichen Reichtum von Gedanken besitzt. Er lässt den Zuhörer nicht zu Atem kommen; denn kaum will man einem schönen Gedanken nachsinnen, so steht schon wieder ein anderer herrlicher da, und das geht immer in einem so fort." *Dittersdorf über Mozart*

4 Hört den Anfang der Serenade „Eine kleine Nachtmusik" und beschreibt eure Höreindrücke.

◉ 4|13

5 Verfolgt das Notenbild beim Hören mit und unterscheidet die verschiedenen musikalischen „Gedanken". Welche Klangeigenschaften helfen dabei? **AH|S. 53**

◉ 4|13

6 Lest die Äußerungen von Mozart und Dittersdorf und nehmt Stellung:
a Was versteht ihr unter einem „Kenner"? Wie verwendet Mozart das Wort?
b Was könnte für einen „Kenner" an Mozarts Komposition interessant sein, was für einen „Nichtkenner"?
c Stimmt ihr Dittersdorf zu, dass Mozart den Zuhörer nicht zu Atem kommen lässt? Begründet eure Meinung.

Mozart – Mehr als ein Wunderkind

Zu Lebzeiten Mozarts gab es noch keine Fotografie. Um Gesichtszüge möglichst realistisch abzubilden, waren Scherenschnitte sehr beliebt. Dazu setzte sich eine Person hinter eine Leinwand. Mit Hilfe einer Lichtquelle war ihr Schatten dann lebensecht auf der Leinwand zu sehen. Die Abbildung in der Mitte zeigt einen Scherenschnitt von Mozart, die übrigen sind Gemälde, Zeichnungen und Skulpturen, die Mozart darstellen sollen.

1 Vergleicht den Scherenschnitt in der Mitte mit den anderen Darstellungen. Welche gibt Mozarts tatsächliche Gesichtszüge am ehesten wieder?

2 Welche Abbildung ist dem Scherenschnitt am wenigsten ähnlich? Begründet eure Entscheidung.

3 Diskutiert, warum Mozart anders dargestellt wurde, als er wirklich ausgesehen hat. Beachtet dabei auch das, was ihr über seine Musik wisst.

4 Hört den Anfang der „kleinen Nachtmusik" erneut: Welches Bild würdet ihr für ein
⊚ 4|13 CD-Cover dieser Musik verwenden?

Informationen zur Biographie auswerten

Würden sich Wolfgang Amadeus Mozart und Carl von Dittersdorf heute um eine Arbeitsstelle bewerben, würde auch ein Lebenslauf von ihnen erwartet. Etwa im Jahr 1785 könnte Mozart als junger Mann schreiben:

Ich wurde am 27. Januar 1756 in Salzburg geboren. Bereits im Jahr 1761 komponierte ich mein erstes Menuett für Klavier. Im darauf folgenden Jahr unternahm ich, begleitet von meinem Vater Leopold Mozart und meiner Schwester, meine erste Konzertreise, die mich nach München und Wien führte. Dort spielte ich bereits vor Ihrer Majestät, der Kaiserin Maria Theresia. Ein Jahr später begann eine fast dreijährige Konzertreise durch Europa. Dabei trat ich als Pianist, Geiger und Dirigent auf. In den Jahren 1769–71 folgte eine Italienreise. In Rom erhielt ich vom Papst persönlich den Orden vom goldenen Sporn.

Im Jahr 1772 wurde ich zum besoldeten Konzertmeister im Orchester des Erzbischofs von Salzburg ernannt. Eine weitere Konzertreise führte mich 1777 bis nach Paris. Zurück in Salzburg arbeitete ich 1779 als Konzertmeister und Hoforganist wieder für den Erzbischof.

Seit 1781 lebe ich in Wien und trete regelmäßig als Pianist in privaten und öffentlichen Konzerten auf. Immer noch bin ich beruflich viel unterwegs, vor allem, wenn meine Musik in anderen Städten aufgeführt wird. Natürlich komponiere ich seit meiner Kindheit unablässig neue Stücke, dazu gehören Sinfonien, Sonaten für verschiedene Instrumente, Kantaten, Opern und Streichquartette. Allerdings muss ich hier in Wien meine Konzerte meistens selbst organisieren. Wenn meine Musik beim Publikum ankommt, verdiene ich sehr viel Geld, aber ich trage auch immer ein hohes Risiko.

5 Lest die Informationen im Text aufmerksam durch und schlagt euch unbekannte Begriffe nach: Was ist ein Konzertmeister, eine Sinfonie, eine Kantate?

6 Rechnet nach: Wie alt war Mozart
a bei seiner ersten Komposition,
b bei seiner ersten Konzertreise,
c bei seiner großen Europareise?

7 Erklärt, worin sich Mozarts Leben in Wien von seiner Kindheit und Jugend unterschied.

8 a Vergleicht das Werbeplakat zu einem Konzert Mozarts, einer „musikalischen Akademie", mit heutigen Konzertplakaten. Womit wird hier besonders geworben? **AH|S.54**
b Überlegt, was Mozart alles zu organisieren hatte, wenn er ein Konzert veranstalten wollte.

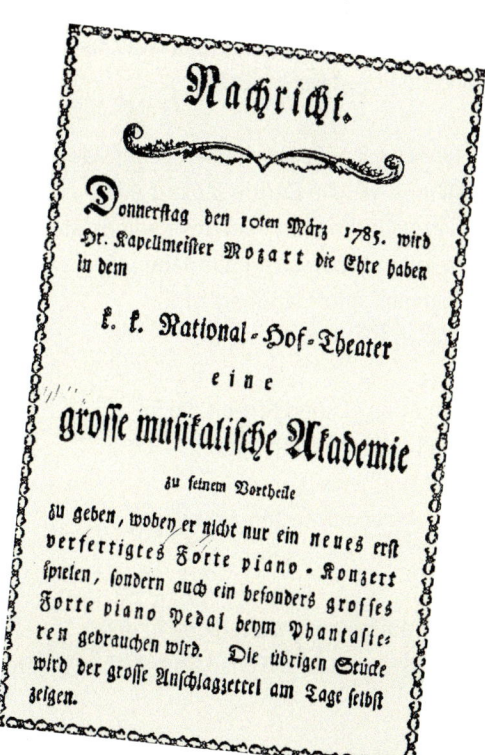

Dittersdorf – Ein Musiker in seiner Zeit

Im gleichen Jahr könnte Carl von Dittersdorf seinen Lebenslauf so aufschreiben:

Geboren wurde ich als Carl Ditters am 2. November 1739 in Wien. Schon früh erhielt ich Geigenunterricht und machte auf diesem Instrument schnell Fortschritte. Im Jahr 1751 nahm mich der Prinz von Sachsen-Hildburghausen an seinen Hof und sorgte für meine weitere Ausbildung. Im gleichen Jahr begann ich als Violinist im Wiener Hofopernorchester zu spielen.
Im Jahr 1763 führte mich eine Konzertreise nach Italien, wo ich großen Erfolg als Violinvirtuose hatte.
Im Jahr 1765 wurde ich Kapellmeister des Bischofs von Großwardein in Siebenbürgen. Weil das Orchester im Jahr 1769 auch in der Fastenzeit weiter Konzerte gab, musste es auf Befehl der Kaiserin Maria Theresia aufgelöst werden. Daher ging ich 1770 nach Breslau, wo ich das Orchester des Fürstbischofs leitete. Daneben musste ich auch das Amt eines Forstmeisters ausüben. Im Jahr 1773 wurde mir der Adelstitel zuerkannt. Nun hieß ich Carl Ditters von Dittersdorf, und damit konnte ich zum Amtshauptmann in Freiwaldau ernannt werden, was mir eine wesentlich bessere Bezahlung einbrachte. Dennoch blieb ich auch weiterhin am Hof des Fürstbischofs für die Musik verantwortlich.
Ich habe neben meinen Verpflichtungen als Orchesterleiter mehr als hundert Sinfonien komponiert, außerdem Opern und Solostücke für die verschiedensten Instrumente. Als einziger bekannter Komponist habe ich zwei Solokonzerte für den Kontrabass geschrieben.

1 Sucht die Orte, an denen Dittersdorf tätig war, auf der Landkarte. In welchen Ländern liegen sie heute?

2 a Findet mit Hilfe der beiden Lebensläufe heraus, welche Berufe Mozart und Dittersdorf neben dem des Komponisten in ihrem Leben ausgeübt haben.
b Sammelt Informationen zu diesen Berufen.

3 Rechnet an einigen Stellen nach: Wie alt waren Mozart und Dittersdorf jeweils
a bei der ersten festen Anstellung,
b bei ihren Italienreisen?

4 Findet auffällige Unterschiede in den beiden Lebensläufen. Wie könnt ihr sie erklären?

Bilder als Informationsquellen nutzen

Augustin de Saint-Aubin (1736–1807): Le Concert

Zeit seines Lebens stand Carl Ditters von Dittersdorf im Dienst adliger Arbeitgeber. An vielen europäischen Fürstenhöfen gab es im 18. Jahrhundert eigene Orchester, die ausschließlich zur Unterhaltung des Fürsten und bei höfischen Festen zu spielen hatten. Für solche Anlässe hat Carl Dittersdorf die meisten seiner Stücke komponiert. Neben Werken für Orchester gehören dazu auch seine Opern. Die Geschichten dieser Opern stammen häufig aus den Sagen der griechischen oder römischen Antike, was den adligen Herrschern besonders gefiel. Aber auch einige seiner Orchesterstücke hat Dittersdorf nach antiken Sagen benannt.

5 Schaut euch die Abbildung eines höfischen Konzerts im 18. Jahrhundert an. Welche Unterschiede erkennt ihr gegenüber einer heutigen Konzertveranstaltung?

6 Überlegt, warum sich ein Fürst im 18. Jahrhundert ein eigenes Orchester leistete. Beachtet dabei auch, wie die Menschen heute in ihrer Freizeit Musik hören.

7 Tragt zusammen, welche antiken Sagen ihr selbst kennt, und schaut auch im Deutschbuch nach.

8 Überlegt, warum sich die Herrscher vor mehr als 200 Jahren so sehr für antike Helden- und Göttersagen interessiert haben. Was interessiert uns heute noch daran?

Musik für den Fürstenhof: „Der Sturz des Phaeton"

Phaeton ist der uneheliche Sohn des Sonnengottes Phöbus. Dieser lenkt jeden Tag seinen Sonnenwagen von Ost nach West über den Himmel. Als Phaeton von seiner Mutter erfährt, wer sein Vater ist, macht er sich auf, um ihn in seinem Palast aufzusuchen. Dort angekommen, wird er von Phöbus liebevoll empfangen. Dieser verspricht, ihm als Zeichen seiner Liebe einen Wunsch zu erfüllen. Phaeton wünscht sich nun, einmal den Sonnenwagen seines Vaters lenken zu dürfen. Obwohl Phöbus ihn vor den Gefahren dieses Unternehmens warnt und ihn eindringlich von seinem Plan abbringen will, beharrt Phaeton auf der Erfüllung seines Wunsches. Schließlich gibt Phöbus nach und Phaeton besteigt den Wagen, der von geflügelten Sonnenrossen gezogen wird:

„Als Thetys, die Göttin der Morgenröte, ihnen die Bahn in die Weiten des Weltraums freigibt, rasen sie unaufhaltsam dahin, ihre Hufe wirbeln durch die Luft und zerfetzen entgegentreibende Wolken. Sobald sie aber merken, dass nicht Phöbus den Wagen lenkt, verlassen sie die ausgefahrene Bahn und laufen nicht mehr in der früheren Ordnung. Phaeton erschrickt, weiß nicht, wie er die Zügel führen soll. Und als er aus schwindelnder Höhe herabblickt, da erbleicht er, ihm zittern in jähem

Peter Paul Rubens (1577–1640): Der Sturz des Phaeton

Schrecken die Knie. Voll Todesangst lässt Phaeton die Zügel los. Kaum haben sie den Rücken der Pferde berührt, brechen diese aus. Von niemandem gehalten, stürzen sie fort in unbekannte Bereiche der Lüfte und rasen blindlings dahin. Bald steigen sie hoch hinauf, bald stürzen sie jäh hinab und berühren fast die Erde …" (nach: Ovid, Metamorphosen).

1   **a** Tragt im Text über Phaetons Fahrt die einzelnen Handlungsschritte zusammen.
    b Welche Textstelle hat der Maler im Bild festgehalten?

2   **a** Überlegt, welche Textstellen ihr durch musikalische Mittel gestalten könnt.
    b Erprobt solche Gestaltungsmittel an Instrumenten. Anregungen dazu findet ihr auf
     ▶ S. 15. **AH|S. 55**

3   Hört euch den Anfang der Komposition von Dittersdorf an. Welche Handlungsschritte
🔘 4|19   könnt ihr in der Musik wiederfinden?

Musikalische Figuren hören und beschreiben

Am Ende setzt Phaeton mit dem Sonnenwagen den gesamten Erdkreis in Brand, Flüsse und Seen trocknen aus.

„In dieser Not rief Zeus alle Götter als Zeugen an, dass, wenn er jetzt nicht handle, die ganze Welt dem Untergang geweiht sei. Darauf ersteigt er die Zinne der hohen Burg, von wo aus er gewöhnlich die Erde mit Gewölk überzieht. Den Donner lässt er dröhnen, ergreift einen Blitz und zerschmettert damit den brennenden Wagen. Phaeton aber stürzt wie ein fallender Stern durch den weiten Luftraum hinab in die Fluten des Eridanos, fern seiner Heimat."

Luca Giordano (1634–1705): Der Sturz des Phaeton

4 Hört die Fortsetzung des Sinfoniesatzes und achtet dabei auf den Verlauf der Handlung:
4|20 Wodurch wird der Sturz des Phaeton hörbar?

5 **a** Beschreibt die notierte musikalische Figur der „Tirata" im blauen Kasten: An welcher Stelle könnte sie in der Musik eingesetzt werden?
4|21 **b** Hört die Tirata im Zusammenhang. Wie wird beim Zuhören klar, was sie bedeutet?

6 Nach dem Sturz Phaetons geht der Satz im Unterschied zur Sage noch weiter.
4|22 **a** Hört den Schlussteil und überlegt, was die Musik hier darstellt.
b Erfindet einen Abschluss für die Sage, der zur Musik passt.
4|23 **c** Verfolgt den Gang der Handlung beim Hören des gesamten Stückes.

Musikalische Figuren

Im 18. Jahrhundert haben viele Menschen Musik als „Klangrede" aufgefasst, die wie eine Sprache ohne Worte etwas Bestimmtes darstellen und ausdrücken kann. Komponisten dieser Zeit haben daher oft versucht, äußere Bewegungen, aber auch Stimmungen und Gefühle durch musikalische Figuren nachzuahmen, etwa durch die Figur der „Tirata":

Johann Mattheson, ein Musikexperte des 18. Jahrhunderts, schreibt dazu:
„Nun kommen wir zur Tirata, welche eigentlich einen Schuß oder Pfeilwurff, nicht aber, wie die meisten Ausleger wollen, einen Zug oder Strich bedeutet, weil die Stimme nicht bloßhin gezogen oder gestrichen wird, sondern mit Macht herauf oder herunter schiesset, und ein gar schnelles Schleiffen anstellet."

Musik für alle: „Die Entführung aus dem Serail"

Am 16. Juli 1782 wurde am Wiener Burgtheater Mozarts Singspiel „Die Entführung aus dem Serail" uraufgeführt. Das Werk wurde Mozarts größter Erfolg zu seinen Lebzeiten.

Im Mittelpunkt der Handlung steht ein Liebespaar, Konstanze und Belmonte. Konstanze ist zusammen mit ihren Bediensteten Blonde und Pedrillo von dem osmanischen Herrscher Bassa Selim entführt worden, der sie nun im Serail seines prächtigen Palastes gefangen hält. Er möchte, dass Konstanze seine Frau wird, will sie aber auch nicht gegen ihren Willen heiraten. Belmonte ist unterdessen zu Bassas Palast geeilt, gibt sich dort als reisender Baumeister aus und schmiedet zusammen mit Pedrillo einen Plan, um Konstanze wieder zu befreien.

Vor allem von Bassas Diener Osmin geht große Gefahr aus, da ihm von seinem Herrn Blonde als Frau versprochen wurde und er alles daransetzen würde, die Flucht zu vereiteln. Daher soll er mit einem Schlaftrunk ruhig gestellt werden. Als der entscheidende Abend gekommen ist, scheint Belmontes Fluchtplan zu funktionieren: Wie erwartet, schläft Osmin ein, Konstanze und Blonde können über eine Leiter aus dem Serail entkommen …

1 Überlegt, wie die Handlung nun bis zum Schluss weitergehen könnte. Informiert euch anschließend über den tatsächlichen Ausgang und vergleicht die unterschiedlichen Fassungen.

2 ⊚ 4|24 **a** Hört den Anfang der Ouvertüre und beschreibt eure Eindrücke: Wodurch signalisiert die Musik, dass die nun folgende Handlung des Singspiels im Orient spielt?

⊚ 4|25–30 **b** Hört die gesamte Ouvertüre in einzelnen Abschnitten. Beschreibt die jeweilige Klangwirkung mit passenden Adjektiven. Dazu könnt ihr auch den Wortvorrat nutzen.

c Entscheidet, welche Szenen der Bühnenhandlung zu den einzelnen Abschnitten passen könnten.

3 **a** Überlegt, wie ihr die ausgewählten Szenen als Standbilder darstellen könnt.

⊚ 4|25–30 **b** Gestaltet eure Standbilder so, dass sie genau zum Charakter der Musik passen.

⊚ 4|31 **c** Führt die Abfolge der Standbilder zum Gesamtablauf der Ouvertüre auf.

Wortvorrat zur Beschreibung der Ouvertüre

festlich	ausgelassen	entschlossen	behutsam	bedrohlich	zögerlich	unschlüssig
schwungvoll	hoffnungsvoll	herrschaftlich	verzweifelt	zielstrebig	wagemutig	

Begegnung mit Janitscharenmusik – Klangwirkungen untersuchen

Zu Mozarts Zeit grenzte das österreichische Kaiserreich unmittelbar an das Osmanische Reich, die heutige Türkei. Da beide Länder eine Vormachtstellung für sich beanspruchten, kam es mehrmals zu kriegerischen Auseinandersetzungen. Zweimal standen die Türken mit mächtigen Heeren vor Wien, um die Stadt zu belagern. Trotz dieser Bedrohung fanden die Wiener schon bald Gefallen an allem, was „orientalisch" war: Kaffee, Tabak, die Märchen aus 1001 Nacht und vieles andere gelangte in dieser Zeit aus dem Orient nach Europa.

Osmanische Miniaturmalerei, Anfang 18. Jahrhundert

4 | 4|32
Hört die Aufnahme originaler Janitscharenmusik und beschreibt, was daran ungewöhnlich oder fremdartig klingt.

5 | 4|24
a Vergleicht die Janitscharenmusik mit dem ersten Teil der Ouvertüre zur „Entführung": Welche Elemente hat Mozart übernommen, um seine Musik orientalisch klingen zu lassen?

b Überlegt, wie dies auf die damaligen Hörer wohl gewirkt hat. Beachtet auch die Informationen im blauen Kasten.

6 | 4|33
Eine Gruppe europäischer und arabischer Musiker verbindet unter dem Titel „Mozart in Egypt" Kompositionen Mozarts mit traditioneller ägyptischer Musik.

a Hört Mozarts Ouvertüre in der Fassung von „Mozart in Egypt" und beschreibt euren Höreindruck: Was wirkt auf euch besonders überraschend und ungewöhnlich?

b Untersucht, wie Mozarts Musik in dieser Aufnahme bearbeitet und verändert wurde. Dazu ist es hilfreich, ein Hörprotokoll zu erstellen, in dem ihr Aufbau, Klang und Wirkung der musikalischen Gestaltung möglichst genau beschreibt. **AH** | S. 56

Janitschareninstrumente

Janitscharen (türkisch *yeniceri:* neue Truppe): eine Elitetruppe des osmanischen Sultans mit Musikern, die seit Mitte des 14. Jahrhunderts bestand.

Bei den Vorstößen des osmanischen Heeres wurde sogar auf dem Schlachtfeld Musik gespielt, um den Siegeswillen der Osmanen zu steigern und die Kräfte des Gegners zu schwächen. Typisch für die Janitscharenmusik war eine einstimmig gespielte Melodie, die von Rhythmusinstrumenten begleitet wurde.

Die Musiker dieser „mehterhane" genannten Kapelle spielten vor allem auf Oboen (zurna) und kleinen Handpauken (nakkare). Die osmanischen „mehterhane" gelten als die ersten Militärkapellen der Welt.

zurna-Spieler

Musizieren mit der ganzen Klasse

1 Sucht nach Instrumenten, die zum Klang der Janitscharenmusik passen, und übt damit den Mitspielsatz ein.

2 Spielt den Satz zur Ouvertüre in der Fassung von „Mozart in Egypt" hinzu, sobald das Orchester einsetzt.

◎ 4|33

3 Hört euch das Ergebnis an und nehmt Stellung: Was an der Musik klingt immer noch europäisch, was orientalisch?

Janitscharenkapelle

Mitspielsatz zu „Mozart in Egypt"

Satz: Ulrich Brassel

Unterrichtsprojekt

Eine Spielszene mit Mozart und Dittersdorf

Ihr habt nun viele Informationen zu Mozart, Dittersdorf und ihrer Musik gesammelt.
Mit einfachen Mitteln könnt ihr dazu eine Szene entwerfen und aufführen, in der sich Mozart
und Dittersdorf persönlich begegnen.

1 Überlegt euch eine Situation, in der sich Mozart und Dittersdorf im Jahre 1785 begegnen
könnten, zum Beispiel bei einem Spaziergang, beim gemeinsamen Musizieren oder bei einem
Opernbesuch.

2 Sammelt Ideen zum Inhalt und zum Verlauf des Gesprächs:
Wie könnte es beginnen? Über welche Themen könnten die beiden
Komponisten miteinander ins Gespräch kommen? Nutzt dazu die
Informationen in diesem Kapitel und ergänzt sie aus anderen Quellen.

3 Sammelt Musikbeispiele des klassischen Stils, zum Beispiel Stücke,
die jemand in eurer Klasse vorspielen kann.

4 **a** Schreibt das Gespräch in wörtlicher Rede auf. Dazu helfen euch die Formulierungen im Kasten.
b Verfasst einen Einführungstext, in dem ihr die beiden Personen kurz vorstellt und die
Situation beschreibt, in der sie sich in eurer Szene befinden. Wendet euch dabei unmittelbar
an die Zuhörer. Auch dazu findet ihr Hilfen im Kasten.

5 **a** Übt das fehlerlose Sprechen der Texte. Entscheidet euch, an welchen Stellen die
Musikbeispiele in die Texte eingebaut werden sollen.
b Erstellt einen Regieplan, in dem ihr die Reihenfolge der Texte und der Musikbeispiele festlegt.
c Stellt, wenn möglich, Kostüme und Requisiten zusammen, durch die die Zeit um 1785 beim
Spiel lebendig wird.

Formulierungshilfen für die Einleitung:

Im Jahre 1785 – an einem sonnigen Tag im April – 29 Jahre alt – der 16 Jahre ältere
Carl Ditters von Dittersdorf – beide Komponisten verbindet – Hören wir nun, was sie …

Formulierungshilfen für das Gespräch:

„Ach, mein lieber Mozart, schön, Sie wieder einmal zu treffen …"
„Ihre musikalischen Figuren, lieber Dittersdorf, …"
„Die vielen Gedanken in Ihrer Musik, verehrter Mozart, …"
„Man hört geradezu, wie …" „Fast meint man, …" „Ich will mit meiner Musik …"
„Die Leute sind ganz verrückt nach …"

7.1

In diesem Kapitel…
– singt und musiziert ihr Lieder zu
Festen,
– schreibt ihr ein bekanntes Lied nach
dem Gehör in Noten auf,
– findet ihr heraus, wie Melodien von
Liedern gestaltet sein müssen, damit
man sie gut singen kann,
– komponiert ihr selbst ein Lied zum
gemeinsamen Singen.

Singend feiern – Lieder zu besonderen Anlässen untersuchen und gestalten

1 **a** Betrachtet die Bilder und notiert euch, bei welchen Festen ihr gemeinsam mit eurer Familie, mit Freunden oder in der Schule singt.
b Sammelt Lieder, die zu den Bildern passen.

2 **a** Erstellt gemeinsam eine Übersicht der Feste. Schreibt zu jedem Fest auf, mit wem ihr singt.
b Entwickelt Ideen, wieso bei diesen Festen gemeinsam gesungen wird. **AH|**S. 57/58

3 Haltet fest, worüber ihr mehr erfahren möchtet.

Aufbruch und Abschied

Singend unterwegs

Joseph von Eichendorff:
Aus dem Leben eines Taugenichts (1826)

Ich hatte recht, meine heimliche Freude, als ich da alle meine alten Bekannten und Kameraden rechts und links [...] zur Arbeit hinausziehen, graben und pflügen sah, während ich so in die freie Welt hinausstrich. Ich rief den armen Leuten nach allen Seiten recht stolz und zufrieden Adjes zu [...]. Mir war es wie ein ewiger Sonntag im Gemüte. Und als ich endlich ins freie Feld hinauskam, da nahm ich meine liebe Geige vor und spielte und sang, auf der Landstraße fortgehend:

Wem Gott will rechte Gunst erweisen

Text: Joseph von Eichendorff (1788–1857)
Musik: Theodor Fröhlich (1803–1836)

1. Wem Gott will rech - te Gunst er - wei - sen, den
2. Die Trä - gen, die zu Hau - se lie - gen, er -
3. Die Bäch - lein von den Ber - gen sprin - gen, die

schickt er in die wei - te Welt: dem_ will er sei - ne Wun - der
qui - cket nicht das Mor - gen - rot; sie_ wis - sen nur von Kin - der -
Ler - chen schwir - ren hoch vor Lust; was_ sollt ich nicht mit ih - nen

wei - sen in Berg und Wald und Strom und Feld.
wie - gen, von Sor - gen, Last und Not ums Brot.
sin - gen aus vol - ler Kehl und fri - scher Brust.

1 Lest den oben abgedruckten Text und den Liedtext. Erläutert, warum der „Taugenichts" voller Freude singt und die Geige spielt.

2 Singt gemeinsam sein Lied.

3 **a** Beschreibt Situationen, in denen man voneinander Abschied nehmen muss.
b Benennt Augenblicke, in denen ihr das Lied singen würdet.

Singend eine Gemeinschaft bilden

Das Lied „Auld lang syne" wurde von dem schottischen Dichter Robert Burns auf eine
Melodie geschrieben, die etwa seit 1700 in Schottland bekannt ist. Heutzutage wird es
in vielen englischsprachigen Ländern sehr häufig bei Abschiedsfesten gemeinsam von
allen Anwesenden gesungen. Außerdem ist es das Lied, mit dem in diesen Ländern
zu Silvester um Mitternacht das alte Jahr verabschiedet wird.

Auld lang syne

Text: Robert Burns (1759–1796)

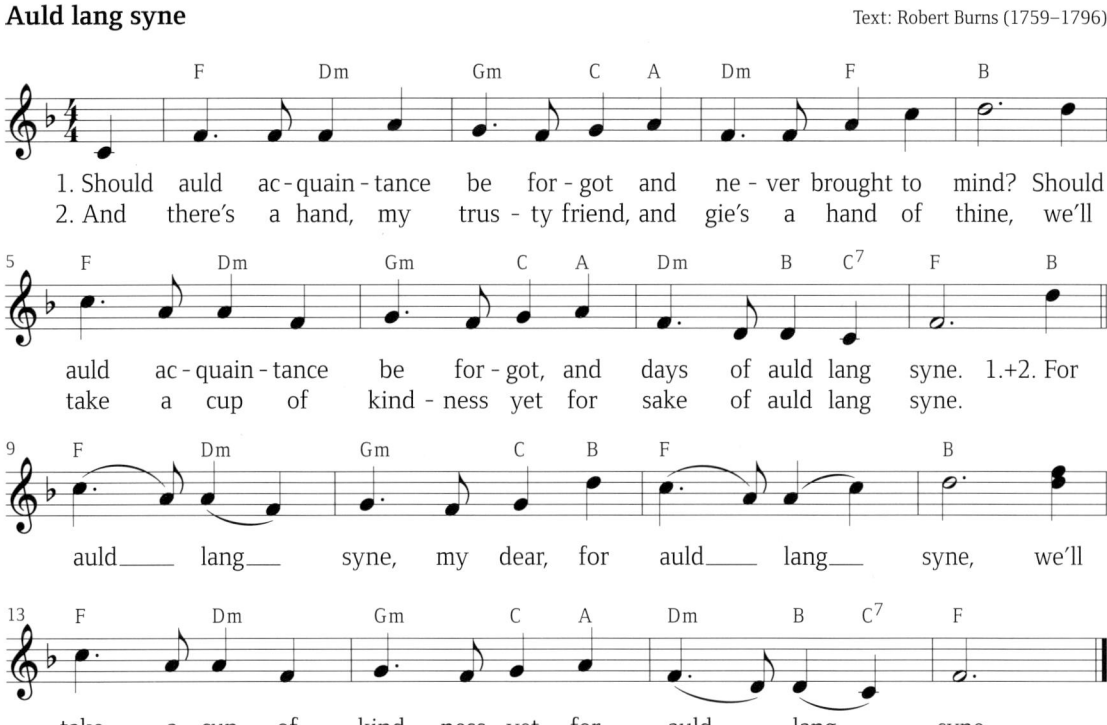

1. Should auld ac-quain-tance be for-got and ne-ver brought to mind? Should
2. And there's a hand, my trus-ty friend, and gie's a hand of thine, we'll

auld ac-quain-tance be for-got, and days of auld lang syne. 1.+2. For
take a cup of kind-ness yet for sake of auld lang syne.

auld___ lang___ syne, my dear, for auld___ lang___ syne, we'll

take a cup of kind-ness yet for auld___ lang___ syne.

1. Strophe	Refrain
Sollt' alte Freundschaft wertlos sein	Auf das, was lang lang her, mein Freund,
und nicht beachtet mehr?	auf das, was lang lang her.
Sollt' alte Freundschaft wertlos sein,	Leer'n wir 'nen Herzensbecher jetzt,
die Tage lang, lang her?	auf das, was lang lang her.

4   **a** Singt das Lied und beschreibt seine Wirkung.
     b Haltet ihr „Auld lang syne" für ein gelungenes Abschiedslied? Begründet eure Meinung.

5   **a** Vergleicht die vier Aufnahmen von „Auld lang syne".
4 | 34–37   **b** Welche würdet ihr bei einer Silvesterfeier am liebsten hören und mitsingen?
     Begründet eure Entscheidung.

Fröhliche Weihnachten – Besinnliche Weihnachten

Unterschiedliche Wirkungen von Liedern beschreiben

Rudolph, the red-nosed reindeer

Text und Musik: Johnny Marks (1909–1985)

1. Ru-dolph, the red-nosed rein-deer had a ver-y shin-y nose.
2. All of the oth-er rein-deer used to laugh and call him names,

And if you ev-er saw it, you would e-ven say it glows.
they nev-er let poor Ru-dolph

join in an-y rein-deer games. Then one fog-gy Christ-mas Eve

San-ta came to say: „Ru-dolph with your nose so bright, won't you guide my

sleigh to-night?" 3. Then how the rein-deer loved him as they shouted out with

glee: „Ru-dolph the red-nosed rein-deer, you'll go down in his-to-ry."

Übersetzung:

Rudolph, das rotnasige Rentier, hatte eine wirklich glänzende Nase. Und hättest du sie je gesehen, würdest du sogar sagen: Sie glüht. Alle anderen Rentiere lachten darüber und ärgerten ihn mit gemeinen Spitznamen, nie haben sie den armen Rudolph bei ihren Spielen mitmachen lassen.

Dann, an einem nebligen Weihnachtsabend, sagte der Weihnachtsmann: Rudolph, möchtest du mit deiner Nase heute Nacht meinem Schlitten den Weg leuchten?

Und plötzlich war er bei allen anderen Rentieren beliebt und sie riefen ihm begeistert zu: „Rudolph, rotnasiges Rentier, du wirst in die Geschichte eingehen!"

Stille Nacht, heilige Nacht

Text: Joseph Mohr (1792–1848)
Musik: Franz Gruber (1787–1863)

1. Stil - le Nacht. Hei - li-ge Nacht. Al - les schläft, ein - sam wacht
2. Stil - le Nacht. Hei - li-ge Nacht. Hir - ten erst kund - ge - macht;
3. Stil - le Nacht. Hei - li-ge Nacht. Got - tes Sohn, o wie lacht

nur das trau - te hoch-hei - li - ge Paar. Hol - der Kna - be im lo - cki-gen Haar,
durch der En - gel Hal - le - lu - ja tönt es laut___ von fern___ und nah:
Lieb' aus dei - nem gött - li-chen Mund, da uns schlägt die ret-ten-de Stund',

schlaf' in himm - li-scher Ruh',___ schlaf'___ in himm - li-scher Ruh'.
Christ, der Ret - ter ist da,___ Christ,___ der Ret - ter ist da.
Christ, in dei - ner Ge - burt,___ Christ,___ in dei - ner Ge - burt.

1 **a** Singt „Rudolph, the rednosed reindeer" und „Stille Nacht, heilige Nacht" ohne den Text, zum Beispiel auf der Silbe „da".
b Beschreibt anschließend die Unterschiede in der Musik. Dabei hilft euch der blaue Kasten. **AH | S. 59**

2 In beiden Liedern werden Geschichten erzählt.
a Gebt die Handlung der Lieder in eigenen Worten wieder.
b Benennt die Unterschiede der Geschichten. **AH | S. 59**

3 Betrachtet eure Ergebnisse zu den Aufgaben 1 und 2. Überlegt, warum die Musik der beiden Lieder so unterschiedlich gestaltet ist. **AH | S. 59**

Musikalische Gestaltungsmittel und ihre Wirkungen

Wirkungen von Musik Beispiele:	Gestaltungsmittel von Musik Beispiele:
– beruhigend oder anspornend	– schneller oder langsamer Grundschlag
– aufmunternd oder bedrückend	– viele oder wenige Wiederholungen
– begeisternd oder nachdenklich machend	– eingängiger oder komplizierter Rhythmus
– aufregend oder ausgleichend	– ruhiger oder bewegter Rhythmus
– angenehm oder aufdringlich	– unruhige oder sanft fließende Melodie

Lieder sind zum Singen da

Die Singbarkeit von Melodien untersuchen

Alle Jahre wieder

Text: Wilhelm Hey (1789–1854)
Musik: Friedrich Silcher (1789–1860)

1. Al – le Jah – re wie – der kommt das Chris – tus – kind
2. Kehrt mit sei – nem Se – gen ein in je – des Haus,
3. Steht auch mir zur Sei – te, still und un – er – kannt,

auf die Er – de nie – der, wo wir Men – schen sind.
geht auf al – len We – gen mit uns ein und aus.
dass es treu mich lei – te an der lie – ben Hand.

1 **a** Singt gemeinsam „Alle Jahre wieder", so wie es hier abgedruckt ist.
  b Beschreibt die Schwierigkeiten, die ihr beim Singen hattet, und schlagt
  mögliche Lösungen vor.

2 Nehmt eure Instrumente und spielt gemeinsam
„Alle Jahre wieder", so wie es oben notiert steht.
Achtet auf das Vorzeichen!

> **Vorzeichen (zur Erinnerung):**
> Vorzeichen (♯ oder ♭), die direkt hinter dem
> Notenschlüssel stehen, gelten für das gesamte
> Lied. (▶ S. 49)

3 Spielt das Lied noch einmal. Beginnt diesmal auf
dem Ton g'. Nutzt zum Finden der Melodie
das Tonmaterial der C-Dur Tonleiter. **AH | S. 60**

4 **a** Notiert eure Version von „Alle Jahre wieder"
  vom Ton g' aus. **AH | S. 60**
  b Vergleicht eure Version mit den Noten,
  die oben auf der Seite abgedruckt sind.
  Beschreibt, was euch auffällt. **AH | S. 61**

1. Al – le Jah – re wie – der

Tonmaterial der C-Dur-Tonleiter

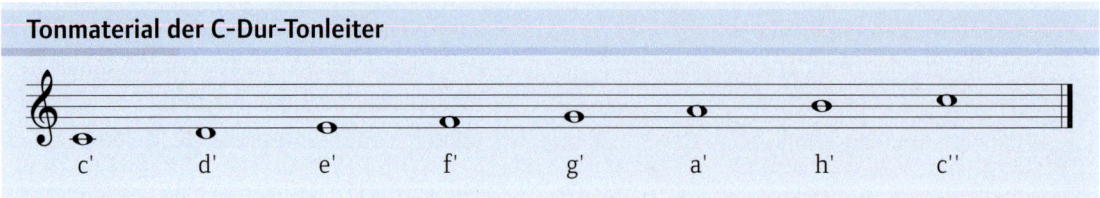

c' d' e' f' g' a' h' c''

Kommet, ihr Hirten

aus Böhmen

1. Kom - met,_ ihr_ Hir - ten, ihr_ Män - ner_ und_ Frau'n.
Kom - met,_ das_ lieb - li - che Kind - lein_ zu_ schaun.

Chris - tus, der Herr, ist heu - te ge - bo - ren, den Gott zum Hei - land

euch hat er - ko - ren. Fürch - tet_ euch_ nicht.

Taktpuzzle

5 Bei den Noten von „Kommet, ihr Hirten" fehlen drei Takte. Im Taktpuzzle stehen diese drei fehlenden Takte sowie drei weitere, die nicht zum Lied gehören.

a Singt gemeinsam „Kommet ihr Hirten". Achtet dabei ganz genau auf die Melodie.

b Entwickelt Ideen, mit welchen drei Takten ihr die Lücken füllen könnt. Mit Hilfe des blauen Kastens könnt ihr eure Taktauswahl begründen. **AH|S. 62**

6 Überprüft mit euren Instrumenten, ob ihr die passenden Takte ausgewählt habt.

7 **a** Sammelt gemeinsam, worauf man achten muss, wenn man ein Lied schreiben möchte, das man gut singen und leicht behalten kann. Nutzt dafür eure bisherigen Ergebnisse.

b Erstellt ein Plakat mit dem Titel: „Tipps für den Liedkomponisten".

Bauweise von Melodien (vgl. ▶ S. 58)

Melodien sind fast immer aus kleineren Bausteinen zusammengesetzt, die man Motive nennt. Die meisten Motive bestehen aus wenigen Tönen und einem einprägsamen Rhythmus. Aus einem einzigen Motiv lässt sich eine vollständige Melodie bilden, indem man den Rhythmus eines Motivs mehrmals wiederholt, entweder mit den gleichen oder mit anderen Tönen. Eine solche Melodie bekommt man als Hörer besonders schnell ins Ohr.

Geburtstagslieder und wie sie gemacht sind

Wirkungen von Taktarten erproben

Ständchen

Text und Musik: Daniel „Dän" Dickopf

Moderato (♩ = 132)

Intro

Wir ham' er-fahr'n, dass man heut' vor ein paar Jahr'n   den Zeit-punkt günstig

fand   und dich kur-zer-hand ent - band.   Seit-dem bist du auf der   Welt.   Schön, dass

es dir hier ge - fällt.   Al-les Gu - te zum Ge - burts-tag!   1. Wir wün-schen

Strophe

1. dir,   dass lau-ter net-te Leu-te   ganz be-son-ders heu-te
2. dir,   dass du an je-dem Mor-gen   fröh-lich oh-ne Sor-gen
3. vie-le Leu-te dich be-su-chen   und dir leck'-ren Ku-chen

ganz in dei-ner Nä-he sind,_ und dass sie   dir   viel-leicht so-gar was
dei-nen neu-en Tag be-ginnst,_   und dass   du zwar   höchst-wahr-schein-lich
brin-gen. Ja, das wär uns recht!_ Wir hof-fen,   du sagst: „Heu-te   ist ein

schen-ken, und dass sie an dich den-ken, denn du bist das Ge-burts-tags-kind.
nie   die Fern-seh-lot-te-rie,   a-ber man-chen neu-en Freund ge-winnst.
Tag ganz ge-nau wie ich ihn mag   — Ge-burts-tag ha-ben ist nicht schlecht!"

Refrain

Wir   wün-schen   dir im   neu-en Le-bens-jahr,   dass das, was
Wir   wün-schen   dir im   Som-mer Son-nen-schein,   im Win-ter
    Und dass du auch in   Zu-kunft ganz oh-ne Be-schwer-den Freu-de

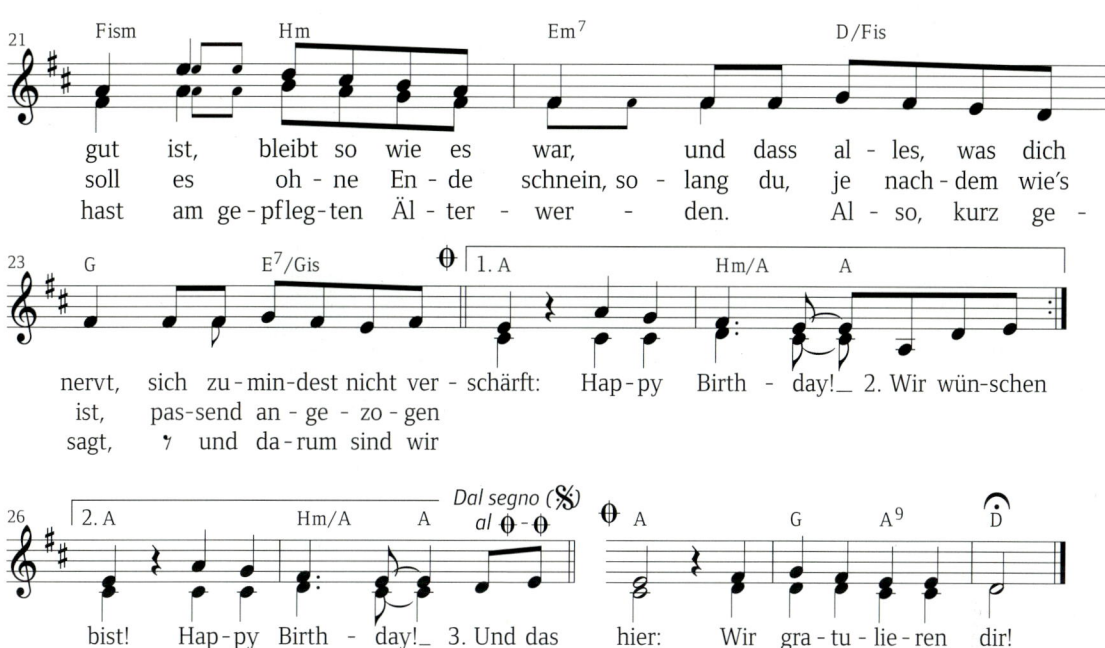

Viel Glück und viel Segen

Text und Musik: Werner Gneist (1898–1980)

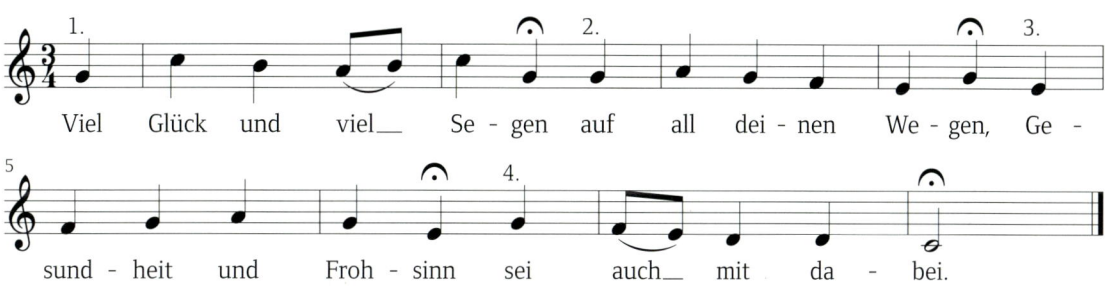

1. Viel Glück und viel__ Se - gen auf all dei - nen We - gen, Ge -

sund - heit und Froh - sinn sei auch__ mit da - bei.

1 Singt die beiden Geburtstagslieder. Ihr könnt „Viel Glück und viel Segen" als Kanon singen und

⊙ 4|38 das „Ständchen" als Aufnahme der Wise Guys anhören.

2 a Sammelt die Wünsche und Hoffnungen, die die Texte beider Lieder ausdrücken.
b Tauscht euch darüber aus, welches der beiden Lieder ihr euch als Geburtstagskind
wünschen würdet. Begründet eure Entscheidung.

3 a Singt beide Lieder noch einmal. Hebt dabei die Textbetonungen
besonders deutlich hervor. Beschreibt, was euch auffällt.
b Übt die Schlagfiguren des 3/4-Taktes und des 4/4-Taktes (▶ S. 27).
c Dirigiert euch gegenseitig beim Singen beider Lieder. Auf welche
Taktzeit fallen die meisten Textbetonungen?

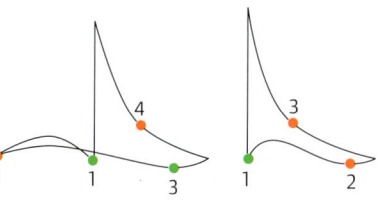

4 Schreibt einen eigenen Text zu dem Lied „Viel Glück und viel Segen".
Achtet dabei ganz besonders darauf, in eurem Text die Taktschwerpunkte zu betonen.

„Happy Birthday"

Ein Lied nach dem Gehör notieren

Das Lied „Happy Birthday" kennt man überall auf der Welt. Auch ihr habt es sicher schon bei vielen Gelegenheiten gesungen. Da fast jeder die Melodie im Ohr hat, brauchen wir dafür keine Noten. Wenn ihr „Happy Birthday" allerdings mit euren Instrumenten spielen wollt, dann hilft es, die Noten aufzuschreiben. So können alle mitspielen.

1 Singt gemeinsam „Happy Birthday" und zeigt dabei mit einer Hand den Verlauf der Tonhöhe mit. Achtet dabei darauf, dass ihr gleiche Töne immer auf der gleichen Höhe mit der Hand anzeigt. Das hilft euch später, die Melodie zu notieren.

2 Unten seht ihr den Text des Liedes, aber nur den Rhythmus der ersten Textzeile.
Findet den Rhythmus der zweiten Textzeile heraus. Dabei könnt ihr so vorgehen:
a Notiert den Text, den Rhythmus sowie die Taktstriche.
b Sprecht den Rhythmus der ersten Zeile auf Rhythmussilben. (▶ S. 30)
c Sprecht leise für euch den Rhythmus der Liedmelodie und benutzt dabei auch für die zweite Textzeile Rhythmussilben.
d Notiert anschließend den Rhythmus der zweiten Zeile über dem Text und überprüft, ob ihr alles richtig aufgeschrieben habt. Euer Wissen über die Bauweise von Melodien (▶ S. 181) hilft dabei.

> **Tipp:** Als Hilfe zum Herausfinden des Rhythmus sind die Taktstriche für die zweite Zeile bereits im Text zu finden.

| Hap - py | birth - day | to | you, | hap - py | birth - day | to | you, |
| hap - py | birth - day | lie - ber | Si - mon | hap - py | birth - day | to | you. |

„Happy Birthday" – Rhythmus und Tonhöhe bilden eine Melodie

Hier seht ihr den Rhythmus und die Tonhöhe der
ersten beiden Melodietöne des Liedes „Happy Birthday". Den Rhythmus habt ihr bereits in Aufgabe 2
notiert. Unten auf der Seite findet ihr das Tonmaterial
der G-Dur-Tonleiter. Aus diesem Tonmaterial wird die
Melodie von „Happy Birthday" gebildet. Die unter-
strichenen Töne kommen im Lied vor.

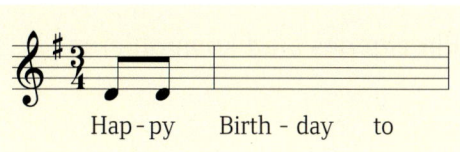

3 Findet nun die Melodie des Liedes heraus. Geht dabei so vor: **AH**|S.63

   a Singt den ersten Abschnitt „Hap-py birth-day to you" und wiederholt das Mitzeigen der
Tonhöhe aus Aufgabe 1.

   b Findet die Melodie des ersten Abschnitts mit Hilfe von Instrumenten heraus.
Beginnt mit den beiden Tönen, die ihr oben rechts im Kasten seht. Der Verlauf der
Tonhöhe, den ihr mitgezeigt habt, hilft euch dabei, die richtigen Töne zu finden.

   c Notiert euer Ergebnis im richtigen Rhythmus und überprüft es, indem ihr den
Abschnitt zusammen spielt.

   d Wenn alles korrekt ist, wiederholt die Schritte a–c mit dem nächsten Abschnitt
des Liedes. Euer Wissen über die Bauweise von Melodien (▶ S. 181) hilft auch,
schon vor dem Ausprobieren Ideen zum Verlauf der Melodie in den weiteren
Abschnitten zu entwickeln.

4 Spielt gemeinsam mit der ganzen Klasse die Melodie von „Happy Birthday".

Tonmaterial der G-Dur Tonleiter (vgl. ▶ S. 180)

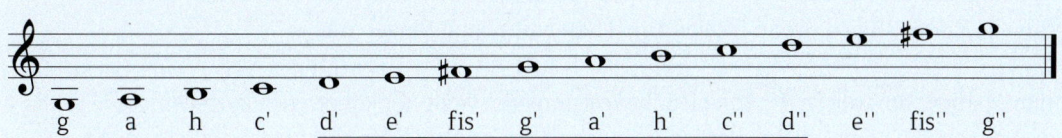

Oktavräume
Wenn man über eine Melodie spricht, müssen die Töne ganz genau benannt werden. Weil sich die
Tonnamen allerdings wiederholen, werden die Töne in **Oktavräume** eingeteilt. Diese Oktavräume
beginnen immer bei dem Ton c.

Kleine Oktave: c – h
Eingestrichene Oktave: c′ – h′
Zweigestrichene Oktave: c′′ – h′′

Sprechweise: Das abgebildete Material der G-Dur-Tonleiter, das ihr oben seht, umfasst den
Tonraum vom kleinen g (g) bis zum zweigestrichenen g (g′′).

Unterrichtsprojekt

Ein eigenes Lied komponieren …

Nicht nur bei Geburtstagen, Abschieden oder zu Weihnachten kann man zusammen singen. Spaß macht es auch, zur Begrüßung in der Schule gemeinsam ein Lied zu singen. Das muss gar nicht lang sein. Wichtig ist nur, dass alle Spaß beim Singen haben. Richtig toll ist es natürlich, wenn eure Klasse ein eigenes Begrüßungslied hat, das keine andere Klasse singt. Hier ist als Beispiel das Begrüßungslied einer sechsten Klasse aus Hannover abgedruckt.

Begrüßungslied

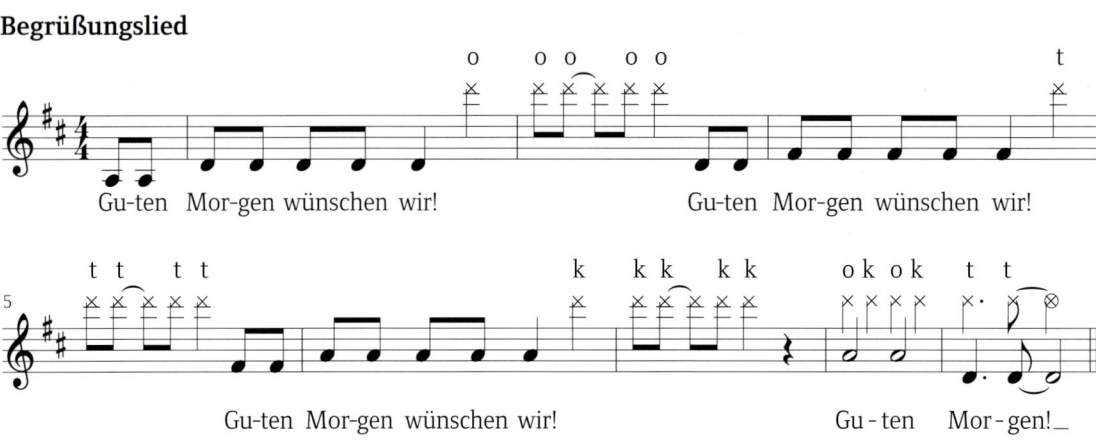

Gu-ten Mor-gen wünschen wir! Gu-ten Mor-gen wünschen wir!

Gu-ten Mor-gen wünschen wir! Gu-ten Mor-gen!

o = Rhythmus auf dem Oberschenkel klatschen   t = auf dem Tisch klopfen   k = klatschen

Auf dieser und der nächsten Seite findet ihr Aufgaben und Hilfestellungen, um euer eigenes Lied komponieren zu können. Wenn ihr fertig seid, solltet ihr natürlich alle Lieder mit der gesamten Klasse singen. Denn ihr wisst ja: Lieder sind zum Singen da!

1 Stimmt darüber ab, welche Art von Lied ihr komponieren wollt. Ihr könnt euch aufteilen, sodass einige von euch Geburtstagslieder, andere Begrüßungs- oder Abschiedslieder schreiben.

2 Das Lied für eure Klasse sollte einen einfachen Rhythmus haben und nicht zu lang sein, damit alle schnell mitsingen können. Hier seht ihr einen Rhythmus, der sich gut eignet.

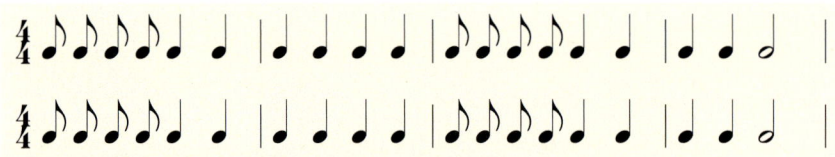

a Übt den Rhythmus auf Rhythmussilben ein. (► S. 30)
b Verfasst einen Text, der zum Rhythmus passt. (► S. 183)
c Sprecht den Text im Rhythmus und überprüft ihn: Klingt die Betonung der Wörter im Rhythmus ungewöhnlich? Dann stimmt etwas nicht und ihr müsst den Text noch einmal überarbeiten.

… und in der Klasse gemeinsam singen

Vorschläge für Töne, die ihr in den einzelnen Takten nutzen könnt:

3 Schreibt als Erstes den Text über den Rhythmus und überprüft nochmals, ob Text und Rhythmus wirklich zueinander passen. Ihr müsst den Text auch ganz genau im Rhythmus sprechen können. **AH|**S. 64

4 Komponiert als Nächstes die Melodie zu eurem Text. Geht dabei in Abschnitten von je zwei Takten vor. Tipps zur Bauweise von Melodien findet ihr auf ▶ S. 181.

  a Entscheidet, welche Tonhöhen euer Text bekommen soll. Nutzt für jeden Abschnitt eine Auswahl der vorgeschlagenen Töne. Den Anfangston und die Reihenfolge könnt ihr frei wählen. Probiert verschiedene Möglichkeiten aus.

  b Notiert die Notennamen eurer Melodie über dem Rhythmus und dem Text.

5 Schreibt die Noten im passenden Rhythmus sauber auf und spielt sie mit euren Instrumenten. Überprüft, ob die Melodie wirklich so klingt, wie ihr sie haben wolltet. Fertig! **AH|**S. 64

6 Singt euch eure Lieder in der Klasse gegenseitig vor. Ihr könnt auch ein Lied für die Klasse wählen, das ihr in Zukunft zusammen singt.

7 Überlegt, was Lieder ausmacht, die ihr gern gemeinsam singt. **AH|**S. 65

> Es dürfen sich Töne wiederholen. Nutzt lieber wenige Töne, die sich gut singen lassen, als zu viele verschiedene! Die vorgeschlagenen Töne sollen euch dabei helfen, eine Melodie zu schreiben, die ihr gut singen könnt. Alle Töne sind dem Tonvorrat der **C-Dur-Tonleiter** entnommen. (▶ S. 180)

> Tipps für das Erfinden von Liedern:
> – Einfache Texte lassen sich gut merken, vor allem wenn sich Wörter wiederholen!
> – Einfache Rhythmen und Melodien sind leicht zu singen.
> – Die Melodie sollte aus mehreren Abschnitten mit kurzen Atempausen dazwischen bestehen.

7.2

In diesem Kapitel…
- singt ihr Lieder aus verschiedenen Ländern,
- entdeckt ihr gemeinsame Eigenarten bei unterschiedlichen Liedern,
- führt ihr Lieder auf verschiedene Weise auf,
- lernt ihr, mit eurer Stimme richtig umzugehen.

Wir sind unterwegs. Wir machen uns auf, um Neues zu entdecken. Immer schon sind Menschen auf Wanderschaft gewesen und haben dabei Abschied nehmen müssen: Von Bekanntem und Vertrautem, von geliebten Menschen. Aber nach dem Verlust folgt häufig etwas Neues: eine neue Freiheit in einem anderen Land, eine neue Heimat, eine neue Liebe!? Und auf das Gewohnte und Bekannte müssen die Menschen auf ihrer Reise nicht verzichten, denn mit in ihrem Koffer sind ihre Lieder, die sie überall singen können. Lieder über Freundschaft, Heimat und Abschied, Verlust und Liebe. Jedes Land hat sie.

Singen bei uns und anderswo

Mit Liedern über Grenzen gehen

Hallo Django

Text und Musik: Uli Führe (*1957)

1. Dum de Dum de Dum de dum de dum de Dum de Dum de
Dum de dum de dum de Dap dap dap dap Dau wau wau wau

2. Schu-wi du-a___ Schu-wi du-ap__ da da da Schu-wi du-wi du-a
Schu-wi du-wi da Dap dap dap dap Dau wau wau wau

3. Dua schu-wi da Schu-wi du-wi du-ap Schu-wi du-wi du-ap
Schu-wi du-wi da Dap dap dap dap Dau wau wau wau

1 a Sprecht den Text zunächst rhythmisch im Chor.
   b Überlegt, welche Instrumente hier nachgeahmt werden sollen.

2 Teilt euch in drei Gruppen auf und singt im Kanon.

3 Dieses Lied könnt ihr in fast jedem Land singen und ihr werdet trotzdem verstanden.
Überlegt, woran dies liegen könnte.

Gemeinsam aufbrechen

Il était un petit navire

aus Frankreich

Strophe — Es — Fm — B⁷ — Es

1. Il é-tait un pe-tit na-vi-re, il é-tait un pe-tit na-vi-re. Qui n'a-vait
2. Il par-tit pour un long voy-a-ge, il par-tit pour un long voy-a-ge. Sur la mer

Fm — Es — B⁷ **Refrain**

ja - ja - ja-mais na-vi-gué, qui n'a-vait ja - ja - ja-mais na-vi-gué. O-hé o-hé! O-
Mé-Mé-Mé-di-ter-ra-née, sur la mer Mé-Mé-Mé-di-ter-ra-née. O-hé o-hé!

Es — Fm — B⁹ — Es

hé, o - hé, ma-te-lot, ma-te-lot na - vi - gue sur les flôts.____ O-

Fm — B⁷ — B⁹ — Es

hé, o - hé, ma-te-lot, ma-te-lot na - vi - gue sur les flôts.

In diesem Lied geht es um die Abenteuer eines kleinen Segelschiffes, das zum ersten Mal eine lange Reise hinaus aufs Meer machte. Schon nach wenigen Wochen gingen die Lebensmittel aus. Deshalb loste man aus, wer von den Matrosen gegessen werden sollte. Und das Los fiel auf den Jüngsten. Da überlegten alle, auf welche Weise der Arme zubereitet werden sollte. Er aber schickte ein Stoßgebet zum Himmel und bat inständig um Hilfe. Im gleichen Augenblick geschah ein Wunder: Tausende von Fischen sprangen in das Schiff …

3. Au bout de cinq à six semaines,
   les vivres vin-vin-vinrent à manquer, …

4. On tira à la courte paille,
   pour savoir qui-qui-qui serait mangé, …

5. Le sort tomba sur le plus jeune,
   qui n'avait ja-ja-jamais navigué, …

6. On cherche alors à quelle sauce,
   le pauvre enfant-fant sera mangé, …

7. Il fait au ciel une prière
   interrogeant-geant-geant l'immensité, …

8. Au même instant un grand miracle,
   pour l'enfant fut-fut-fut réalisé, …

1 **a** Macht euch mit den Besonderheiten der französischen Aussprache vertraut und singt das Lied.
b Überlegt, wofür das „petit navire" stellvertretend noch stehen könnte.

2 Beim Refrain bekommt das Lied plötzlich einen anderen Charakter: Überlegt, wovon der Text an dieser Stelle vermutlich handelt.

3 Teilt euch für die Strophen in eine kleinere Vorsänger- und für den Refrain in eine größere Chorgruppe auf und singt das Lied.

Vmeste veselo shagat' (Es ist schön …)

Musik: Wladimir Schainskij (*1925)
Text: Mikhail Matusovskij (1915–1990)

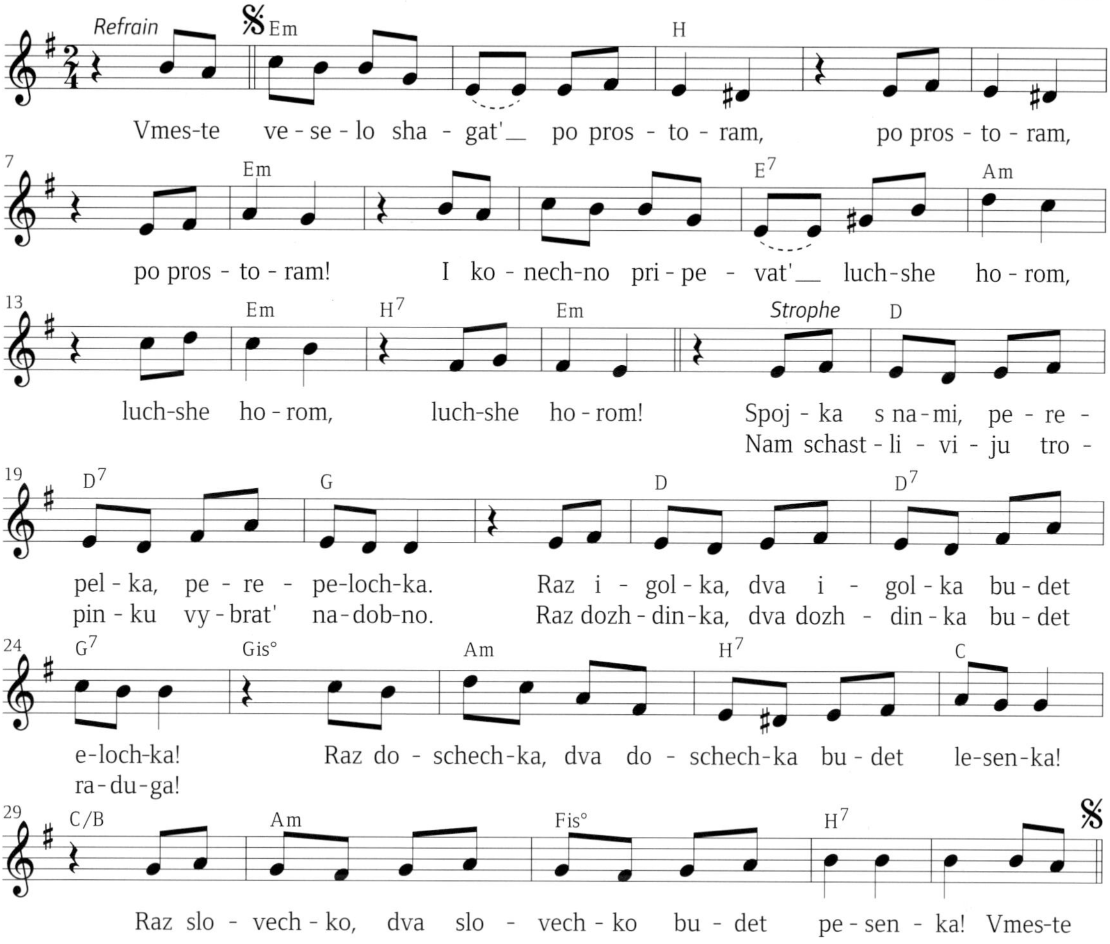

Refrain

Vmes-te ve-se-lo sha-gat'_ po pros-to-ram, po pros-to-ram,

po pros-to-ram! I ko-nech-no pri-pe-vat'_ luch-she ho-rom,

luch-she ho-rom, luch-she ho-rom! Spoj-ka s na-mi, pe-re-
Strophe
Nam schast-li-vi-ju tro-

pel-ka, pe-re-pe-loch-ka. Raz i-gol-ka, dva i-gol-ka bu-det
pin-ku vy-brat' na-dob-no. Raz dozh-din-ka, dva dozh-din-ka bu-det

e-loch-ka! Raz do-schech-ka, dva do-schech-ka bu-det le-sen-ka!
ra-du-ga!

Raz slo-vech-ko, dva slo-vech-ko bu-det pe-sen-ka! Vmes-te

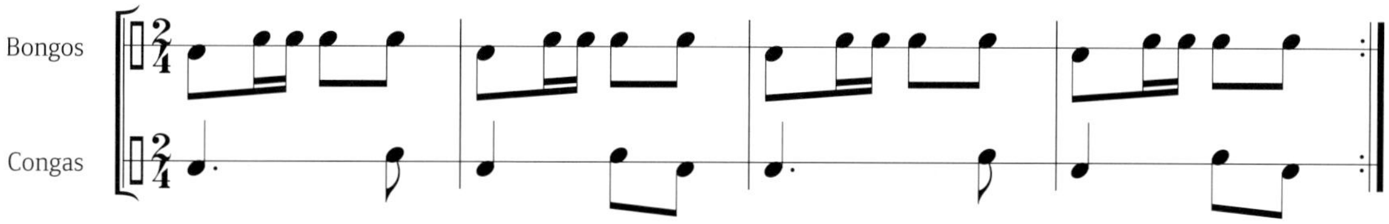

Bongos

Congas

„Es ist schön, mit dir zu wandern" – so lautet die deutsche Textübertragung des russischen
Originals. Es geht darin um Kinder, die gemeinsam die Natur in ihrer Umgebung erkunden.

4 **a** Sprecht den russischen Text zunächst frei, dann im Rhythmus der Melodie.
b Singt das Lied auf einer Klangsilbe, zum Beispiel „na".

5 Teilt euch in zwei Gruppen auf und erarbeitet das Rhythmuspattern mit geeigneten Instrumenten, zum Beispiel Bongos und Congas.

6 Führt nun alle zusammen das Lied auf.

Abschied nehmen: Von Freunden

Abschied

Text: Hannes Wader (*1942)
Musik: Detlev Petersen (*1950)

Strophe
C F C Am G F

1. Mor-gen gehst du für lan - ge Zeit fort, für ein Jahr und du gibst mir dein
weiß, dass der Tag kom-men muss, wo ein flüch - ti - ger Brief o - der

C F C F Dm G 3 C *Fine*

Wort, dass du mich nicht für im - mer ver - lässt, leg dich lie - ber nicht fest.
Gruß mir ver - rät, wie fremd du mir schon bist und du mich bald ver - gisst.

1.C F C 2. *Refrain* G Am F

2. Denn ich A - ber wenn du schon nicht bei mir bleibst, will ich, dass du mir
Denn ver - giss nicht, auch ich, das ist klar, bin dann nach die-sem

Dm⁷ 1. C G 2.Dm⁷ G *D.C. al Fine*

schreibst, was du denkst, was du treibst.
Jahr nicht mehr der, der ich war.

3. Trennung, Warten, Alleinsein, sagst du,
   gehört nun mal zum Leben dazu.
   Das mag richtig sein aus deiner Sicht.
   Nun, ich halte dich nicht.

4. Und du denkst dir, es tröstet mich jetzt,
   wenn du sagst, dass man zu guter Letzt.
   nur behält, was man loslassen kann.
   Gut, ich glaube daran.

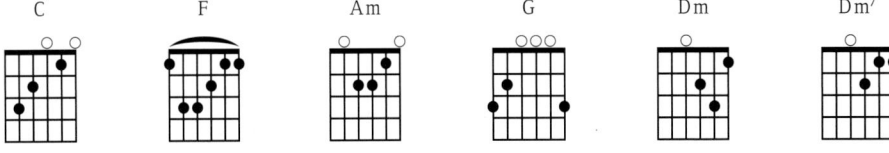

C F Am G Dm Dm⁷

1 Lest den Text und überlegt, von wem der Sänger wohl Abschied nehmen könnte.

2 Probiert mit Hilfe von Rhythmusinstrumenten aus, welches Begleitpattern zu dem Song passt.

3 Nutzt die abgebildeten Gitarrengriffe, um das Lied zu begleiten.

4 Singt und musiziert gemeinsam das Lied.

Abschied nehmen: Von der Heimat

Jamaica Farewell

Text und Musik: Lord Burgess (*1924)

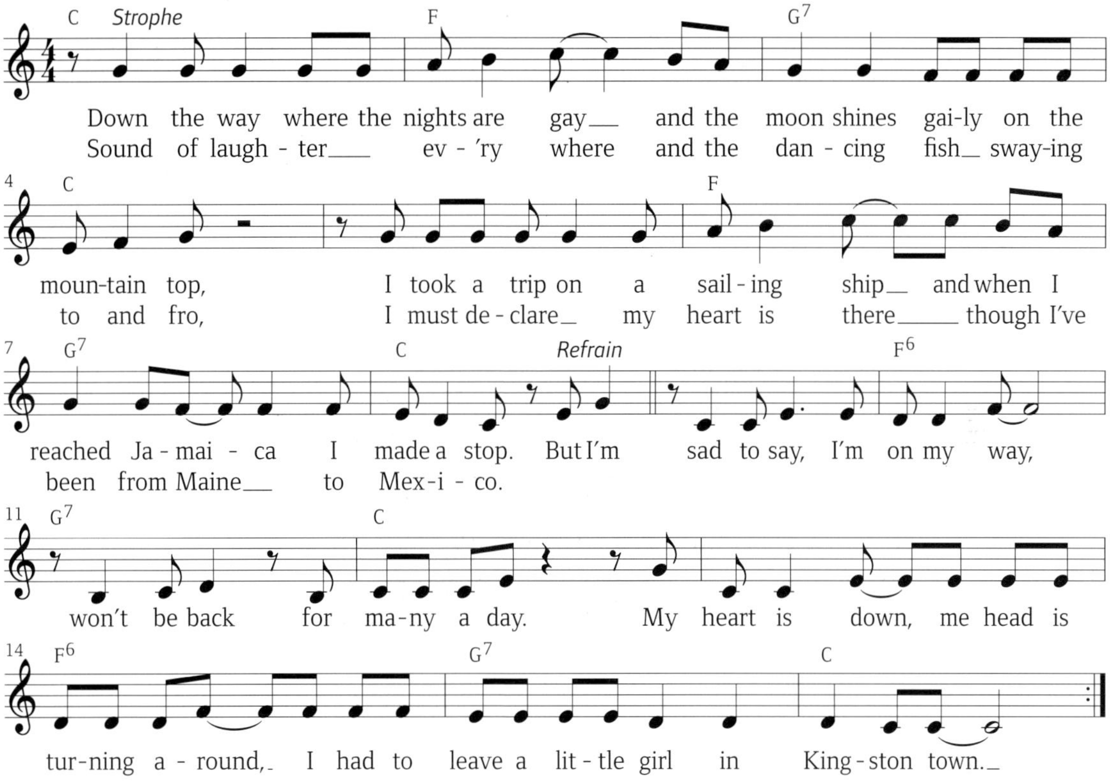
C Strophe F G7
Down the way where the nights are gay_ and the moon shines gai-ly on the
Sound of laugh - ter_ ev - 'ry where and the dan - cing fish_ sway-ing
4 C F
moun-tain top, I took a trip on a sail - ing ship_ and when I
to and fro, I must de - clare_ my heart is there_ though I've
7 G7 C Refrain F6
reached Ja - mai - ca I made a stop. But I'm sad to say, I'm on my way,
been from Maine_ to Mex - i - co.
11 G7 C
won't be back for ma-ny a day. My heart is down, me head is
14 F6 G7 C
tur-ning a - round,_ I had to leave a lit - tle girl in King - ston town._

Mitspielsatz

Satz: Thomas Zimmermann

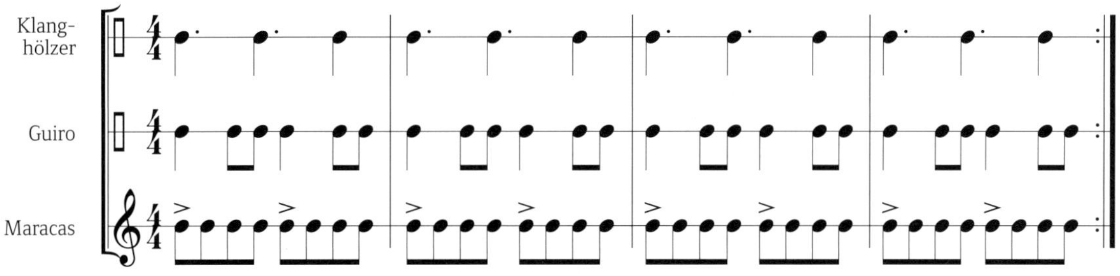
Klang-hölzer
Guiro
Maracas

5 **a** Lest den englischen Text und findet Wörter, die euch bereits bekannt sind.
b Tauscht euch über den Inhalt aus: Wovon muss sich der Sänger verabschieden?

6 Erarbeitet den Mitspielsatz und singt gemeinsam das Lied.

Freundschaft und Liebe entdecken

Dat du min Leevsten büst

aus Norddeutschland

Dat du min Leev - sten_ büst, dat du wohl weeßt. Kumm bi de Nacht,
Kumm du um Mit - ter - nacht, kumm du Klock een. Va - der_ slöppt,

kumm bi de Nacht, segg, wo du heeßt.__ heeßt.
Mo - der__ slöppt, ich slap al - leen,__ leen.

„Geradeheraus sein" – das ist eine Eigenschaft, die gerade den Menschen in Norddeutsch-
land zugeschrieben wird. Aufrichtig und direkt wird gesagt, was man denkt und vorhat.
So teilt in diesem Lied im norddeutschen Dialekt das Mädchen seinem Freund ohne
Umschweife mit, was er in der Nacht tun soll.

3. Klopp an de Kammerdör,
   fat an de Klink.
   Vader meent, Moder meent,
   dat deit de Wind.

4. Kumm denn de Morgenstund,
   kreiht de ol Hahn.
   Leevster min, Leevster min,
   denn mösst du gahn.

Bodypercussion

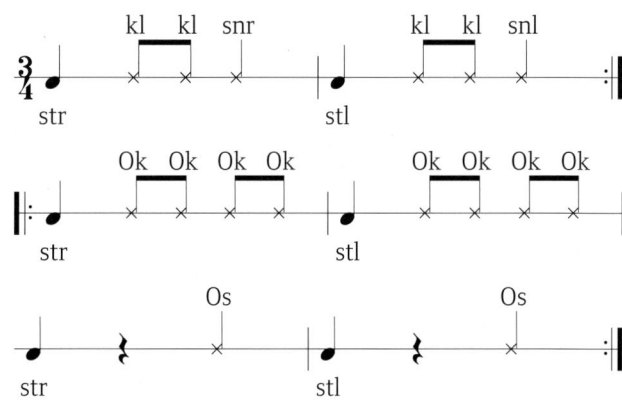

str/stl = stampfen rechts, links
kl = klatschen
snr/snl = schnippen rechts, links
Ok = Oberkörper
Os = Oberschenkel

1 Sprecht den Text im Rhythmus der
Melodie und überlegt, worum es hier geht
und welche Vorschläge das Mädchen
ihrem Liebsten macht.

2 Singt gemeinsam das Lied und klopft
euch dabei bei jedem ersten Schlag eines
Taktes auf euren Oberschenkel.

3 a Studiert das notierte Rhythmuspattern ein und benutzt dabei Bodypercussion.
   b Gestaltet aus den angegebenen Klängen ein eigenes Rhythmuspattern.

4 Führt gemeinsam das Lied mit allen erarbeiteten Elementen auf.

Tumbalalaika

Jiddisch, aus der Ukraine

Strophe

1. Schtejt a Bo-cher un__ er tracht, tracht un tracht a gan-ze Nacht.
2. „Meij-dl, Meij-dl, 'chwel baj dir fregn, wos kon wak-sn, wak-sn on Rejgn?

We-men zu nej-men un nit var-schej-men, we-men zu nej-men
Wos__ kon bre-nen un nit oif-he-ren? Wos__ kon ben-ken,

Refrain

un nit var-schej-men. Tum-ba-la, tum-ba-la, tum-ba-la-lai-ka,
wej-nen on Tre-nen?"

tum-ba-la, tum-ba-la, tum-ba-la-lai-ka, tum-ba-la-lai-ka,

shpil ba-la-lai-ka, shpil ba-la-lai-ka, frej-lich sol sajn.

Rätselfragen zu stellen, um sich eine Entscheidung leichter zu machen, ist ein beliebtes
Thema, auch in diesem jiddischen Volkslied, welches gerne bei Hochzeiten gesungen wird:
Da liegt ein junger Bursche nächtelang wach und überlegt, welches Mädchen er sich denn
nun wählen solle, ohne es anschließend bereuen zu müssen. Also muss ein kleines Rätsel
her, mit dem er das „Meijdl" auf die Probe stellt …

Strophe 3: Original und Textübertragung

Narrischer Bocher, was derfstu fregen: Oh, du närrischer Bursche, stellt man auch solche Fragen?!
A Schtejn kon waksn, waksn on Rejgn!   Ein Stein kann wachsen, wachsen ohne Regen!
Libe kon brennen un nit ojfheren!   Liebe kann brennen ohne Unterlass!
A Harts kon benken, wejnen on Trenen!   Ein Herz kann schlagen und weinen ohne Tränen!

5 „Jiddisch" ist die Sprache der Juden im Osten Europas. Sprecht den jiddischen und
den deutschen Text und findet heraus, welche Worte des Originals dem Deutschen
sehr ähnlich sind.

6 Erfindet ein geeignetes Begleitpattern für zwei Instrumente.

7 Singt und musiziert gemeinsam das Lied und teilt euch dabei passend zum Text in eine
Jungen- und eine Mädchengruppe auf.

Nach Hause kommen …

Swing low, sweet chariot

aus den USA

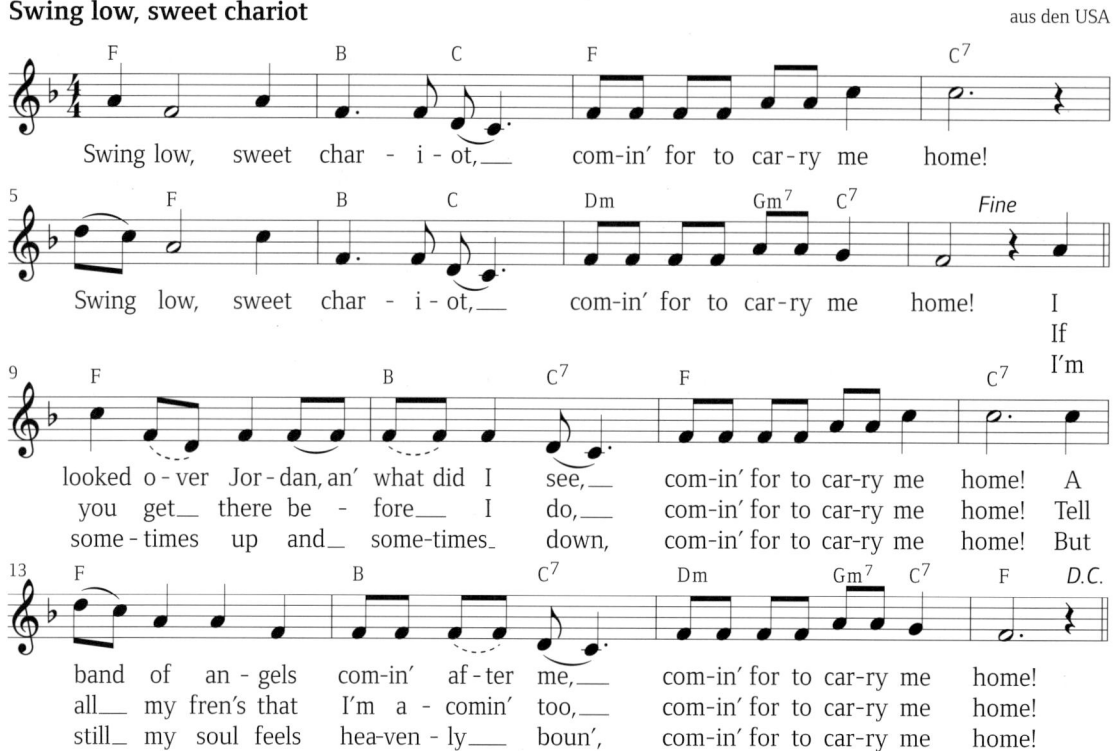

Swing low, sweet char - i - ot, __ com-in' for to car-ry me home!

Swing low, sweet char - i - ot, __ com-in' for to car-ry me home! I If I'm

looked o - ver Jor - dan, an' what did I see, __ com-in' for to car-ry me home! A
you get__ there be - fore__ I do, __ com-in' for to car-ry me home! Tell
some - times up and__ some - times__ down, com-in' for to car-ry me home! But

band of an - gels com-in' af - ter me, __ com-in' for to car-ry me home!
all__ my fren's that I'm a - comin' too, __ com-in' for to car-ry me home!
still__ my soul feels hea-ven - ly__ boun', com-in' for to car-ry me home!

„Schwing dich mir entgegen, süßer Himmelswagen, und bring mich nach Hause." Dieses
amerikanische Spiritual stammt aus der Zeit der Sklaverei. Die unterdrückten Schwarzen,
die es sangen, nahmen den Text wörtlich: Das Leben auf der Erde war für sie so schlimm,
dass sie sie verlassen wollten. Inzwischen hat das Lied eine andere, hoffnungsvollere
Bedeutung bekommen: Wer zu einer langen Reise aufgebrochen ist, sehnt sich irgendwann
nach einem Ort auf dieser Erde, an dem man sich zu Hause fühlt.

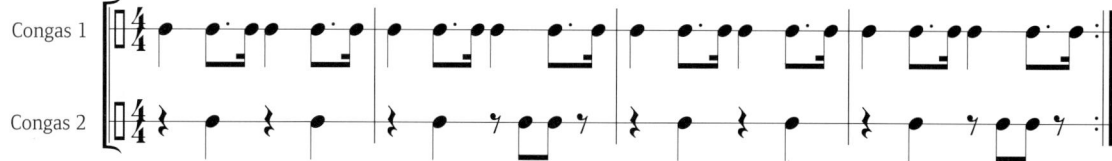

1   **a** Lest den englischen Text und findet Wörter, die euch bereits bekannt sind.
     b Tauscht euch über den Inhalt aus: Warum haben die Sklaven im Süden der USA bei
       ihrer Arbeit und in Gottesdiensten dieses Lied wohl so gerne gesungen?
     c Überlegt, warum das Lied auch heute noch zu den beliebtesten Spirituals zählt.

2   Teilt euch in zwei Gruppen auf und erarbeitet das Rhythmuspattern.

3   Singt und musiziert gemeinsam das Lied.

... und Frieden und Geborgenheit finden

Da pacem, Domine   Melchior Franck (um 1580–1639)

Da pacem, Do-mi-ne, da pacem, Do-mi-ne, in di - e - bus no - stris.

Da pacem, Do-mi - ne, da pacem, Domi - ne, in di-e - bus no - stris.

Da pacem, Do-mi-ne, da pacem, Do-mi-ne, in di-e - bus.

Da pacem, Do-mi-ne, da pacem, Do-mi-ne, in di - e-bus.

Latein ist eine Sprache, die heute nicht mehr gesprochen wird, in der aber schon vor Jahrhunderten der Wunsch nach Frieden erbeten wurde: „Gib uns Frieden, Herr, in unseren Tagen!" Damals wie heute sehnen wir uns nach einem Ort des Friedens und der Geborgenheit, umso mehr, wenn wir erfahren haben, dass ein solcher Ort in dieser Welt nur schwer zu finden ist. Vielleicht ist dieser Ort das Paradies, von dem wir alle eine Vorstellung haben, egal wo es sein mag: Dort wird Frieden herrschen, daran können wir glauben – so wie es Menschen immer schon getan haben, in lateinischer oder einer anderen Sprache.
Wir sind am Beginn unserer Liederreise mit einem Kanon gemeinsam aufgebrochen. Nun kehren wir zurück und singen erneut einen Kanon. Er stammt aus einer vergangenen Zeit, aber er lässt uns auch heute noch nach einem Ort suchen, an dem wir zu Hause sein wollen. Dieser Ort kann überall sein – hier bei uns oder jenseits aller Grenzen.

4 a Lasst es einmal ganz still werden in eurer Klasse und überlegt, was ihr mit dem Wort Frieden verbindet.
   b Erinnert euch an eine Situation, in der ihr euch rundum wohl und aufgehoben gefühlt habt.

5 a Singt zunächst die erste Stimme in einem ruhigen Tempo zusammen einstimmig und wiederholt sie mehrere Male.
   b Verfahrt genauso mit den übrigen Stimmen. Was verbindet sie mit der ersten?

6 Teilt euch nun in vier verschiedene Stimmgruppen auf und singt mehrstimmig.

7 Tauscht euch darüber aus, wie die Musik beim Singen auf euch gewirkt hat.

Die Stimme „reisefertig" machen

Wenn ihr euch auf die Reise macht und euren Koffer packt, dann habt ihr vorher genau überlegt, was ihr mitnehmen wollt. Wenn ihr euch mit eurer Stimme auf eine musikalische Entdeckungsreise begebt, solltet ihr euch Zeit für einige Vorbereitungen und „Trainings-einheiten" nehmen – umso besser kommt ihr zum Ziel. Denn wie beim Sport wollen die Muskeln, die bei Stimme und Atmung beteiligt sind, aufgewärmt werden. So macht ihr Körper, Atem und Stimme reisefertig.

Körper
– Stellt euch vor, ihr seid spät dran und seht den Bus schon an der Haltestelle. Rennt auf der Stelle, so schnell ihr könnt, um den Bus noch zu erreichen. Steigert das Tempo am Ende noch einmal.
– Steht fest auf beiden Füßen und stellt euch vor, ihr seid eine Uhr. Kreist wie ein Zeiger mit eurem Oberkörper in großen und kleinen Kreisen um eure eigene Achse. Stellt euch dann auf eine bestimmte Uhrzeit, zum Beispiel zeigt der kleine Zeiger – das ist euer Oberkörper – 9 Uhr oder 18 Uhr.
– Schreibt mit eurer Nase euren Namen in die Luft, in Schreibschrift!
– Schüttelt Füße, Beine, Arme und Hände locker aus.

Atem
– Stellt euch vor, ihr habt einen Rettungsring verschluckt, dieser bläst sich beim Einatmen dick in eurem Bauch- und Rückenraum auf. Mit einer Nadel stecht ihr nun ein kleines Loch in den Rettungsring. Die Luft entweicht ganz langsam auf f oder s. Die verbleibende Luft mit einem kurzen Stoß ablassen.
– Lasst das Zwerchfell hüpfen: Sprecht folgende Wortpaare je vier Mal sehr kurz nach: hip hop, pap pop, rack rock. Endet auf Blues und hängt ein endloses „s" an dieses Wort.
– Führt die Arme ausgestreckt mit den Handflächen nach oben über den Kopf und atmet dabei tief ein, führt die Handinnenflächen vor dem Brustkorb zusammen und atmet dabei kräftig aus. Dreimal wiederholen.

Stimme
– Summt leise auf „m" vor euch hin, legt die Lippen dabei locker aufeinander und stellt euch vor, ihr habt eine ganze Kartoffel im Mund und kaut diese. Probiert besonders hohe und tiefe Töne aus. Bewegt die Arme abwechselnd passend zu den Tonhöhen in der Luft.
– Legt die Lippen locker aufeinander und singt mit geschlossenem Mund auf „b", die Lippen vibrieren dabei. Wenn am Ende die Nase juckt, habt ihr alles richtig gemacht.
– Auf in den Keller: Macht ein dummes Gesicht, indem ihr den Unterkiefer ganz locker herunter-hängen lasst. Singt dann auf der Silbe „wa" mehrere Töne abwärts und endet jeweils mit einem kurzen Schnauben wie ein Pferd.
– Der Sonne entgegen: Setzt ein freundliches Lächeln auf und singt: Quarten in Halbtönen aufwärts von f beginnend bis f'' in Halbtönen. Text: „die So- die So- die So-nne", dann die nächste Quarte. Grundregel: „je höher, desto weiter auf", das heißt: Je höher ihr singt, desto weiter müsst ihr den Mund öffnen. Nehmt die Arme beim Singen der hohen Töne mit nach oben.

Unterrichtsprojekt

Notenspuren verfolgen

Ihr seid auf eurer Reise musikalisch in verschiedenen Ländern zu Gast gewesen: In den USA, in Deutschland, Frankreich, in der Ukraine, auf Jamaika und in Russland. Dabei haben die Lieder ihre Spuren hinterlassen, die ihr nun mit ein wenig Detektivarbeit zu einer musikalischen Weltkarte zusammenfügen könnt.

Die Notenspuren:

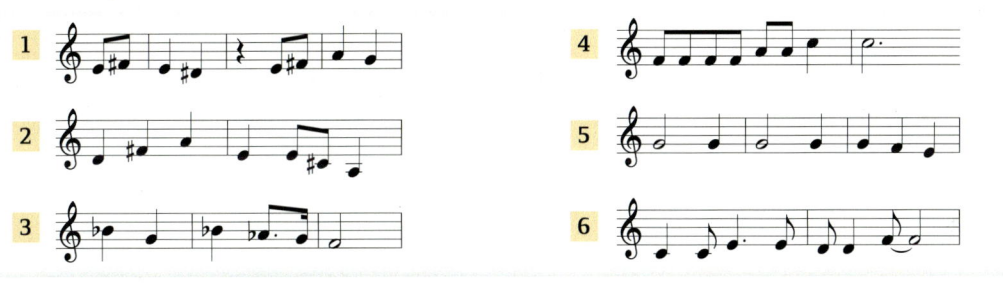

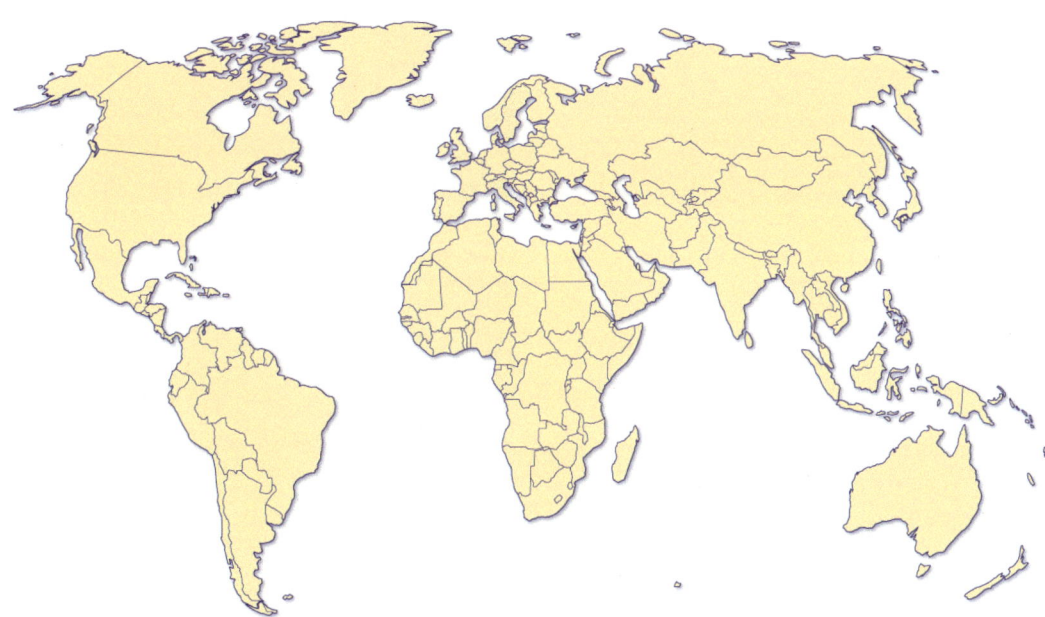

1 Schaut im Atlas nach, wo die genannten Länder auf der Karte zu finden sind.

2 Findet zu jeder Notenspur das zugehörige Lied und ordnet es einem der Länder zu. **AH|**S. 66/67

3 **a** Durchsucht auch andere Kapitel nach Liedern und findet heraus, woher sie stammen.
b Findet auch diese Länder auf der Weltkarte.

In diesem Kapitel ...
– untersucht ihr euren täglichen
  Umgang mit Musik und anderen
  Klängen,
– erforscht ihr die Auswirkung von
  Musik auf euer Fühlen und Denken,
– lernt ihr, Musik und andere Klänge
  vielfältig und bewusst zu nutzen.

Soundtrack meines Alltags

Mit Musik, Klängen und Geräuschen bewusst umgehen

1 Betrachtet die drei Fotos und beschreibt ausführlich, was zu sehen und zu hören ist.

2 Tauscht euch darüber aus, welche der abgebildeten Situationen euch aus eigener Erfahrung bekannt sind. Wie empfindet ihr sie?

3 Seht euch nochmals das Foto des Jungen auf dem Fahrrad an. Erklärt, was er und was der Betrachter in der Situation sieht oder hört. Bewertet das Verhalten des Jungen.

Klänge prägen unseren Tag

Die akustische Umgebung erkunden

Ein ganz normaler Montag

Um sechs Uhr beginnt Lisas Radiowecker Musik zu spielen. Schön laut, denn sonst wird sie davon nie wach. Nun wippt sie aber gleich mit dem Fuß mit und steht dann gut gelaunt auf. Heute läuft durch

5 Zufall eines ihrer Lieblingslieder. Sie geht in die Küche, wo ihr Vater ihr schon ein Brot geschmiert hat. „Dafür ertrage ich ja auch seinen Radiosender, wo nur blöde Musik läuft", denkt sie heimlich. Noch ein schneller Besuch im Badezimmer, dann geht's ab

10 zum Schulbus. Auf dem Weg zur Haltestelle hört sie wie immer ihre Lieblingsmusik. Nichts ist schöner, als mit Musik im Ohr durch die Welt zu laufen. Darum dreht sie auch schön laut auf, denn sonst sind die Laster auf der Straße lauter als die Musik.

15 An der Bushaltestelle trifft Lisa ihre Freundinnen, die gerade ihre neuen Klingeltöne untereinander tauschen. Celinas neuer Ton nervt total! Im Schulbus geht's weiter. Alle spielen sich gegenseitig die Musik vor, die sie am Wochenende heruntergeladen

20 haben.
„Na gut", denkt Lisa, „in Sport spielen wir heute Basketball und in Musik wird getrommelt. Aber gegen den Lärm hier im Bus ist das gar nichts." Tatsächlich ist der Schultag heute ganz gut, denn

25 Patrick spielt ihr in der Pause ein Lied mit einem wirklichen tollen Sound vor. Wieder zu Hause angekommen, macht Lisa gleich den Rechner an, um Musik zu hören und die Hausaufgaben zu machen. Um 16 Uhr kommt nämlich Dilara zum Musikhören

30 und Tauschen vorbei …

1 Schreibt ein Ende für den Text, das den weiteren Verlauf des Tages zeigt:
„Um kurz nach vier klingelt Dilara …"

2 Notiert in Stichworten, in welchen Situationen Lisa was genau hört.

3 a Sortiert eure Stichworte in drei Gruppen und findet zu jeder Gruppe eine Überschrift.
b Vergleicht eure Ergebnisse. Auf welche Weise seid ihr zu euren Einteilungen gekommen?

Mein musikalischer Tagesablauf: Die tägliche Musiknutzung bewusst machen

Montag

Uhrzeit/ Dauer	Musikart	Schallquelle	Situation	Hauptsache/ Hintergrund	laut/ leise	störend/ unterstützend
6.00 – 6.20	Popmusik	Radiowecker	zum Aufwachen	Hauptsache		unterstützend
6.20 – 6.50	Schlager	Küchenradio	Beim Frühstück mit dem Vater	im Hintergrund		
7.10 – 7.25	...	MP3-Player	Weg zur Bus- haltestelle			
7.25 – ...	...	Handy				
...						

Wissenschaftler, die Musik erforschen, führen oft Experimente durch. Wichtig dabei ist, alle Ergebnisse des Experiments genau aufzuschreiben, um sie anschließend untersuchen zu können. Wissenschaftler nennen diese Aufzeichnungen Daten.

4 Untersucht euren eigenen musikalischen Tagesablauf.
- **a** Einigt euch auf drei Tage, die ihr genau untersuchen wollt. Am besten legt ihr zwei Schultage und einen schulfreien Tag fest. So könnt ihr Gemeinsamkeiten und Unterschiede besser erkennen.
- **b** Legt für jeden Tag auf einem Blatt eine Tabelle an, wie ihr sie oben seht. Das Blatt müsst ihr dann den ganzen Tag bei euch haben, um alles genau festzuhalten. Schreibt eure Daten nach den untersuchten Tagen sauber ab. **AH|S. 68**

5 **a** Wertet anschließend eure Daten anhand folgender Fragen aus:
- – Wie viele Minuten am Tag habe ich Musik gehört?
- – Wie viele Minuten lief die Musik im Hintergrund, wann war sie die Hauptsache?
- – Welche Schallquelle habe ich am meisten genutzt?
- – Welche Unterschiede gibt es zwischen den Wochentagen?

Ihr könnt auch noch weitere Fragen in der Klasse vereinbaren.
- **b** Vergleicht die Ergebnisse eurer Untersuchung mit denen eurer Mitschüler.

6 Fertigt Plakate zu eurer Untersuchung an. Vielleicht könnt ihr sogar eine Ausstellung zu eurer Untersuchung in der Schule organisieren.

7 Befragt eure Eltern oder Großeltern zum musikalischen Tagesablauf in ihrer Jugendzeit.

Musik ist immer dabei

Hintergrundmusik erforschen

1 **a** Beschreibt die Bilder und überlegt, welche Musik die abgebildeten Personen jeweils
hören könnten.

5|1–3 **b** Ordnet die drei Hörbeispiele jeweils einem der Bilder begründet zu.

2 Nennt Gründe, warum Menschen beim Sport oder bei der Arbeit Musik hören. Beschreibt
Situationen, in denen ihr selbst nebenbei Musik hört, und erklärt, warum ihr das tut.

3

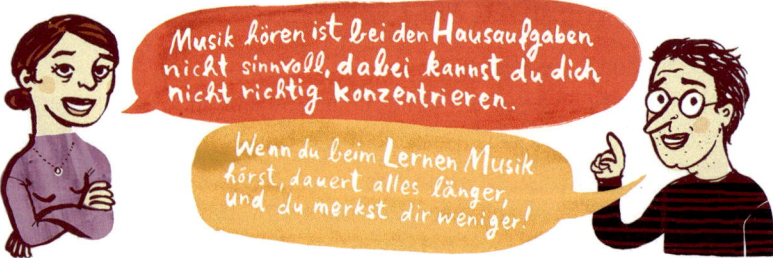

Musik hören ist bei den Hausaufgaben nicht sinnvoll, dabei kannst du dich nicht richtig konzentrieren.

Wenn du beim Lernen Musik hörst, dauert alles länger, und du merkst dir weniger!

Kommen euch diese Sätze bekannt vor? Hört ihr trotzdem Musik bei den Hausaufgaben?
Jetzt überprüft ihr mit einem Experiment, ob Musikhören tatsächlich beim Lernen stört:
a Verständigt euch in der Klasse, wer häufig Musik bei den Hausaufgaben hört.
b Tauscht euch darüber aus, ob ihr meint, beim Musikhören besser oder schlechter zu arbeiten.

4 **a** Löst die Aufgaben, die ihr von eurem Lehrer oder eurer Lehrerin gestellt bekommt. Den
einen Teil der Aufgaben bearbeitet ihr mit, den anderen ohne Musik im Hintergrund.
b Nun wertet ihr eure eigenen Ergebnisse aus: Erbringt ihr bessere oder schlechtere Leistungen
mit Musik im Hintergrund?
c Entspricht das Ergebnis euren Erwartungen aus Aufgabe 3b?

5 **a** Diskutiert in der Klasse: Haltet ihr es für sinnvoll, Regeln zu erstellen, die für alle gültig sind,
oder sollte jeder für sich eigene Regeln entwickeln?
b Entwickelt für euch Regeln, bei welchen Aktivitäten Musik im Hintergrund nicht stört und
für welche Tätigkeiten Musik hinderlich ist.

Der Beat bewegt uns: Den Puls in der Musik messen

Der Grundschlag – beats per minute (BPM)

Beim Musikhören klopft man häufig automatisch den Grundschlag des Liedes mit. An diesem Grundschlag kann man das Tempo eines Musikstückes erkennen. Daher wird am Anfang eines Notenbildes häufig angegeben, wie viele Grundschläge pro Minute in diesem Musikstück vorkommen. So kann ein Komponist präzise benennen, wie schnell seine Komposition gespielt werden soll. Schon vor mehr als 200 Jahren erfand der Mechaniker und Erfinder Johann Nepomuk Mälzel ein Gerät, bei dem man die Anzahl der Grundschläge pro Minute einstellen kann. Dann erklingt im gewählten Tempo bei jedem Grundschlag ein Klick-Geräusch. Diese Erfindung nannte er „Metronom", weil man den Grundschlag auch als das Metrum der Musik bezeichnen kann.

Heute spricht man häufig von den BPM eines Musikstücks. Das ist eine Abkürzung für „beats per minute" (Schläge in der Minute). Popmusik wird im Studio fast immer zu einem so genannten „Klick" von einem Metronom eingespielt. Das bedeutet, dass das Tempo immer gleich bleibt und es keine Schwankungen gibt. So regen die Lieder schnell zum Bewegen an. Bei Live-Auftritten von

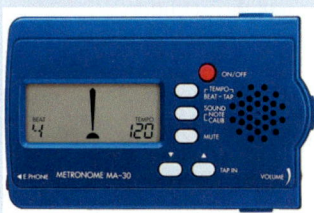

Rock- und Pop-Bands kommen oft digitale Metronome zum Einsatz, die die Schlagzeuger nutzen, um den Grundschlag genau einzuhalten. Steht auf der Metronom-Anzeige 80, dann gibt das Metronom 80 Schläge in der Minute wieder. Digitale Metronome haben meistens einen Kopfhörer-Ausgang; so kann der Schlagzeuger den „Klick" immer hören, auch wenn es auf der Bühne sehr laut ist.

6 Hört die drei Musikbeispiele aus Aufgabe 1 noch einmal und klopft dabei den Grundschlag mit.
⊚ 5|1–3

7 a Informiert euch mit Hilfe des blauen Kastens, was die Abkürzung BPM bedeutet. Formuliert einen Merksatz, der BPM erklärt.
b Erklärt die Bedeutung der Zahl 120 auf dem abgebildeten Metronom.

8 Um die BPM von Liedern zu messen, müsst ihr zählen, wie viele Grundschläge ihr in genau einer Minute mitklopft. Leichter ist es, wenn ihr zusammenarbeitet: Einer behält die Uhr im Blick, sagt „Start" und nach genau einer Minute „Stopp". Der andere zählt währenddessen die Grundschläge.

⊚ 5|1–3 a Messt das Tempo der drei Lieder in BPM.
b Setzt die BPM-Zahl in Bezug zu den Bildern, denen ihr die Musikbeispiele in Aufgabe 1 zugeordnet habt.

9 Singt oder spielt Lieder aus eurem Lieder- oder Musikbuch in unterschiedlichen Geschwindigkeiten (Tempi). Beschreibt, wie sich die Wirkung jeweils ändert.

10 Messt das Tempo eures Lieblingsliedes und vergleicht eure Messungen. Was fällt euch auf?

Immer auf die Ohren

Geräusche und ihre Lautstärke untersuchen

1 Beschreibt Situationen, in denen laute Geräusche entweder Spaß machen oder stören.

2 **a** Haltet fest, welche Orte in eurer Schule besonders laut sind.

b Informiert euch im Internet darüber, wie man Lärm vermeiden kann und welche Schäden Lärm anrichten kann. Nutzt dafür die Suchbegriffe „Lärm", „Hörschäden" und „Lärmschutz".

3 **a** Sortiert die aufgeführten Klangereignisse in die Tabelle ein. Zu jedem angegebenen Dezibel-A-Wert gehört ein Klangereignis. Bei der richtigen Reihenfolge ergeben die Großbuchstaben ein Lösungswort. **AH|**S. 69

b Vergleicht eure Ergebnisse und benennt Zuordnungen, die euch überrascht haben.

L Auto im Stadtverkehr 5 m entfernt	**C** Ruhiges Zimmer in der Nacht	**H** Unterhaltung 1 m entfernt	**U** Spielzeugpistole 25 cm entfernt	**S** Hörschwelle: ab hier hört man etwas	**T** Düsenflugzeug 30 m entfernt
Z Spielzeugpistole direkt am Ohr	**S** MP3-Player bei voller Lautstärke	**H** Trillerpfeife direkt am Ohr	**A** Fernseher auf Zimmerlautstärke 1m entfernt	**C** Rockkonzert nah am Lautsprecher	**L** Presslufthammer, Kreissäge 1 m entfernt

		L									
0 dB(A)	20 dB(A)	40–60 dB(A)	60 dB(A)	80 dB(A)	100 dB(A)	110 dB(A)	120 dB(A)	130 dB(A)	150 dB(A)	150 dB(A)	170 dB(A)
empfindet man als Stille		tagsüber: Störung der Konzentration; nachts: Beeinträchtigung des Schlafes			Schädigung des Innenohrs bei jahrelanger Belastung		Schmerzgrenze	Dauerhafte Schädigung des Innenohrs bei einmaliger Einwirkung möglich			

Schall und Entfernung

Dezibel A, abgekürzt dB(A), bezeichnet die Stärke des Schalls, der auf das menschliche Ohr einwirkt. Bei den angegebenen Werten bedeuten 10 dB Unterschied, dass das Geräusch von den meisten Menschen als etwa doppelt so laut wahrgenommen wird. Der Abstand der Schallquelle vom Ohr ist dabei sehr entscheidend, da die Lautstärke mit jedem Zentimeter Abstand abnimmt. Die Trillerpfeife, die direkt am Ohr 130 dB laut ist, ist in 30 cm Entfernung noch etwa 105 dB laut.

Das Ohr hört alles: Sich über die Verletzlichkeit der Ohren informieren

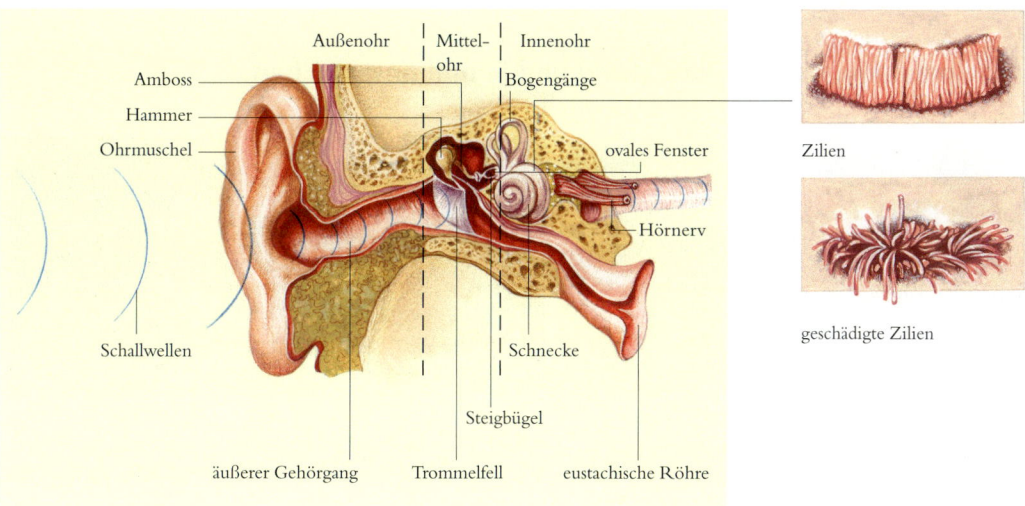

Außenohr | Mittelohr | Innenohr

Amboss
Hammer
Ohrmuschel

Bogengänge
ovales Fenster
Hörnerv

Schallwellen
Schnecke

Steigbügel

äußerer Gehörgang | Trommelfell | eustachische Röhre

Zilien

geschädigte Zilien

Wenn wir etwas hören, …

… treffen die Schallwellen eines Geräusches auf das Trommelfell und versetzen dieses in Schwingung. Das Trommelfell gibt diese Schwingungen an die Mittelohrknöchelchen (Hammer, Amboss und Steigbügel) weiter, die durch ihre Bewegungen wie ein Verstärker wirken. Bei einem sehr lauten Geräusch können sie das Ohr aber auch schützen, indem ein Muskel
5 den Steigbügel verschiebt, sodass nur ein kleiner Teil der Lautstärke weitergeleitet wird. Durch das ovale Fenster gelangt der Klang in die Schnecke im Innenohr. In der Schnecke, die mit Flüssigkeit gefüllt ist, werden dann sehr dünne Wände (Membranen) in Schwingung versetzt. Dadurch werden die etwa 10.000 sehr dünnen Sinneshärchen (Zilien) gebogen, die sich zwischen diesen Wänden befinden. Sie senden dabei ein elektrisches Signal über den Hör-
10 nerv an das Gehirn und wir hören das Geräusch. Die Zilien sind also sehr wichtig für unser Hören. Durch laute Geräusche oder zu laute Musik können die Zilien aber verkleben oder gar abbrechen. Die Folgen sind Schwerhörigkeit und andere Hörschäden. Da hilft auch der Schutz des Steigbügels nicht. Weil die Zilien sich aber bei einer Lautstärke von unter 70 Dezibel (dB) auch wieder erholen können, ist es wichtig, jeden Tag längere Ruhephasen einzubauen.

4 **a** Beschreibt Situationen, in denen sich eure Hörfähigkeit für einige Zeit merklich verändert hat, zum Beispiel durch eine Dämpfung des Gehörten oder einen Ton im Ohr.
   b Erklärt mit Hilfe des Textes und der Bilder, was in eurem Ohr wahrscheinlich passiert ist. **AH**|S. 70

5 Hört euch die Beispiele an, die verschiedene Arten von Gehörschäden simulieren. Erklärt,
◉ 5|4–9 wie die einzelnen Schädigungen sich auf das Hören auswirken. Was würden diese in eurem alltäglichen Leben verändern?

6 Erläutert die Gefahren, die bestehen, wenn man Musik über Kopfhörer hört. Entwickelt Ideen, diesen Gefahren aus dem Weg zu gehen. **AH**|S. 70

7 Wertet Lisas Tag (▶ S. 202) aus. Was sollte sie ändern, um ihre Ohren zu schützen?

Mein Sound, dein Sound

Den Zusammenhang von Musikrichtung und Sound untersuchen

1   **a** Erklärt in eigenen Worten, was der Sound eines Liedes oder einer Band ist.
         b Versucht den Klang der Bands auf den Bildern zu beschreiben.

2   **a** Informiert euch über den Begriff „Sound" im blauen Kasten.
⊚ 4|34–37   **b** Hört euch die unterschiedlichen Versionen von „Auld lang syne" (▶ S. 177) an.
         Haltet fest, welche Instrumente den Sound der unterschiedlichen Aufnahmen prägen.

3   **a** Teilt die aktuelle Musik in höchstens fünf unterschiedliche Arten von Sound ein.
         b Gruppiert euch in der Klasse gemäß eurer Soundvorlieben. Tauscht euch dann mit einem
         Mitschüler aus einer anderen Sound-Gruppe darüber aus, warum ihr euren Sound so mögt.
         Wichtig: Respektiert dabei die Soundvorlieben eurer Mitschülerinnen und Mitschüler.

4   Vergleicht innerhalb eurer Sound-Gruppe die BPM-Zahl eurer Lieblingslieder. Ist ein
Zusammenhang von Sound und BPM zu erkennen?

Der ganz besondere Sound

Wenn über Popmusik gesprochen wird, fällt sehr häufig der englische Begriff „Sound". Man kann ihn mit den Worten „Klang", „Geräusch" oder „Laut" übersetzen. Im Zusammenhang mit Musik ist aber die Übersetzung mit „Klangfarbe" die beste.
Für den speziellen Sound eines Liedes sind folgende Dinge entscheidend:
– die Stimme des Sängers oder der Sängerin,
– die erklingenden Instrumente,
– die im Aufnahmestudio hinzugefügten Effekte.
Professionelle Bands achten darauf, einen nur für sie typischen Sound zu entwickeln, damit der Hörer im Radio auch neue Lieder von ihnen sofort erkennt. Viele Menschen entwickeln eine Vorliebe für einen gewissen Sound und hören nur Musik von Bands, die diesen Sound haben. Darum wird auch der typische Klang einer bestimmten Musikrichtung als Sound bezeichnet.

Musik bewusst hören: Mit Sound Stimmungen erzeugen

Blowin' in the wind

Text und Musik: Bob Dylan (*1941)

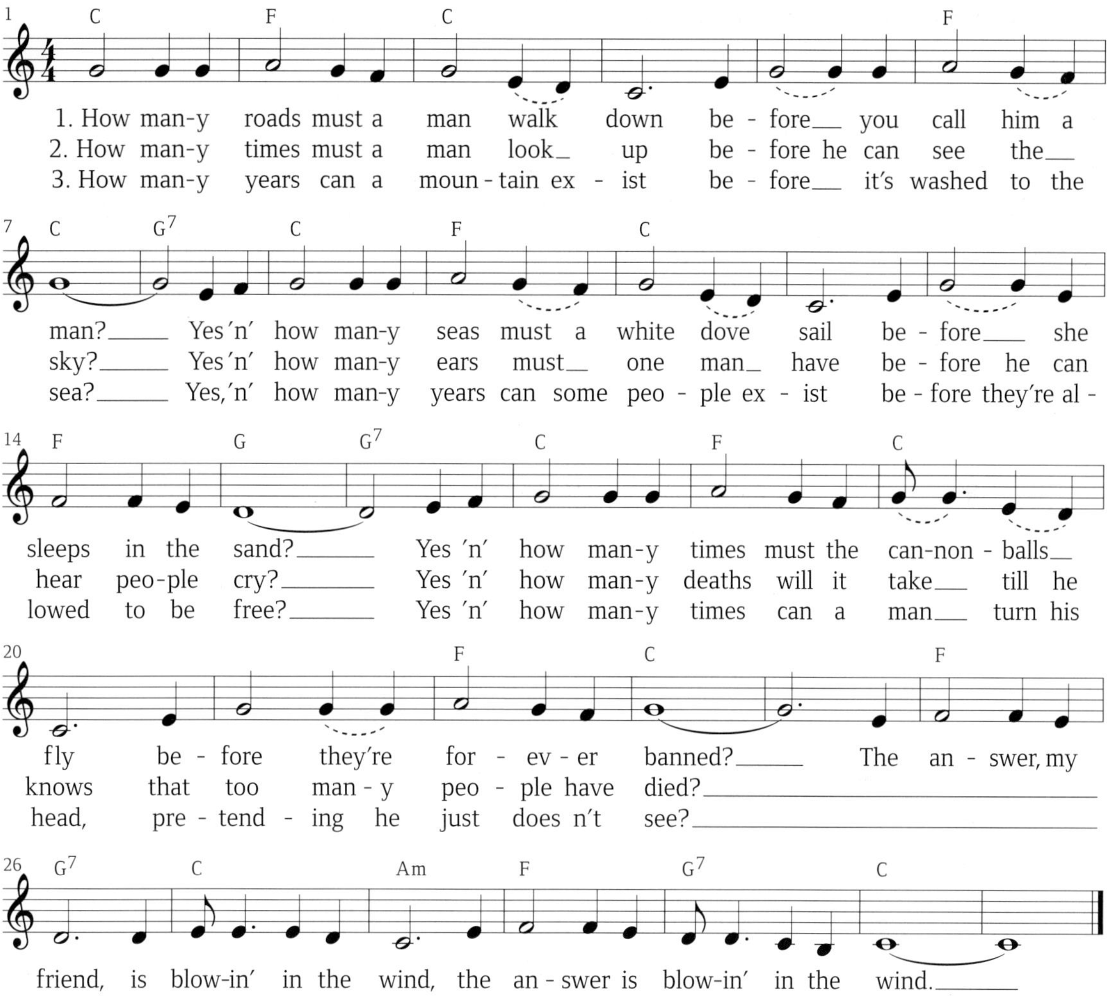
1 C F C F
1. How man-y roads must a man walk down be - fore__ you call him a
2. How man-y times must a man look__ up be - fore he can see the__
3. How man-y years can a moun - tain ex - ist be - fore__ it's washed to the
7 C G7 C F C
man?____ Yes 'n' how man-y seas must a white dove sail be - fore____ she
sky?____ Yes 'n' how man-y ears must__ one man__ have be - fore he can
sea?____ Yes, 'n' how man-y years can some peo - ple ex - ist be - fore they're al -
14 F G G7 C F C
sleeps in the sand?____ Yes 'n' how man-y times must the can-non - balls__
hear peo-ple cry?____ Yes 'n' how man-y deaths will it take__ till he
lowed to be free?____ Yes 'n' how man-y times can a man__ turn his
20 F C F
fly be - fore they're for - ev - er banned?____ The an - swer, my
knows that too man - y peo - ple have died?____
head, pre - tend - ing he just does n't see?____
26 G7 C Am F G7 C
friend, is blow-in' in the wind, the an - swer is blow-in' in the wind.____

5 Singt und spielt das Lied „Blowin' in the wind" auf verschiedenen Instrumenten. Vergleicht dabei die unterschiedliche Klangwirkung, die die Melodie hat.

6 **a** Beschreibt, wie ihr euch den Sound einer Aufnahme dieses Liedes vorstellt.

5|10–12 **b** Hört die drei Musikbeispiele und beschreibt den unterschiedlichen Sound.

c Diskutiert, welchen Sound ihr für die Vertonung des Liedes angemessen findet.

7 Vervollständigt die folgenden Sätze und beschreibt, wie die Musik klingen würde, die ihr in der jeweiligen Situation hören würdet. Beachtet dabei Sound, BPM und Lautstärke:
- Wenn ich sauer bin und meine Wut richtig rauslassen möchte, dann höre ich Musik, die …
- Wenn ich ein wenig traurig bin, aber bessere Laune bekommen möchte, dann höre ich …
- Wenn ich mich abends vor dem Schlafengehen entspannen möchte, dann …
- Wenn ich mich richtig toll fühle, dann …

Musik im Ohr

Bewusst mit dem MP3-Player umgehen

Leon und Basti haben Streit darüber, dass Basti nie seine Kopfhörer aus den Ohren nimmt. Selbst als Leon sich mit ihm unterhält, lässt er eine Seite im Ohr.

L: Nimm doch mal die Kopfhörer raus. Das nervt voll, wenn man sich mit dir unterhalten will. Du hörst mir gar nicht zu.

5 B: Klar hör' ich dir zu. Aber ich hör' halt gern Musik nebenbei. Wenn wir bei dir zu Hause sind, läuft doch auch ständig Musik. Ich weiß gar nicht, warum dich das auf einmal stört.

L: Weil ich mit dir rede und es nicht mag, wenn du nur mit einem Ohr dabei bist. Das ist unfreundlich.

10 B: Du redest ja schon wie meine Mutter, die sich über die Leute im Bus beschwert.

L: Da hat sie ja auch recht. Aus allen Kopfhörern kommt etwas anderes und wenn ich aussteigen will, lässt mich keiner durch, weil niemand auf mich hört.

B: Aber gerade im Bus ist Musikhören doch das Einzige, was geht. Oder willst du die ganze Zeit Kleinkinder quengeln und alte Leute jammern hören?

15 L: Na, ich weiß nicht. Ich find's trotzdem nicht gut. Außerdem bin ich neulich, als mein MP3-Player lief, beim Aussteigen fast vor ein Auto gelaufen, weil ich wegen der Musik nicht aufpasste. Seitdem höre ich keine Musik mehr auf der Straße: zu gefährlich!

B: Wie? Dann soll ich den ganzen Weg nach Hause laufen, ohne Musik zu hören? Es geht doch nichts über den persönlichen Soundtrack für den Nachhauseweg!

20 L: Ich find' das eigentlich ganz gut, dann hab ich etwas Ruhe. In der Schule ist es ja auch immer laut. Und ich hab' mal gelesen, dass die Ohren auch Ruhe brauchen. Oder ich unterhalte mich. Letzte Woche haben Jan und ich dabei gerade festgestellt, dass…

1 a Setzt den Dialog zwischen Leon und Basti fort, indem ihr weitere Argumente vorbringt.
   b Tragt anschließend zusammen, in welchen Situationen ihr gut Musik über Kopfhörer hören könnt und wann es unfreundlich oder gar gefährlich ist. **AH|S. 71**

2 Formuliert Regeln für den Umgang mit Musik, die ihr über Kopfhörer hört. Beachtet dabei auch die Themen Lärmbelastung und Gehörschutz (▶ S. 206/207).

MP3-Verfahren

Als MP3 bezeichnet man Audiodateien (Tondateien), die sich auf einem Computer, Mobiltelefon oder MP3-Player speichern und abspielen lassen. Damit sie wenig Speicherplatz benötigen, sind sie komprimiert. Komprimiert bedeutet, dass die Menge der digitalen Daten reduziert wird, ohne dass sich die Qualität des Musikklangs deutlich verändert. Im Gegensatz zu einer CD werden nur die für den Menschen hörbaren Töne abgespeichert. Wenn man die Musik über Kopfhörer, Computer oder eine Stereoanlage hört, fällt der Unterschied zwischen MP3 und CD nicht auf. Bei leistungsstarken Anlagen, etwa in Diskos, ist der Unterschied aber deutlich wahrnehmbar.

Musik im Netz: Sich über Musikdownloads und Internetradio informieren

Am Nachmittag treffen sich Basti und Leon, um mit der Spielekonsole zu spielen.
Basti gewinnt – wie immer! Nebenbei hören sie Internetradio über Leons Computer.

B: Was ist das eigentlich für Musik, die da läuft? Die klingt ja gar nicht schlecht.

L: Wie der Titel heißt, weiß ich auch nicht. Ich guck' mal nach.

5 B: Wie? Ich dachte, du hast den Rechner angeworfen, damit wir Lieder aus
deiner Musiksammlung hören?

L: Nein, so viel Musik hab' ich gar nicht auf dem Rechner.
Ich hör' fast immer Online-Radiosender. Da hab' ich mir ein paar
rausgesucht, die nur meine Musikrichtung spielen.

10 B: Aber dann kannst du dir doch gar nicht aussuchen, wann du welches Lied
hörst. Nervt das nicht? Also ich lade mir lieber Musik aus dem Internet
herunter, dann kann ich genau auswählen, was ich wann höre.
Außerdem will ich ja alle Songs auf meinen MP3-Player laden.

L: Aber kostet das nicht ziemlich viel? Wenn ich alle Lieder, die ich übers
15 Internetradio höre, kaufen würde, dann wäre mein Taschengeld aber schnell weg.

B: Kaufen? Du stellst dich aber an. Es gibt doch genug Seiten, wo es alles umsonst gibt.

L: Und hinterher hat man einen Virus auf dem Computer. Außerdem ist das Diebstahl
und wird hart bestraft. Ich gehe ja auch nicht in ein Geschäft und klaue CDs. Und mein
Bruder meinte letztens, dass das am Ende doch nur uns selbst schadet.

20 B: Wieso? Ich behalte mein Geld und kann alles downloaden, was mir gefällt.

L: Ja, aber stell' dir mal vor, du bist eine Band. Dann hast du Zeit und Geld in die Aufnahme von Liedern gesteckt, aber verdienst damit gar kein Geld. Mein Bruder sagt, dass
viele Musiker sich deshalb gar nicht mehr trauen, die Musik zu ihrem Beruf zu machen.
Darum wird die Musik immer langweiliger, findet er.

25 B: Aber ist das bei deinem Internetradio denn anders?

L: Naja, oft bekommen die Musiker Geld dafür, dass ihre Lieder gespielt werden, so wie
im richtigen Radio auch. Unbekannte Bands nutzen das als Werbung und man kann
über die Radioseite zum Onlineshop kommen, in dem sie ihre Musik verkaufen.
Außerdem höre ich ja nicht nur Musik über das Internetradio, sondern auch Hörspiele
30 und andere Jugendprogramme …

3 **a** Sammelt die Aussagen zu legalen und illegalen Downloads aus dem Text und ergänzt sie
mit eigenen Argumenten.

b Informiert euch im Internet über die aktuellen Regeln und Gesetze zum Thema Download.

c Diskutiert, wem das illegale Downloaden schadet. Auch hierzu findet ihr viel Material im
Internet.

4 Ihr findet viele Plattformen, die Übersichten zu Internetsendern anbieten, wenn ihr bei einer
Suchmaschine „Internetradio" eingebt.

a Informiert euch über Internetradio-Sender, die Kinder- und Jugendprogramme anbieten.

b Schreibt für eure Mitschüler eine Empfehlung für einen Sender, der euch gefällt. Benennt
dabei auch die Sendungen, die ihr besonders gut findet.

Mehr als nur klingeln

Erfahrungen mit Klingeltönen vergleichen

Platzwechsel (warm up)	Klang-Lawine	Klingelton-Memory

Stellt euch im Kreis auf. a) Ein Spieler (S1) beginnt und blickt einen anderen Spieler (S2) an. b) Beide lösen ihren Klingelton aus und wechseln dann die Plätze. c) Beide schalten die Klingeltöne aus, sobald sie wieder stehen! (Klingelton = Bewegung; Stille = keine Bewegung) d) Nun beginnt S2 und blickt einen anderen Spieler an und das Spiel beginnt von vorne.	Stellt euch im Kreis auf. Führt die Schritte a-c wie beim Platzwechsel-Spiel durch. d) Sowohl S1 als auch S2 blicken einen anderen Spieler an. Dann folgen wieder die Schritte a-c. So breitet sich die Lawine immer weiter aus. e) Wenn alle Spieler ein Teil der Lawine sind, schaltet jeder seinen Klingelton aus und bleibt stehen. Vorsicht beim Wechseln der Plätze!	a) Zwei Spieler (S1, S2) verlassen kurz den Raum. b) Die anderen Mitspieler bilden Paare und wählen gleiche Klingeltöne aus. c) Alle Paare mischen sich und stellen sich im Kreis auf. d) S1 u. S2 kommen in den Raum und müssen abwechselnd versuchen die Paare herauszufinden, indem sie je zwei Spieler antippen, die dann ihren Klingelton abspielen. Wer die meisten Paare gefunden hat, gewinnt.

1 Nutzt ihr gerne aktuelle Lieder, Standard-Klingeltöne, ungewöhnliche Sounds oder witzige Sprüche als Klingelton? Habt ihr einen Klingelton für alle Anrufer oder ordnet ihr euren Freunden unterschiedliche Töne zu? Nutzt ihr nur Klingeltöne, die schon auf dem Mobiltelefon vorhanden sind, oder kauft ihr neue hinzu?

a Tauscht euch über eure Vorlieben für Handy-Klingeltöne aus.

b Informiert euch im Internet über die Gefahren, die beim Kauf von Klingeltönen lauern. Die gemeinsame Eingabe der drei Suchbegriffe „Klingeltöne, Verbraucherschutz, Jugendliche" hilft euch dabei.

c Sprecht über die Erfahrungen, die ihr im Umgang mit Klingeltönen bereits gesammelt habt.

2 a Spielt die musikalischen Spiele mit Klingeltönen, die oben beschrieben sind. Verwendet in den einzelnen Spielrunden unterschiedliche Klingeltöne.

b Tauscht euch nach der Klang-Lawine über eure Klangeindrücke und den Effekt des Klingeltonwechsels aus. Beschreibt die Schwierigkeiten, die sich beim Klingelton-Memory ergeben.

Unterrichtsprojekt

Vorschlag 1: Geräusche werden Musik

1 Beschreibt die abgebildete grafische Notation und den Klang, den ihr erwartet, wenn dieses Musikstück von Handys gespielt wird. Weitere Informationen zu grafischen Notationen findet ihr auf Seite ▶ S. 13.

2 Erstellt in Gruppen mit den Klingeltönen eurer Mobiltelefone eine Klangkomposition von einer Minute Länge. Geht dabei folgendermaßen vor:

a Einigt euch auf einen Titel für eure Komposition. Hilfreich sind Titel, die bei euch eine bestimmte Klangvorstellung hervorrufen, zum Beispiel: Lawine, Klangwelle, Gewitter, Streitgespräch.

b Erprobt mit euren Telefonen unterschiedliche Vertonungen des Titels und einigt euch auf eine Version.

c Haltet diese in Form einer grafischen Notation möglichst genau fest.

3 a Zeigt euren Mitschülern die Notation und lasst sie den Klang beschreiben, den sie erwarten.

b Führt eure Klangkompositionen auf und vergleicht sie mit den formulierten Erwartungen. Eure Mitschüler sollen den Titel erraten.

Vorschlag 2: Mit musikalischen Gewohnheiten experimentieren

4 a Hört eine Woche lang die Musik einer anderen Person, die einen ganz anderen Musikgeschmack hat als ihr. Schreibt jeden Abend auf, wie ihr den Tag mit dieser Musik empfunden habt. Könnt ihr eine Änderung eurer Einstellung zu diesem Musikstil feststellen?

b Verzichtet eine Woche lang auf jegliche Hintergrundmusik. Wenn ihr Musik hört, dürft ihr nichts anderes nebenbei machen. Schreibt am Ende der Woche einen Bericht, wie es euch dabei ergangen ist.

5 Tauscht euch darüber aus, welche Rolle Musik in eurem Alltag spielt. **AH | S. 72**

6 Studiert Lieder aus eurem Liederbuch mit unterschiedlichen Instrumenten ein und führt sie auf. Erklärt, welche Auswirkungen die einzelnen Instrumente auf den Sound der Songs jeweils haben.

In diesem Kapitel …
– lernt ihr unterschiedliche Musikgruppen und ihre Zusammensetzung
  kennen,
– erfahrt ihr, wo es Möglichkeiten
  zum Mitmachen gibt,
– erstellt ihr eine Reportage,
  in der ihr das Musikleben in eurer
  Nachbarschaft vorstellt.

Begegnungen

Musik in unserer Umgebung erkunden

1 Max und Leonie sind mit Fotohandy und Schreibblock unterwegs.
Sie wollen herausfinden, an welchen Orten ihrer Stadt Musik erklingt und
um welche Musik es sich handelt. Betrachtet das Bild:
Welche Orte können sie besuchen? Kennt ihr weitere Orte in eurer Stadt?

2 Erstellt eine Übersicht, wo euch Profis und wo euch musikalische
Laien begegnen.

3 Notiert alle Orte, die ihr genauer unter die Lupe nehmen wollt.
Welche Möglichkeiten gibt es zum Mitmachen?

Singen im Chor

Chorgattungen unterscheiden und einordnen

… Ein Höhepunkt des Sommerkonzerts war der Auftritt des Schulchores. Die fast 30 Schülerinnen und Schüler sangen mit einer Begeisterung, die sofort auf das Publikum überschwappte, was nicht zuletzt an dem nicht enden wollenden Beifall deutlich wurde. „Ich singe auch sehr gerne allein", so Sarah aus der 9c, „aber das gemeinsame Singen im Chor ist ein unvergleichliches Erlebnis. Du lässt dich von dem Klang, an dem du selbst mit deiner Stimme beteiligt bist, tragen und kannst so ganz in die Musik eintauchen" …

Ausschnitt aus dem Konzertbericht einer Schülerzeitung

Unser Schulchor

Proben:
Montags, 8. und 9. Stunde
in der Aula

Unser Repertoire:
Flashdance … What a feeling
It's raining men
Best of Musical
Deo Gratias
Missa puerorum

Highlights des Schuljahres:

19.10.	Teilnahme am Chorwettbewerb „Jugend singt"
13.12.	Weihnachtskonzert
31.1.	Probenwochenende mit Abschlusskonzert
4.6.	Sommerkonzert

Wir suchen engagierte Sängerinnen und Sänger – Ihr seid herzlich eingeladen!

1 a Findet heraus, welche Musikrichtungen in diesem Chor gesungen werden.
b Überlegt, warum es für Jugendliche attraktiv ist, in einem Chor zu singen.

2 Befragt Personen, die im Schulchor aktiv sind, zum Beispiel euren Musiklehrer oder ältere Mitschüler. Nutzt die Informationen auf dieser Seite, um Fragen zu formulieren. Was interessiert euch besonders?

3 a Beschreibt die abgebildeten Chöre und stellt Gemeinsamkeiten und Unterschiede heraus.

b Überlegt, welche Musikrichtungen von diesen Chören möglicherweise gesungen werden.

4 a Ordnet die Hörbeispiele den Chören zu. Woran habt ihr euch dabei orientiert?

◉ 5|13–14 b Beschreibt, um welche Musikrichtung es sich jeweils handelt. Stimmt die Zuordnung mit euren Vermutungen aus Aufgabe 3 b überein?

5 a Hört euch die Aufnahmen verschiedener Chöre an und beschreibt die

◉ 5|15–19 Besonderheiten der Besetzung und des Klangs. Nutzt dazu den blauen Kasten.

b Überlegt, wie die unterschiedlichen Klangfarben zustande kommen. **AH|S. 73**

6 Schlüpft in die Rolle von Leonie und Max: Recherchiert, welche Chöre es in eurer Umgebung gibt, und befragt den Chorleiter oder ein Chormitglied. Dazu könnt ihr die Fragen aus Aufgabe 2 benutzen oder weitere Fragen entwickeln.

Chöre und ihr Klang

Eine Gruppe gemeinsam singender Menschen bezeichnen wir als Chor (griechisch choros = Reigen). In einem Chor wird zumeist mehrstimmig gesungen, das heißt: Verschiedene Melodien klingen in unterschiedlichen Stimmlagen gleichzeitig. Chöre lassen sich am leichtesten unterscheiden, wenn wir ihre Besetzungen miteinander vergleichen; wir sprechen dann von Chorgattungen. Die wichtigsten Chorgattungen sind: Kinderchor, Männerchor, Frauenchor, gemischter Chor.
Außerdem kann man Chöre danach unterscheiden, welche Musik sie aufführen und wo dies geschieht, zum Beispiel Kirchenchöre, Popchöre, Rundfunk- oder Gospelchöre. Für den Klang eines Chores ist neben der Besetzung auch wichtig, ob der Gesang durch Instrumente begleitet wird oder ob der Chor a capella, das heißt ohne Begleitung, singt.

Instrumente unter sich

Blasorchester und Big-Band unterscheiden

Blasorchester, häufig als **Musikvereine** bezeichnet, finden wir an vielen Orten. Sie spielen in Konzerten, bei Festen und Veranstaltungen und häufig auch bei privaten Anlässen. Aufgrund dieser Vielfalt an Auftritten ist die Musik, die in örtlichen Blasorchestern gespielt wird, ebenfalls sehr vielfältig: Das Repertoire umfasst unter anderem traditionelle Marsch- und Blasmusik, sinfonische konzertante Musik und Rock- und Popmusik.
Um Kindern und Jugendlichen die Möglichkeit zum Mitspielen zu geben, bieten viele Musikvereine Instrumentalunterricht an, manchmal auch gemeinsam mit der örtlichen Musikschule.

1 Nennt möglichst viele der auf dem Foto abgebildeten Instrumente.

2 Vergleicht anhand des Fotos den Aufbau eines Blasorchesters mit dem eines Sinfonieorchesters
(▶ S. 162). Stellt Vermutungen an, welche Instrumente die Rolle der Violinen und Bratschen
übernehmen könnten.

3 Erstellt ein Hörprotokoll: Welche Instrumente beziehungsweise welche Instrumentengruppen
◉ 5|20 stehen jeweils im Vordergrund? **AH|**S. 74

4 Überlegt, welche Voraussetzungen – im Vergleich zu einem Chor – erfüllt sein müssen,
um in einem Blasorchester mitzuspielen.

5 Erkundigt euch, zu welchen Anlässen man ein Blasorchester in eurer Nachbarschaft
hören kann.

Max und Leonie möchten für die Schülerzeitung eine Reportage über die Big-Band ihrer Schule machen. Einige Fragen haben sie schon notiert.
– Welche Instrumente spielen in einer Big-Band mit?
– Welche verschiedenen Aufgaben gibt es für diese Instrumente beim Zusammenspiel?
– Welche Aufgaben hat der Band-Leader?
– Welche Musikrichtungen werden gespielt?

6 a Helft ihnen, weitere Fragen zu finden, die sie in ihrer Reportage klären können.

b Beantwortet die Fragen, indem ihr einen Band-Leader und Musiker einer Big-Band befragt, oder nutzt das Internet, Musiklexika und weitere Quellen. Überlegt, wie ihr eure Ergebnisse ansprechend präsentieren könnt.

c Informiert euch, seit wann es Big-Bands gibt und wie sie entstanden sind.

7 Beschreibt das Foto der Schul-Big-Band. Nutzt dazu auch die in Aufgabe 6 gesammelten Informationen.

8 Benennt die verschiedenen Instrumentengruppen, die zu hören sind.
⊙ 5|21 Die Fachleute sprechen von Sections. Welche Aufgaben erfüllen sie in dem Hörbeispiel? **AH|S. 75**

9 Vergleicht Big-Band und Blasorchester bezüglich ihrer Besetzung
⊙ 5|20–21 und ihrer Musikstile.

Musik für Ensembles

Ein Arrangement für die Klasse erstellen

Ein Arrangeur bearbeitet ein Musikstück so, dass es von mehreren Instrumenten gemeinsam gespielt werden kann. Durch sein Arrangement gibt er den Musikern verschiedene Aufgaben, zum Beispiel: Melodie spielen, Begleitstimmen hinzufügen, rhythmisch begleiten, kurze Einwürfe – so genannte *kicks* – hineinspielen und so weiter.

Text: Irving Mill
Musik: Duke Ellington

Peter Herbolzheimer (1935–2010), Posaunist, Komponist und Arrangeur

Duke Ellington (1899–1974), Pianist, Komponist und Band-Leader

Bearbeitet das Stück so, dass ihr es in einem Klassen-Ensemble spielen könnt:

1 Singt den Jazz-Standard „It don't mean a thing".

2 Erstellt eine Übersicht über die Instrumente, die für euer Ensemble zur Verfügung stehen.

3 Überlegt, welche Instrumente die verschiedenen Aufgaben im Arrangement übernehmen sollen. Soll die Melodie in eurer Fassung instrumental gespielt oder gesungen werden?

4 Viele Arrangeure, darunter Duke Ellington und Peter Herbolzheimer, haben „It don't mean a thing" arrangiert. Vergleicht das Arrangement von D. Ellington mit der Fassung von P. Herbolzheimer. **AH|**S. 76

⊚ 5|22–23

Viele Instrumente an unserer Schule

Ein Schulorchester erkunden

Max und Leonie haben eine Reportage über das Orchester ihrer Schule erstellt.
Hier ist ein Ausschnitt daraus:

Das Schulorchester wurde vor 15 Jahren von seinem derzeitigen Leiter, Herrn Fröhling, ins Leben gerufen. Es umfasst zur Zeit 52 Schülerinnen und Schüler, von denen die jüngsten in die 8. Klasse gehen, während sich die ältesten gerade auf das Abitur vorbereiten. Auch für die Jüngeren gibt es ein Angebot: Bei den „Tonakrobaten", dem Vorbereitungsorchester, werden sie auf die Aufgaben bei den Großen vorbereitet.

Queen auf dem Programm. Es finden übrigens drei Konzerte pro Schuljahr statt – es gibt also immer eine Menge zu tun!

Im Schulorchester sind alle Orchesterinstrumente, vor allem Streichinstrumente wie Violinen, Bratschen, Celli und Bässe, Holz- und Blechblasinstrumente sowie Schlagwerk vertreten.

Ein besonderer Höhepunkt sind die regelmäßig stattfindenden Orchesterfahrten. In vielen Ländern wie England, Frankreich oder Ungarn wurden bereits Konzerte gegeben. So werden neben dem Spaß am gemeinsamen Musikmachen auch das Gemeinschaftsgefühl und die vielen freundschaftlichen Kontakte im Orchester gefördert: Für viele Schülerinnen und Schüler war und ist das Schulorchester daher ein wichtiger Teil des Schullebens.

Das Repertoire umfasst sowohl klassische Musik wie zum Beispiel „Die Unvollendete" von Schubert, das Violinkonzert von Beethoven oder die „Feuerwerksmusik" von Händel, als auch aktuelle Film- und Popmusik. So standen beim letzten Konzert unter anderem die Filmmusik aus „Fluch der Karibik" und „Harry Potter und der Feuerkelch", aber auch ein spezielles Arrangement der „Bohemian Rhapsody" der Gruppe

1 Arbeitet anhand der Reportage heraus, warum sich viele Schüler für die Teilnahme im Schulorchester entscheiden.

2 Erstellt einen Werbeflyer wie auf ▶ S. 216 für das hier vorgestellte Schulorchester. Nutzt die Informationen aus der Reportage und überlegt, womit ihr außerdem noch werben könntet.

Andere Instrumente – andere Töne

Eine Schülerband im Rampenlicht

Schülerbands sind in der Regel auf wenige Mitglieder begrenzt. Es gibt meist keinen „Chef",
also keinen Dirigenten oder Band-Leader, der sagt, welche Musik wie gespielt werden soll.
Die Schüler machen vor allem Musik, die sie auch in ihrer Freizeit hören. Viele solcher
Bands komponieren ihre Songs sogar selbst. Auch die Auftritte unterscheiden sich meist
von den Konzerten anderer Ensembles: Oft treffen sich mehrere Bands, um auf Festivals
miteinander oder bei Wettbewerben wie „Schooljam" gegeneinander anzutreten. Dabei geht
es nicht zuletzt darum, dem Publikum „ordentlich einzuheizen".

1 Hört euch den Song „Zeitlos" der Band „Artig" an.
◉ 5|24 Welche Instrumente könnt ihr erkennen?

2 Max und Leonie sind auf einem Bandfestival, bei dem auch
die Rockband ihrer Schule auftritt. Darüber möchten sie
einen Artikel für die Schülerzeitung schreiben.
a Überlegt, was die Leser besonders interessieren könnte.
b Schlüpft selbst in die Reporterrolle. Nutzt dazu auch
die Informationen des Textes auf dieser Seite.

3 Stellt Schulorchester und Schülerband gegenüber.
Welche Vorteile bieten die Ensembles jeweils
im Hinblick auf das Schulleben?

Ein Haus voller Musik

Die Musikschule stellt sich vor

Zum Abschluss ihrer Reportagereihe besuchen Leonie und Max die Musikschule der Stadt Lüdenscheid. Sie wollen von dem Leiter der Musikschule, Herrn Schulte-Huermann, erfahren, wozu eine Musikschule da ist und wie man dort lernt.

Herr Schulte-Huermann, was genau kann man an einer Musikschule lernen?

Bei uns an der Musikschule könnt ihr zunächst einmal alle gängigen Orchesterinstrumente erlernen. Hinzu kommen: Akkordeon, Blockflöte, Klavier, Cembalo, Keyboard, Gitarre, E-Gitarre, E-Bass, Schlagzeug und Orgel.

Wie läuft der Unterricht an einer Musikschule ab? Kann man ihn mit dem Musikunterricht an einem Gymnasium vergleichen?

Die Schüler an einer Musikschule bekommen eine instrumentale oder vokale Ausbildung. Hier darf sich jeder Schüler das Instrument aussuchen, das ihm besonders gefällt. Dann kommt er wöchentlich in die Musikschule zum Unterricht. Somit ist der Unterricht als praktische instrumentale Ergänzung zum Musikunterricht an einer allgemein bildenden Schule gedacht.

Wie alt sind Ihre Schüler? Welches ist ein gutes Alter, um mit dem Instrumentalspiel zu beginnen?

Bei uns kann man schon mit acht Monaten beginnen. Dies sind spezielle Kurse für Kleinkinder mit einem Elternteil. Der Unterricht mit einem Instrument beginnt später. Das Anfangsalter für den Instrumentalunterricht hängt vom Instrument und der jeweiligen Lehrkraft ab. Mit Violine und Klavier kann man schon sehr früh, mit vier Jahren, beginnen. Für die anderen Instrumente sollte man sechs bis acht Jahre und für die Tuba oder andere größere Instrumente mindestens zehn Jahre alt sein.

Welche Ensembles gibt es an Ihrer Musikschule?

Das Ensembleangebot an einer Musikschule kann sehr unterschiedlich sein. Bei uns gibt es unter anderem: Akkordeonorchester, Big-Band, Band, Blasorchester, Ensemble für „Alte Musik", Gitarrenensemble, Streichorchester, Sinfonieorchester und Jazzcombo. Manche Ensembles gibt es in verschiedenen Formen: vom Anfängerensemble bis zum Fortgeschrittenenorchester oder Ensembles, in denen nur Schüler oder auch nur Erwachsene spielen – oder mehrere Generationen gemeinsam. Unsere Ensembles proben für jährliche Konzerte; sie werden aber auch zu verschiedenen Gelegenheiten zur musikalischen Umrahmung angefragt.

Findet der Unterricht nur bei Ihnen im Gebäude der Musikschule statt?

Die Musikschule hat ein eigenes Gebäude, in dem auch der größte Teil des Unterrichts stattfindet. Dadurch, dass der Unterricht an den allgemein bildenden Schulen immer weiter in den Nachmittag geht, kommt es allerdings zu einer Verschiebung der Unterrichtszeiten und -orte. Es findet nun mehr Unterricht in den Schulen statt. Aus diesem Grund arbeiten Musikschule und allgemein bildende Schule immer enger zusammen, beispielsweise wenn es um instrumentalen Klassenunterricht geht.

Gibt es auch Zeugnisse wie an allgemein bildenden Schulen?

Regelmäßige Zeugnisse, wie ihr sie von eurer Schule kennt, gibt es bei uns nicht. Ähnlich wie an einem Gymnasium gibt es aber auch an der Musikschule eine Unter-, Mittel- und Oberstufe. Um in eine neue Stufe zu wechseln, müsst ihr eine Prüfung ablegen, für die es bei Erfolg ein Zeugnis oder Zertifikat gibt. Die Stufen sind an der Musikschule allerdings zeitlich nicht so genau festgelegt, da es darauf ankommt, wie weit ein Schüler mit seinem Instrument vorangeschritten ist, und nicht, wie alt er ist.

1 Lest das Interview mit verteilten Rollen. Erläutert, welche Rolle öffentliche Musikschulen für das kulturelle Leben einer Stadt spielen.

2 Überlegt, aus welchen Gründen Kinder, Jugendliche und Erwachsene zur Musikschule gehen.

3 Findet heraus, welche Angebote es an einer öffentlichen Musikschule in eurer Stadt gibt.

Öffentliche Musikschulen

Musikschulen sind Orte des Lernens für Kinder, Jugendliche und Erwachsene. Sie bieten musikalische Früherziehung und die so genannte Grundausbildung sowie qualifizierten Instrumental- und Vokalunterricht an.
Neben Einzel- und Gruppenunterricht sind auch die Ensembles wie Orchester oder Chöre ein wichtiger Bestandteil der Musikschularbeit.

Unterrichtsprojekt

Vorschlag 1: Begegnungen in der eigenen Klasse: Ein Klassenkonzert

Es ist gar nicht so schwierig, mit Musikensembles in Kontakt zu treten; allein an unserer Schule gibt es ganz unterschiedliche Möglichkeiten.

Häufig muss man sich nur in der eigenen Klasse umschauen. Oft sind Schüler musikalisch aktiv, aber spielen Instrumente, die man nicht so einfach im Orchester oder einer Band findet.

Lass uns ein Klassenkonzert planen, bei dem sich eine ganze Klasse musikalisch vorstellt! Am besten fangen wir gleich mit der Klasse an, die jetzt gerade diese Seite liest!

Gute Idee! Aber um so ein Konzert zu planen, müssen wir zunächst einiges von euch wissen: Wer spielt ein Instrument von euch? Welche Stücke könntet ihr vorspielen?

Können mehrere Instrumente zusammen spielen?

Spielt jemand ein ungewöhnliches Instrument, zu dem er etwas erzählen könnte?

Welche Lieder singt ihr besonders gerne?

Für wen veranstalten wir das Konzert? Für unsere Eltern und Geschwister? Treten wir im Rahmen eines Schulfestes auf? Spielen wir nur für uns?

Wer könnte durch das Programm führen?

1 Lest das Gespräch zwischen Leonie und Max mit verteilten Rollen und beantwortet ihre Fragen. Wie viele Stücke können vorgespielt oder gesungen werden?

2 Stellt ein Konzertprogramm zusammen, zu dem möglichst viele etwas beitragen können. Stoppt die Zeiten der einzelnen Stücke, damit ihr wisst, wie lange euer Programm dauert.

3 Überlegt, welche Aufgaben neben dem Musizieren anfallen, und verteilt diese möglichst gleichmäßig.

4 Erstellt einen Terminplan für Vorbereitung, Proben und Aufführung.

Vorschlag 2: Eine klingende Reportage

Schlüpft in die Rolle von Leonie und Max und produziert eine klingende Reportage über das Musikleben an eurer Schule oder in eurer Nachbarschaft.

5 Überlegt, welche Musiker oder Musikgruppen ihr vorstellen wollt. Worauf wollt ihr besonders achten?

6 Recherchiert gründlich, um möglichst viele Informationen zu erhalten. Dazu könnt ihr Interviews führen, Zeitungen durchsehen, im Internet suchen oder Nachschlagewerke nutzen. Auch selbst erstellte Aufnahmen von Proben und Konzerten sind hilfreich.

7 Erstellt einen Ablaufplan, ein so genanntes Skript, für eure Reportage: Welche Beiträge wollt ihr nutzen? In welcher Reihenfolge sollen sie angeordnet sein? Welche erklärenden Texte müsst ihr ergänzen?

8 Arbeitet die einzelnen Beiträge aus. Neben den inhaltlichen Punkten können auch Regieanweisungen enthalten sein. Hintergrundmusik, Geräusche und besondere Klangeffekte sorgen für eine abwechslungsreiche Reportage.

9 Nehmt die Beiträge auf und schneidet sie nach eurem Skript mit einem Audioeditor zusammen.

Legt innerhalb eurer Gruppe Aufgaben fest, beispielsweise: Wer übernimmt die Regie? Wer recherchiert wo? Wer übernimmt welchen Beitrag oder welches Spezialgebiet?

Sucht passende Hintergrundmusik und Geräusche aus, die die Beiträge noch interessanter machen. Die Geräusche müsst ihr separat aufnehmen oder aus dem Internet (zum Beispiel bei hoerspielbox.de) herunterladen.

Übt das deutliche Sprechen des Textes. Wichtig für die Verständlichkeit sind vor allem die Konsonanten. Achtet darauf, nicht zu nuscheln oder zu schnell zu sprechen.

Macht euch in Ruhe mit der Bedienung eines Audioeditors vertraut. Übt die grundlegenden Funktionen wie Ausschneiden, Zusammenkleben, Verändern an einem Probesample, bevor ihr mit der Arbeit an der Reportage beginnt.

In diesem Kapitel …
– erfahrt ihr, warum Musik in der
  Werbung eingesetzt wird,
– untersucht ihr unterschiedliche
  Gestaltungsmöglichkeiten von
  Werbemusik,
– singt, spielt und tanzt ihr einen
  Werbesong,
– gestaltet ihr einen eigenen
  Werbespot.

Musik in der Werbung
Werbespots untersuchen und gestalten

1 Werbung ist in unserem Leben allgegenwärtig. Am Londoner Piccadilly Circus werden zum Beispiel ganze Hausfassaden für Werbezwecke genutzt. Überlegt, wo euch Werbung im Alltag begegnet.

2 Oft ist Werbung mit Musik verbunden. Summt Musik, die in der Werbung vorkommt, und lasst eure Mitschüler raten, um welchen Werbespot es sich handelt.

3 Musik kann in der Werbung auf unterschiedliche Art und Weise verwendet werden. Hört verschiedene Werbespots und benennt Gemeinsamkeiten und Unterschiede der musikalischen Gestaltung.

◉ 5|25–27

Musik im Hintergrund

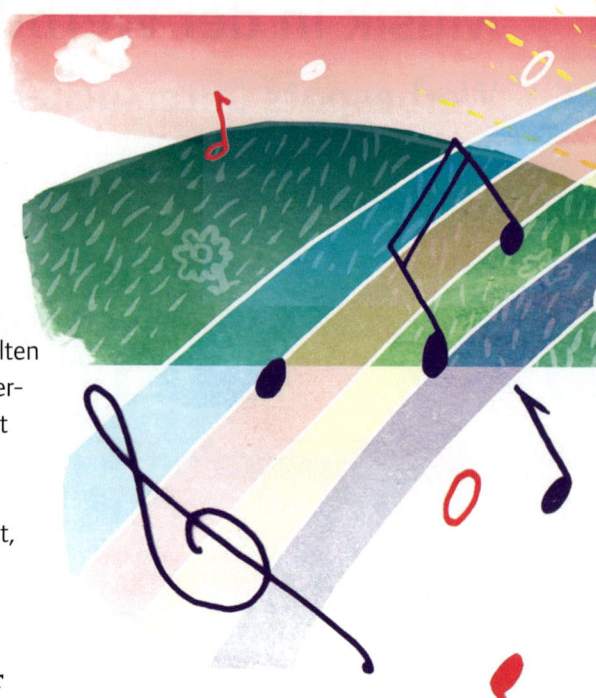

Gründe für Werbemusik erforschen

Egal ob im Radio, im Fernsehen oder im Kino:
Werbung ist meist mit Musik verbunden.
Aber wozu?

1 **a** Lest den nachfolgenden Radiospot von Shell mit verteilten
Rollen und tragt den Text werbewirksam vor. Erprobt verschiedene Stimmungen für euren Vortrag, indem ihr mit
dem Sprechtempo, der Dynamik und der Artikulation
experimentiert.

b Präsentiert und vergleicht eure Ergebnisse und überlegt,
wer den werbewirksamsten Spot erarbeitet hat.

Radiowerbespot Shell Super Plus für drei Sprecher

A: „Sagen Sie mal, stimmt das, dass das neue Shell Super Plus volle Leistung bringt,
auch ohne Blei?"

B: „Jawoll, jawoll, jawoll."

A: „Und ist das auch sicher? Entspricht dieser Superstoff eigentlich der DIN-Norm?"

B: „Jawoll, jawoll, jawoll."

C: „Super Shell Plus. Der neue Superstoff. Volle Leistung ohne Blei."

B: „Jawoll, meine Herrn, darauf können Sie schwören. Jawoll, jawoll, jawoll."

2 **a** Sucht Instrumentalmusik, also Musik ohne Gesang, die euren Vortrag des Spots unterstützt.
Überlegt, welche Stimmung ihr mit dem Spot erzielen möchtet, und achtet bei eurer Musik-
auswahl auf Musikrichtung, Tempo, Dynamik und Artikulation.

b Präsentiert eure Ergebnisse, indem ihr den Text sprecht und die Musik im Hintergrund ab-
spielt. Diskutiert, welche Stimmung eure Werbespots mit Hilfe der Musik erzeugen sollen.

c Vergleicht den Werbespot mit und ohne Musik und überlegt, warum sich Werbeagenturen
meist für den Einsatz von Musik entscheiden.

3 Auf der Homepage eines Komponisten für Werbemusik findet man folgendes Zitat des
französischen Dichters Victor Hugo: „Die Musik drückt das aus, was nicht gesagt werden kann
und worüber zu schweigen unmöglich ist." Diskutiert, was der Einsatz von Musik
in der Werbung demnach bewirkt.

4 **a** Findet aktuelle Werbespots, die Musik im Hintergrund verwenden, und klärt, in welchem
Verhältnis Text und Musik stehen.

b Beschreibt die Wirkung von Musik.

Einen Werbetext zur Musik schreiben

5 Hört den Kanon in D-Dur von Johann Pachelbel (1653–1706), der als Hintergrund-
⊚ 5|28 musik in einem Radiowerbespot eingesetzt wird, und beschreibt die Stimmung,
in die euch die Musik versetzt. Begründet eure Eindrücke, indem ihr erklärt, wie die
Wahl des Tempos, der Klangfarbe und der Dynamik auf die Zuhörer wirkt.

6 Gestaltet einen Radiowerbespot, der zu dieser Musik passt.
   a Überlegt, für welches Produkt ihr werben wollt.
   b Schreibt einen Werbetext, der die Qualitäten eures Produktes anpreist und zur
   Stimmung der Musik passt.
   c Probt euren Werbetext zur Musik und achtet auf Dynamik, Sprechtempo und Artikulation
   eures Vortrags.
   d Präsentiert eure Ergebnisse vor der Klasse und beurteilt sie: Wie gut sind Inhalt und
   Vortrag des Werbetextes mit der Musik abgestimmt und wie gut passt der Werbespot
   insgesamt zum Produkt?

Pachelbel hat seinem Kanon eine Bassstimme unterlegt, die ständig wiederholt wird.
Eine solche Wiederholung nennt man **Ostinato**.

7 Musiziert die ostinate Bassstimme mit Instrumenten, die ihr zur Verfügung habt,
und präsentiert sie live zu eurem Textvortrag. **AH|S. 77**

8 Hört die Originalfassung des Werbespots und beurteilt, ob die Interpretation des Sprechers
⊚ 5|29 zur Musik passt.

9 Diskutiert, welchen Eindruck der Werbespot vermitteln möchte.

10 Fasst eure bisherigen Beobachtungen zusammen: Wozu wird Hintergrundmusik
in der Werbung eingesetzt?

Musik und Sprache Hand in Hand

Werbejingles untersuchen und gestalten

1 Diese drei Werbejingles sind sehr bekannt. Spielt sie auf Instrumenten, summt sie mit und ergänzt den Text. **AH** | S. 78

2 Untersucht die Melodien genauer:
- **a** Wie viele verschiedene Töne werden in jedem Beispiel benutzt?
  Welches Beispiel kommt mit den wenigsten Tönen aus?
- **b** Wie viele verschiedene Tondauern sind in den Melodien enthalten?
- **c** Wo werden Töne oder Tongruppen wiederholt?
- **d** Welche Wörter werden besonders betont? Welche Gründe lassen sich dafür finden?

3 Überlegt, warum die musikalische Gestaltung von Werbejingles sehr einfach sein muss.

4 **a** Sammelt weitere Werbejingles, die ihr kennt.
- **b** Summt sie euch gegenseitig vor oder spielt sie auf Instrumenten und benennt die Produkte, für die geworben wird.

5 Erklärt, was an den gesammelten Melodien typisch für Jingles ist. Nutzt dazu auch die Informationen im blauen Kasten.

Werbejingles

Eine besondere Form der Werbemusik sind die Jingles. Dies sind kurze Erkennungsmelodien für ein Produkt, die sich beim Hörer sofort einprägen. Jingles bestehen oft nur aus wenigen Tönen und sind rhythmisch sehr einfach. Große Tonsprünge werden vermieden, stattdessen bestehen die Melodien häufig aus Tonwiederholungen, Tonschritten und kleineren Sprüngen. Manchmal werden auch Gruppen aus zwei oder mehr Tönen wiederholt.

6 Mit einfachen Mitteln könnt ihr selbst einen eigenen Werbejingle komponieren.
  a Wählt einen der abgebildeten Produktnamen aus und überlegt, welches Produkt dies sein könnte.
  b Textet einen kurzen Werbespruch, in dem der Produktname genannt wird.
  c Sprecht den Werbespruch rhythmisch so, dass er in zwei Takte passt.

7 **a** Erfindet zu eurem Jingle eine einfache Melodie, die sich beim Hören gut einprägt. Probiert die Melodie an einem Instrument aus und singt sie mit Text.
  b Schreibt euren Jingle in Notenschrift auf. Wenn ihr nur die Töne der C-Dur Tonleiter benutzt, braucht ihr dazu keine Vorzeichen.
  c Überprüft, wie groß die Abstände zwischen zwei benachbarten Tönen sind. Nutzt dazu die Informationen im blauen Kasten: Welches Intervall habt ihr am häufigsten benutzt?

8 **a** Übt den Jingle und präsentiert ihn der Klasse.
  b Erklärt euch gegenseitig, wodurch sich euer Jingle besonders gut einprägt. Geht dabei auf den Text, auf den Rhythmus und auf die Verwendung der Intervalle ein.

9 Untersucht die Intervalle in den Jingles auf ► S. 232 und benennt sie: Welche Intervalle werden besonders häufig benutzt?

Intervalle (1) AH|S. 79

Der Abstand zwischen zwei Tönen wird als Intervall (intervallum, lateinisch: Zwischenraum) bezeichnet. Anhand der Intervalle können wir Melodien genau beschreiben und uns Musik leichter einprägen.
Eine Tonwiederholung nennen wir Prime, einen Tonschritt Sekunde. Die kleineren Tonsprünge heißen Terz (drei Töne Abstand) und Quarte (vier Töne Abstand).

Prime (1)   Sekunde (2)   Terz (3)   Quarte (4)

Ein Jingle steht Kopf

10 Komponiert einen eigenen Anti-Jingle, bei dem Text und Musik nicht zusammenpassen.
    a Textet einen Jingle, der den Werberegeln entspricht.
    b Überlegt, welche musikalischen Merkmale eines Jingles ihr für einen Anti-Jingle
       verändern müsst. Nutzt dazu auch die Informationen im blauen Kasten auf ▶ S. 232.

11 **a** Singt und spielt den Anti-Jingle und präsentiert ihn der Klasse.
    b Überlegt, welche musikalischen Änderungen die eigentliche Absicht eines Werbejingles
       am wirkungsvollsten zerstört haben.

12 Überprüft, ob Jingles normalerweise in Dur oder in Moll stehen, und verändert
    das Tongeschlecht entsprechend. Informationen zu den Tongeschlechtern findet ihr
    auf ▶ S. 46–48.

Intervalle (2) AH | S. 79

Die kleinen Intervalle Prime, Sekunde, Terz und Quarte habt ihr bereits kennengelernt (Intervalle 1).
Auch die großen Tonabstände haben Namen, die aus dem Lateinischen abgeleitet sind: Quinte,
Sexte, Septime und Oktave. Um den Namen herauszufinden, muss man die Stammtöne zählen,
vom ersten bis zum letzten Stammton.

Quinte (5)   Sexte (6)

Septime (7)   Oktave (8)

Der gesungene Spot

Einen Werbesong hören und untersuchen

Wir hören Musik in der Werbung nicht nur im Hintergrund. Gelegentlich wird sie auch gezielt in den Vordergrund gerückt. Dazu werden komplette Songs komponiert, die für ein Produkt werben. Diese Form der Werbemusik nennt man Werbesong.

1
a Schaut euch die Bilder an und beschreibt die dargestellten Situationen:
Welche Atmosphäre vermitteln sie?
b Überlegt, für welches Produkt hier geworben werden könnte.
c Welche Art von Musik stellt ihr euch zu dieser Werbung vor? Sammelt Adjektive,
die den Ausdruck der Musik beschreiben.

2
⊚ 5|30
a Der Song „Like ice in the sunshine" wurde für eine Werbekampagne am Strand eingesetzt.
Hört den Werbesong und beschreibt die Stimmung, die er erzeugt.
b „Like ice in the sunshine" ist reich an überraschenden Klängen. Findet heraus,
welche Instrumente gespielt und welche Soundeffekte eingesetzt werden. Überlegt,
warum sich die Komponisten für bestimmte Effekte entschieden haben. **AH**|S. 80
c Schaut euch den Werbefilm „Like ice in the sunshine" an und untersucht, wie sich euer
bisheriger Höreindruck verändert. **DVD** Nr. 22

3
„Like ice in the sunshine" wurde in den 80er-Jahren für eine Eissorte komponiert, war aber
auch losgelöst von der Kampagne ein Erfolg. So wurde der Song noch zwanzig Jahre später
„gecovert", das heißt: Andere Musikgruppen interpretieren ihn auf ihre eigene Art und Weise.
⊚ 5|31–33
a Hört drei verschiedene Cover-Versionen. Vergleicht die unterschiedlichen Interpretationen
des Songs mit dem Original. Welche Instrumente werden gespielt und wer singt die Songs?
Welche Stimmungen entstehen? **AH**|S. 80
b Entscheidet euch für eure Lieblingsfassung und begründet eure Wahl. **AH**|S. 80

Like ice in the sunshine

Einen Werbesong singen und tanzen

Like ice in the sunshine

Text und Musik: Holger-Julian Copp / Hanno Harders

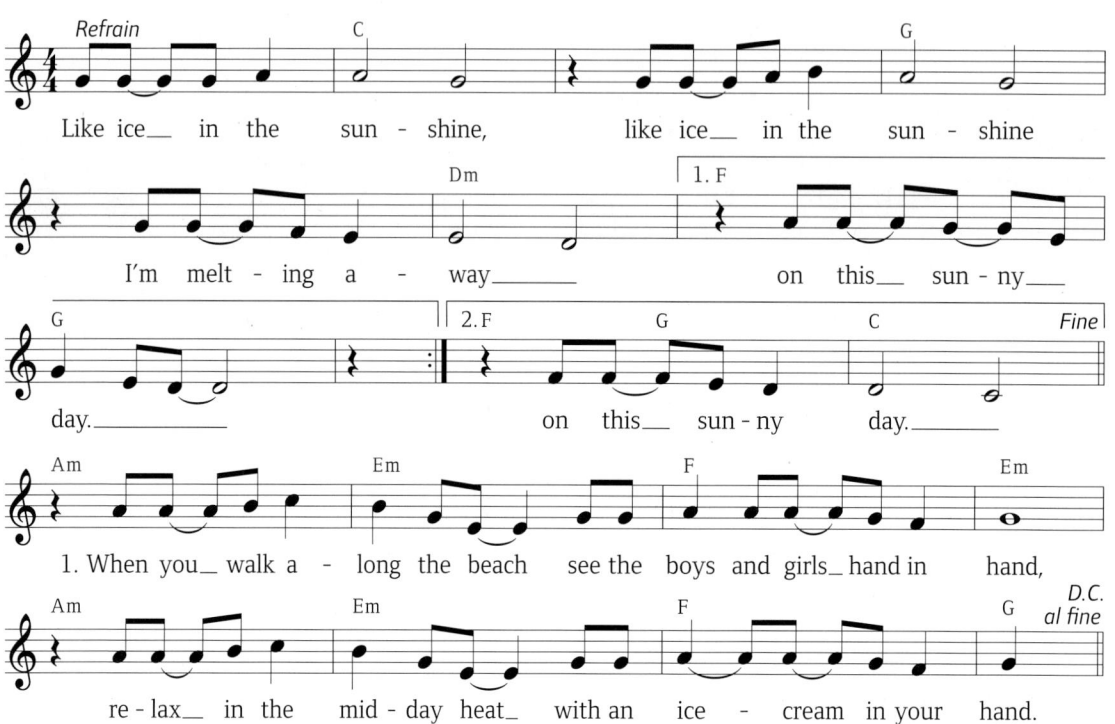

Refrain:
Like ice in the sunshine, like ice in the sunshine,
I'm melting away on this sunny day.
Like ice in the sunshine, like ice in the sunshine,
I'm melting away on this sunny day.

2. If you wanna have some fun feeling groovy down by the sea.
   Lay down in the summer sun, feel the good vibrations with me.

Refrain: Like ice in the sunshine, like ice in the sunshine …

3. When you're in the ocean bay see the surfers glide out of reach.
   Have fun on a sunny day with an ice-cream on the beach.

Refrain: Like ice in the sunshine, like ice in the sunshine …

1 Der große Erfolg des Songs ist vor allem darauf zurückzuführen, dass er sich beim Hören schnell einprägt und „im Ohr" bleibt. Überlegt, warum dies so ist.

2 Untersucht, durch welche musikalischen Merkmale sich der Song besonders einprägt.
  a Singt den Song und achtet dabei auf seinen Aufbau: Wie lang ist der Refrain und wo beginnen die Strophen?
  b Klopft den Anfangsrhythmus des Songs und findet in den Noten Stellen, an denen dieser Rhythmus wiederkehrt.
  c Achtet im weiteren Verlauf des Songs darauf, wie sich dieser Rhythmus verändert.

3 Der Musikwissenschaftler Hermann Rauhe hat besonders erfolgreiche Songs erforscht. Er sagt, dass das Prinzip der Wiederholung nicht zu Tode strapaziert werden darf, da ein Song sonst nicht lange erfolgreich sein wird. Er betont, dass sich bekannte und überraschende Elemente abwechseln müssen.
  5|30 Hört den Song noch einmal. Benennt seine wiederkehrenden Elemente und findet heraus, worin die überraschenden Elemente bestehen.

4 Stellt euch vor, eine Firma möchte einen neuen Werbespot zu „Like ice in the sunshine"
  5|30 drehen, der in fröhlicher Atmosphäre am Strand spielt und in dem ausschließlich getanzt wird.
  a Entwerft eine Choreographie, in der ihr die wiederkehrenden und überraschenden Elemente dieses „Ohrwurmsongs" aufnehmt. Vielleicht möchtet ihr auch Kostüme und Requisiten benutzen?
  b Präsentiert eure Tänze. Diskutiert, welche Choreographie die Stimmung von „Like ice in the sunshine" am besten aufnimmt. In welchem Tanz werden die wiederkehrenden und überraschenden Teile des Songs am deutlichsten?

5 Recherchiert im Internet nach weiteren Werbesongs. Gibt es Songs, die sich so gut einprägen wie „Like ice in the sunshine"?

Unterrichtsprojekt

Vorschlag 1: Einen Werbespot für die Schule gestalten

Vor nicht allzu langer Zeit habt ihr euch
eine neue Schule ausgesucht und jedes
Jahr müssen Viertklässler und ihre
Eltern die gleiche schwierige Entscheidung treffen. Helft ihnen dabei, indem
ihr einen Werbespot für eure Schule
mit Text und Musik produziert.

1 Überlegt, was eure Schule besonders auszeichnet. Bekommt ihr eine neue Mensa oder
neue Aufenthaltsräume? Gibt es viele Feste? Nehmt ihr an Wettbewerben oder Wettkämpfen
teil oder bietet ihr Austauschprogramme an? Habt ihr ein außergewöhnliches AG-Programm
oder tolle Konzerte? Gibt es dort viele besonders nette Menschen?

2 Entscheidet euch für einen Radiowerbespot oder für einen kurzen Werbefilm.
Bedenkt die technischen Möglichkeiten, die ihr zur Verfügung habt.

3 **a** Plant die Komposition eines Werbesongs oder die eines Jingles. Wählt ihr den Jingle,
müsst ihr außerdem passende Hintergrundmusik für euren Spot aussuchen.
   b Überlegt, ob ihr Instrumente einsetzen wollt oder ob ihr eure Kompositionen nur singt.
   c Erstellt eine Übersicht, was bei der Komposition des Werbesongs oder des Jingles und bei
der Suche nach passender Hintergrundmusik zu beachten ist.
   d Probiert aus und überprüft eure Ergebnisse mit Hilfe der aufgestellten Kriterien.

4 Schreibt einen Text für euren Werbespot. Dabei solltet ihr folgende Grundsätze der Werbung
beachten:
   – Macht auf eure Schule aufmerksam,
   – weckt das Interesse der Schüler und Eltern,
   – lasst in ihnen den Wunsch entstehen, Mitglied eurer Schulgemeinde zu sein.
Die meisten Werbespots dauern zwischen 15 und 30 Sekunden. Also: In der Kürze liegt die Würze.

5 Probt das Zusammenspiel von Text, Musik und eventuell Bild, bevor ihr euren Spot aufnehmt.

6 Präsentiert eure Ergebnisse vor der Klasse und diskutiert, welche Spots am besten gelungen
sind. Berücksichtigt dabei die Grundsätze der musikalischen und inhaltlichen Gestaltung von
Werbung.

7 Veröffentlicht die besten Ergebnisse auf eurer Homepage oder am Tag der offenen Tür, sodass
ihr auch wirklich für eure Schule werben könnt.

Vorschlag 2: Den Einsatz von Musik beim Einkaufen untersuchen

Aus einer Tageszeitung

Dideldudel, dideldudeldadel. Ruhig schallt eine bekannte eingängige Melodie, beispielsweise von James Last, durch den Supermarkt. Die meisten Kunden

5 nehmen sie gar nicht bewusst wahr. Was sie ebenfalls nicht wissen: Sie werden mit dieser Musik entscheidend beeinflusst. Wie Forscher der Stuttgarter Hochschule der Medien bei einem Forschungsprojekt

10 zum so genannten „Mood Management",
dem Steuern von Stimmungen, herausgefunden haben, ist Hintergrundmusik beim Einkaufen wichtiger als Preisschilder, also als visuelle Reize.
Das Team um Eberhard Wüst untersuchte, wie Musik im Laden auf die Kunden wirkt.
„70 Prozent der Menschen erinnern sich an die Musik", erklärt Wüst. Bei visuellen

15 Elementen, also zum Beispiel Displays, liege dieser Wert nur bei rund drei Prozent.
Die Musik könne für den Kunden sogar aus einem stressigen Einkauf eine entspannte Erfahrung werden lassen, heißt es weiter.
Eine andere Studie hat ergeben, dass sogar das Tempo der Musik die Gehgeschwindigkeit beeinflusst. Kein Wunder, dass das weltbekannte Adagio „Air" von Bach lieber gespielt

20 wird als Rock-'n'-Roll-Knaller wie „Highway to Hell" oder gar Techno-Beats, die die Käufer im Laufschritt durch die Einkaufshallen treiben. „Klar kann man mit Musik beim Käufer Stimmungen erzeugen", bestätigt auch Michael Kimmich, Chef der Augsburger Echion AG, einer der Topfirmen in Sachen Kaufhaus-Beschallung. Allerdings glaubt er nicht, dass beim Käufer so eine Art Kaufrausch ausgelöst werden könnte …

1 Lest den Text und findet heraus, welchen Einfluss die Musik auf die Erinnerung an ein bestimmtes Produkt, auf die Gehgeschwindigkeit der Kunden und auf das Steuern von Stimmungen hat.

2 Macht euch auf die Suche: Geht in drei verschiedene Geschäfte, in denen Musik im Hintergrund gespielt wird, und schreibt auf, welche Musik erklingt. Handelt es sich um eine bestimmte Musikart? Ist das Tempo eher langsam oder schnell? Ist die Musik eingängig oder sogar bekannt? **AH**|S. 81

3 Interviewt verschiedene Kunden, die aus den Geschäften kommen. Fragt nach, ob sie die Musik im Hintergrund wahrgenommen haben und sie benennen können. Ermittelt außerdem, wie sie die durch die Musik erzeugte Stimmung beschreiben. **AH**|S. 81

4 Befragt die Verkäufer in den Geschäften, ob sie Einfluss auf die Musikauswahl haben und ob ihnen die ständige Beschallung gefällt. **AH**|S. 81

In diesem Kapitel ...
– erprobt ihr, wie Musik auf unseren Körper wirken kann,
– untersucht ihr verschiedene Möglichkeiten, Gefühle und Gedanken durch Musik zu beeinflussen,
– gestaltet ihr zu einem aktuellen Thema einen Podcast mit Musik.

Musik bewegt uns
Mit allen Sinnen hören und musizieren

1 Betrachtet die fünf Bilder. Stellt euch zu jedem Bild Musik vor, die dazu erklingen könnte. Woran orientiert ihr euch dabei?

2 **a** Teilt euch in Gruppen auf und sucht nach Musik, die zu einem der Bilder passen könnte.
b Stellt eure Beispiele im Unterricht vor und erklärt, warum sie eurer Meinung nach passen.

3 **a** Wählt die Beispiele, die euch am besten gefallen. Hört sie euch erneut an und bewegt euch dazu im Raum.
b Vergleicht eure Bewegungen und findet Gemeinsamkeiten. Überlegt, durch welche musikalischen Eigenschaften diese Gemeinsamkeiten zustande kommen.

Morgen- und Abendlieder

Sich von Musik bewegen lassen

Wachet auf

Text und Musik: Johann Joachim Wachsmann (1787–1853)

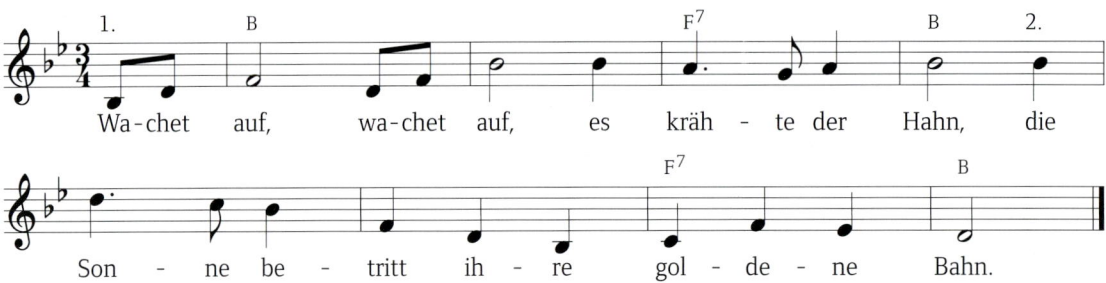

Wa-chet auf, wa-chet auf, es kräh - te der Hahn, die

Son - ne be - tritt ih - re gol - de - ne Bahn.

1 a Sprecht den Text und achtet darauf, wie ihr ihn mit eurer Stimme gestaltet.
Denkt dabei an Lautstärke, Betonung und Sprechmelodie.
b Singt das Lied und dirigiert die Tonhöhe dabei mit.
c Vergleicht den gesungenen und den gesprochenen Text miteinander.
Wie passen Gesang und Textvortrag zum Inhalt des Textes?

2 a Lest den Text des Liedes „Abend wird es wieder" vor und benennt Unterschiede
zum Lied „Wachet auf".
b Tragt den Text so vor, dass die Unterschiede besonders deutlich hervorgehoben werden.

3 a Singt beide Lieder direkt hintereinander und erprobt dabei zu jedem Lied passende
Bewegungen. Führt die Lieder anschließend mit diesen Bewegungen auf.
b Erklärt nach der Aufführung eure Bewegungen.

Abend wird es wieder

Musik: Johann Christian Heinrich Rinck (1770–1846)
Text: Hoffmann von Fallersleben (1798–1874)

4
a Vergleicht, wie in beiden Liedern Melodie und Rhythmus gestaltet sind.
b Welche Artikulation und Dynamik schlagt ihr für die beiden Lieder jeweils vor?
c Sammelt mit Hilfe eures Vergleichs typische Merkmale von Morgen- und Abendliedern.
   AH|S. 82

5 Übt die Unterstimme des Liedes „Abend wird es wieder" mit Instrumenten ein und spielt sie zur Gesangsstimme. Wie verstärkt dies die Wirkung des Liedes?

Denkt euch einen passenden Rhythmus für die Unterstimme aus, sodass man das Lied zweistimmig singen kann, und führt diese Fassung auf.

Musik im Gleichschritt

Sich gemeinsam zu Musik bewegen

Der Marsch „Einzug der Gladiatoren" wurde 1899 von dem Tschechen Julius Fučík (1872–1916) komponiert. Die Musik beschreibt einen Auftritt von Gladiatoren, von dem der Komponist in einem Roman gelesen hatte. Bekannt geworden ist die Musik zunächst in Nordamerika, wo sie häufig bei Zirkusvorstellungen gespielt wurde. Auf diesem Weg kam die Komposition zurück nach Europa und ist inzwischen auch hier eine beliebte Zirkusmusik.

Einzug der Gladiatoren

Musik: Julius Fučík

1
- **a** Erklärt, was für euch eine gute Zirkusmusik ausmacht.
- ⊚ 5|34 **b** Beschreibt die Musik und äußert Vermutungen, warum dieser Marsch seinen Weg in den Zirkus gefunden hat.

2 Hört euch eine weitere Aufnahme vom „Einzug der Gladiatoren" an und vergleicht sie
⊚ 5|35 mit der ersten Aufnahme. Beschreibt die Unterschiede und deren Wirkung.

3
- **a** Stellt euch vor, ihr seid ein Zirkusdirektor: Mit welcher Aufnahme würdet ihr eure Artisten zur Begrüßung des Publikums einmarschieren lassen? Begründet eure Entscheidung.
- **b** Studiert gemeinsam zur Musik den Einzug in die Manege ein.

Form und Wirkung – Merkmale eines Marsches untersuchen

Mitspielsatz: Einzug der Gladiatoren

Satz: Rasmus Frederich

4 a Spielt die Einleitung des Stückes (Takt 1–12) in verteilten Stimmen.

◉ 5|34   b Achtet auf die farbig markierten Takte: Wie klingt der Marsch an diesen Stellen?

c Erfindet für diese Takte passende Tonfolgen und ergänzt so den Mitspielsatz. **AH**|S. 83

d Erklärt, wie ihr auf diese Ergänzungen gekommen seid.

5 Studiert nun den gesamten Begleitsatz ein. Spielt den Satz zur Aufnahme. Falls ihr

◉ 5|34   gute Instrumentalisten in eurer Klasse habt, können diese auch die Melodie einstudieren.

6 a Untersucht typische Merkmale der Komposition: Welche Taktzeiten sind besonders betont?

◉ 5|34   Wie viele Takte gehören jeweils zusammen? Welche Aufgabe haben die ersten zwölf Takte?
AH|S. 83

b Überlegt, wie diese Merkmale das gemeinsame Marschieren zur Musik unterstützen. **AH**|S. 83

Eine Haltung wird Musik: Der „Triumphmarsch" aus „Aida"

Der italienische Komponist Giuseppe Verdi (1813–1904) schrieb im Jahr 1870 die Oper „Aida", die in Ägypten zur Zeit der Pharaonen spielt. Darin verliebt sich der ägyptische Feldherr Radames in die Prinzessin eines von den Ägyptern besiegten Volkes. Als das ägyptische Heer siegreich heimkehrt, ertönt zu ihrer Begrüßung der Triumphmarsch.

Triumphmarsch

Musik: Guiseppe Verdi

1 Beschreibt das Szenenfoto aus der Oper „Aida": Welche Haltungen nehmen die abgebildeten Personen ein? Welche Gefühle bringen sie damit zum Ausdruck?

2 Hört den „Triumphmarsch" und beschreibt die Klangwirkung.

◉ 5|36

3 Untersucht die Melodie des Triumphmarsches. Achtet vor allem auf die Bewegungsrichtung und auf wiederkehrende Rhythmen. Woran erkennt man in der Musik den Triumph?

4 Erprobt, wie das Begleitpattern die Wirkung des Triumphmarsches unterstützt.

Musikalische Aufforderungen: Die Fanfare

Klangwirkungen untersuchen

Seit Jahrhunderten werden kurze Musikstücke benutzt, um sich über weite Entfernungen zu verständigen, zum Beispiel bei Festlichkeiten, beim Militär oder bei der Jagd. Solche Musikstücke nennt man „Fanfaren". Sie sind musikalische Signale, die uns zu etwas auffordern wollen. Auch heute noch werden bei besonderen Anlässen Fanfaren gespielt und manchmal auch eigens für diese Anlässe neu komponiert, zum Beispiel für olympische Spiele.
Für die olympischen Spiele 1972 in München wurde eine Fanfare komponiert, die bei der Entzündung des olympischen Feuers während der Eröffnungsfeier gespielt wurde.

Olympia-Fanfare 1972   Musik: Herbert Rehbein (1922–1979)

1 Hört die Fanfare und beschreibt euren Höreindruck: Was geschieht mit euch, während die Fanfare erklingt?

◉ 5|37

2 Untersucht mit Hilfe des Notenbildes, wie der Anfang der Fanfare aufgebaut ist:
  a Gliedert die Melodie in sinnvolle Abschnitte. Achtet dabei auf Wiederholungen und Ähnlichkeiten. **AH|S. 84**
  b Bestimmt den Tonvorrat der Melodie, indem ihr die Töne in aufsteigender Reihenfolge notiert. Welche Töne kommen in der Melodie am häufigsten vor? **AH|S. 84**

Vergleicht den Tonvorrat mit den Jagdsignalen auf ▶ S. 117. Erklärt die Gemeinsamkeiten. **AH|S. 84**

4 Vergleicht die Melodie der Olympiafanfare mit der des Triumphmarsches.
  a Sucht in beiden Melodien nach Tönen und Tonfolgen, die häufig benutzt werden. Wo erkennt ihr besonders viele Übereinstimmungen?
  b Wozu fordern beide Musikstücke den Zuhörer auf?

Ich höre in mich hinein

Klangwirkungen erproben und beobachten

für alina (Anfang)

Musik: Arvo Pärt

Ruhig, erhaben, in sich hineinhorchend

1 Hört das Klavierstück „für alina" von Arvo Pärt (*1935) und achtet darauf, was währenddessen mit euch geschieht. **AH** | S. 85

2 a Sammelt Beispiele für Situationen, in denen ihr diese Musik hören würdet.
   b Sucht in Zeitschriften, Kalendern und anderen Quellen Bilder, Fotos und kurze Texte, die zu den genannten Situationen passen. Stellt daraus eine Collage zusammen, die zu eurem Höreindruck von „für alina" passt.
   c Lasst die entstandenen Collagen und die Musik gemeinsam auf euch wirken und achtet darauf, wie gut ihr die Wirkung der Musik in den Collagen wiedererkennen könnt.

3 Verfolgt das Notenbild beim Hören des Anfangs mit. Beschreibt mit Hilfe des Notenbildes, wie die Musik ihre besondere Wirkung erzeugt. **AH** | S. 85

Arvo Pärt sagt über seine Musik: „Ich habe entdeckt, dass es genügt, wenn ein einziger Ton schön gespielt wird." Woran lässt sich dies in „für alina" erkennen?

5 Sucht nach Musik, die auf euch eine ähnliche Wirkung hat wie „für alina", und stellt sie euch gegenseitig vor. Was haben diese Musikstücke gemeinsam?

Sich auf Klänge konzentrieren

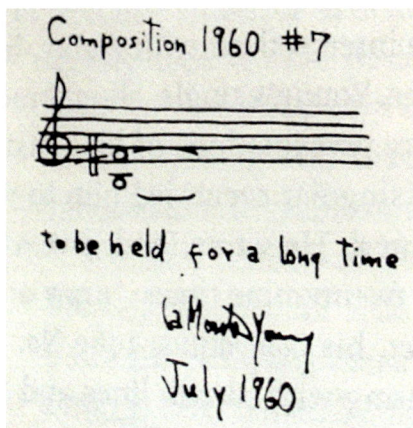

Die „Composition 1960 #7" stammt von dem amerikanischen Komponisten La Monte Young (*1935).
Er beschäftigte sich bereits als junger Mann mit indischer und japanischer Musik und komponierte zahlreiche Stücke mit sehr lang anhaltenden oder sich wiederholenden Klängen.

6 a Beschreibt das Notenbild der „Composition 1960 #7".
Was bedeutet die englische Spielanweisung?
b Was ist für euch überraschend an diesem Musikstück?
c Überlegt, mit welchen Instrumenten ihr das Stück gerne aufführen würdet. Welche Probleme erwartet ihr bei den abgebildeten Instrumenten?

7 a Lasst das Stück von einigen aus eurer Klasse aufführen und hört aufmerksam zu.
b Beschreibt die Art und Weise, wie ihr zugehört habt: Worauf habt ihr besonders geachtet, wie lange konntet ihr euch konzentrieren?
c Verändert eure Körperhaltung und hört erneut zu. Wie hat sich die Aufführung dadurch für euch verändert? Tauscht euch über eure Beobachtungen aus.

8 Vergleicht eure Ergebnisse mit der Art und Weise, wie ihr normalerweise Musik hört.
Worauf kam es dem Komponisten bei diesem Stück offenbar besonders an?

Ich im Klang der Gemeinschaft – „Day-oh!"

Wechselgesänge untersuchen und gestalten

Day-oh!

aus Jamaica

So beginnt ein traditionelles Lied aus Jamaica, das Harry Belafonte (*1927) auf der ganzen Welt bekannt gemacht hat. Darin geht es darum, wie Arbeiter die ganze Nacht hindurch Bananen in Schiffe verladen müssen. Den Song gibt es in verschiedenen Fassungen. Allen gemeinsam ist der Refrain mit dem Text im karibischen Dialekt „Daylight come and me wan' go home", was so viel heißt wie: „Der Tag bricht schon an, und ich möchte endlich nach Hause gehen." Aber erst wenn der „Missah", der die Aufsicht hat, alles kontrolliert hat, darf die Arbeit beendet werden.

1
  a Betrachtet die Noten und überlegt, an welchen Stellen Vorsänger und Gruppe jeweils singen sollen. Woran orientiert ihr euch dabei?
  b Erprobt verschiedene Fassungen: Welche Aufgabe haben die Vorsänger jeweils?

2 Hört euch den Anfang des Songs an und erklärt die Unterschiede zu euren Fassungen.
◉ 5|39

3 Untersucht mit Hilfe eines Hörprotokolls im gesamten Song den Wechsel von Vorsänger und
◉ 5|39 Gruppe. Welche Rolle spielt der Vorsänger für die Gemeinschaft der Singenden? **AH**|S. 86

4
  a Tauscht euch darüber aus, in welchen Situationen ihr Wechselgesänge schon erlebt habt. Dabei hilft euch der blaue Kasten auf der nächsten Seite.
  b Überlegt, aus welchen Gründen Menschen in diesen Situationen abwechselnd singen.

Down by the riverside

aus den USA

I'm goin' to lay down my bur - den down by the
ri - ver - side, down by the ri - ver - side, _ down by the
ri - ver - side. I'm goin' to lay down my bur - den down by the
ri - ver - side. I ain't gon-na stu - dy war no more.
I ain't gon-na stu-dy war no more. I ain't gon-na stu-dy war no more. I
1. ain't gon-na stu-dy war no more. 2. ain't gon-na stu - dy war no more.

5 Singt den Gospelsong „Down by the riverside". Bewegt euch im „Gospel-Schritt" zum Gesang (rechts – ran – links – ran).

6 Überlegt, wie die Melodie zwischen Vorsänger und Gemeinde aufgeteilt werden kann. Probiert verschiedene Möglichkeiten aus und nutzt dazu auch die Informationen im blauen Kasten.

Wechselgesang

Fast überall auf der Welt gibt es Musik, bei der die Ausführenden sich abwechseln. In den Wechsel- oder Gegengesängen der christlichen Kirchenmusik wechselt der Gesang zumeist zwischen Vorsänger oder Vorsängergruppe und der gesamten Gemeinde. Häufig enthalten die Vorsängerabschnitte längere Texte und kompliziertere Melodien, wohingegen die übrigen Abschnitte so gestaltet sind, dass sie problemlos von allen gesungen werden können.

Auch in der Gospelmusik Nordamerikas ist diese Form des Wechselgesangs sehr verbreitet und wird dort wie ein Wechsel von Frageruf und Antwort gestaltet. Dieser Wechsel zwischen Vorsänger und Gemeinde wird in der Gospelmusik daher „call and response" genannt.

Los jetzt!

Etwas mit Musik bewegen wollen

Aufstehn, aufeinander zugehn

Text: Clemens Bittlinger (*1959)
Musik: Rüdiger „Purple" Schulz/Josef Piek (*1956)

Refrain D — A — (D) Hm

Wir wol-len auf-stehn, auf-ein-an-der zu-gehn, von-ein-an-der ler-nen, mit-ein-an-der

(A) Fism — A — D — A

um - zu - gehn. Auf - stehn, auf-ein-an-der zu - gehn und uns nicht ent -

(D) Hm — (A) Fism — A — A⁴ A — G — A

fer - nen, wenn wir et-was nicht ver-stehn. 1. Viel zu lan - ge__
2. Je - der hat__ was__

G — A — Hm — Fism — A⁴ A — G — A

rum-ge-le - gen, viel zu viel__ schon dis - ku-tiert. Es wird Zeit__ sich
ein-zu-brin - gen, die-se Viel - falt, wun-der-bar.__ Neu - e Lie - der__

Hm — Fism — G — G — A A⁷ Refrain

zu be-we - gen, höchs-te Zeit, dass was pas - siert. Wir wol-len
wolln wir sin - gen, neu - e Tex - te__ laut und klar.

3. Diese Welt ist uns gegeben,
wir sind alle Gäste hier.
Wenn wir nicht zusammen leben,
kann die Menschheit nur verliern.

4. Dass aus Fremden Nachbarn werden,
das geschieht nicht von allein.
Dass aus Nachbarn Freunde werden,
dafür setzen wir uns ein.

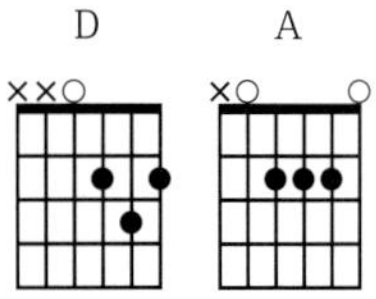

D   A

1 Singt gemeinsam das Lied „Aufstehn, aufeinander zugehn". Ihr könnt den Refrain mit der Gitarre begleiten, indem ihr die Akkorde D und A taktweise abwechselnd spielt.

2 Beschreibt, worum es in dem Text geht. Überlegt euch Situationen, die sich der Autor vielleicht beim Schreiben des Liedtextes vorgestellt hat.

3 a Überlegt, woran es liegen könnte, dass man den Refrain schnell mitsingen kann.
b Untersucht genauer, wie die Musik den Text unterstützt: Achtet besonders darauf, wodurch wichtige Wörter besonders hervorgehoben werden.

Unterrichtsprojekt

Mit Musik auf Probleme hinweisen

1
a Beschreibt die dargestellte Situation aus dem Schulleben.
b Sammelt weitere Beispiele für Probleme, die es an eurer Schule oder in eurer Umwelt gibt und die euch bewegen.
c Einigt euch auf eine Situation und sprecht darüber in der Klasse: Welche Kritikpunkte fallen euch ein? Was sollte sich ändern? Sammelt und notiert eure Gedanken und Meinungen.

2 Nun könnt ihr mit musikalischen Mitteln auch andere auf das besprochene Problem aufmerksam machen.

Vorschlag 1: Einen Songtext schreiben

– Erfindet einen neuen Text auf den Refrain von „Aufstehn, aufeinander zugehn".
Achtet darauf, dass die Betonungen von Text und Melodie gut zueinander passen und dass eure Absichten deutlich werden. **AH** | S. 87
– Studiert euer Lied ein und führt es auf. Vielleicht kann euch jemand aus der Klasse mit der Gitarre oder auf dem Klavier begleiten.

Vorschlag 2: Einen Text schreiben und einen Podcast produzieren

– Formuliert einen Text, der euer Anliegen ausdrückt.
– Wählt Musik zum Text aus, die zu eurem Ziel passt. Ihr könnt auch unterschiedliche Musik zusammenstellen. Wichtig ist, dass sie die Wirkung des Textes unterstreicht.
– Sprecht euren Text zur Musik, nehmt das Ergebnis auf und präsentiert es eurer Klasse.
– Wählt nach der Präsentation die drei gelungensten Podcasts aus und begründet, wieso ihr diese gewählt habt.

> Tipp: Wenn ihr Musik macht, die sich mit Problemen befasst, könnt ihr euch folgende Fragen stellen:
> – Soll es um ein aktuelles Problem in unserer Umgebung gehen oder wollen wir auf etwas aufmerksam machen, das auch viele andere Menschen betrifft?
> – Möchten wir die Zuhörer durch die Musik zum Handeln auffordern oder wollen wir vor allem zum Nachdenken anregen?
> – Wollen wir das Problem nur beschreiben oder auch unsere eigene Haltung dazu deutlich ausdrücken?

Orientierungswissen

1. Parameterordnung

a Dynamik und Artikulation:

Dynamik

Die Dynamik (Lautstärke) wird in verschiedenen Abstufungen angezeigt, von pp (pianissimo = sehr leise) bis ff (fortissimo = sehr laut). Crescendo (= lauter werden) und decrescendo oder diminuendo (leiser werden) können durch die Zeichen < und > angegeben werden.

Artikulation (Spielweisen)

Die wichtigsten Bezeichnungen für Artikulation sind: staccato (= sehr kurz), portato (= gehalten, aber abgesetzt), tenuto (= sehr lang gehalten) und legato (= gebunden).

b Melodie:

Melodiebewegung

Ein Tonschritt verbindet zwei benachbarte Töne. Größere Abstände nennen wir Tonsprung. Folgen zwei oder mehr Noten der gleichen Tonhöhe aufeinander, sprechen wir von einer Tonwiederholung.

Grundton

Als Grundton wird der zentrale Ton in einer Melodie bezeichnet. In der Regel ist dies auch der Ton, auf dem eine Melodie endet. Bei Melodien in Dur wird „do" als Grundton verwendet, bei Melodien in Moll „la".

Dur und Moll

Dur- und Moll-Tonleitern unterscheiden sich in der Anordnung der Ganz- und Halbtonschritte. In Dur befinden sich die Halbtonschritte zwischen dem 3. und 4. (mi – fa) sowie zwischen dem 7. und 8. Tonleiterton (ti – do). In Moll findet man sie zwischen dem 2. und 3. (ti – do) sowie zwischen dem 5. und 6. Tonleiterton (mi – fa).

Vorzeichen

Ein Kreuz (♯) erhöht die Note, vor der es steht, um einen Halbton. Ein B (♭) erniedrigt diese Note um einen Halbton. Vorzeichen hinter einem Notenschlüssel gelten für das gesamte Stück. Steht ein Vorzeichen direkt vor einer Note, gilt es für die Dauer des Taktes. Ein Auflösungszeichen (♮) hebt das Vorzeichen auf.

Tonmaterial der C-Dur-Tonleiter

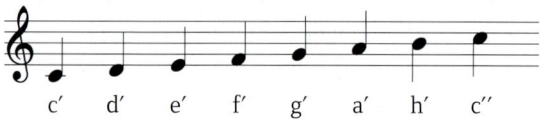

Tonmaterial der G-Dur-Tonleiter

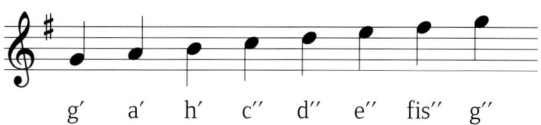

Oktavräume

Um unterschiedliche Tonhöhen genau zu benennen, werden die unterschiedlichen Töne in verschiedene Oktavräume eingeteilt. Diese Oktavräume beginnen immer bei dem Ton c. Sie werden besonders bezeichnet, zum Beispiel *große* oder *kleine* Oktave. Die Töne in diesen Oktavräumen heißen dann zum Beispiel großes C oder kleines g.

Intervalle

Der Abstand zwischen zwei Tönen wird als Intervall (lateinisch: Zwischenraum) bezeichnet. Anhand der Intervalle können wir Melodien genau beschreiben und uns Musik leichter einprägen. Alle Intervalle werden durch Zahlwörter benannt, die aus dem Lateinischen abgeleitet sind.

c Rhythmus, Takt und Tempo:

Tempobezeichnungen

Um mitzuteilen, wie schnell ein Musikstück sein soll, nennen viele Komponisten keine genauen Zeitangaben, sondern sie beschreiben die Stimmung des

Stückes oder seine Bewegung. Dazu benutzen sie häufig Wörter aus der italienischen Sprache, wie etwa „Allegro" (= munter) oder „Adagio" (= ruhig).

Tempoänderungen

Manchmal ändert sich das Tempo im Verlauf eines Stückes, indem es allmählich langesamer oder schneller wird. Das Verlangsamen eines Stückes nennt man „ritardando", das Beschleunigen heißt „accelerando".

Takt

Die gleichmäßige Einteilung von Pulsschlägen nennt man Takt. Die Taktbezeichnung am Anfang eines Stückes gibt an, wie viele Pulsschläge (= Zählzeiten) in einen Takt passen und welchen Notenwert der Pulsschlag hat. Takte werden durch Taktstriche voneinander getrennt.

Grundschlag, BPM

Um präzise festzulegen, in welchem Tempo ein Musikstück gespielt werden soll, wird häufig die Abkürzung BPM benutzt. Damit wird angegeben, wie viele Grundschläge pro Minute („beats per minute") in diesem Musikstück vorkommen. Den gleichmäßigen Grundschlag nennt man auch das *Metrum* der Musik.

Volltakt und Auftakt

In einem Takt ist die erste Taktzeit (die „Eins" des Taktes) immer betont. Musik, die mit einer Betonung auf der „Eins" beginnt, nennen wir *volltaktig*. Beginnt ein Musikstück dagegen unbetont vor der „Eins", bezeichnen wir dies als *Auftakt*.

d Klangfarbe:

Stimmgattungen

Wir unterscheiden unterschiedlich hohe Stimmen, indem wir sie in vier Stimmgattungen einordnen. Hohe Frauenstimmen heißen Sopran, tiefe Frauenstimmen heißen Alt. Bei den Männerstimmen unterscheiden wir Tenor (hoch) und Bass (tief).

Ungewöhnliche Stimmgattungen: Kastraten und Countertenöre

Als Kastraten bezeichnete man in Italien im 16. bis 19. Jahrhundert männliche Sänger, deren Geschlechtsreife durch einen medizinischen Eingriff verhindert wurde. Dadurch blieben ihre Kinderstimmen erhalten. Countertenöre nennt man Männer, die allein durch besonderes Stimmtraining in extrem hohen Stimmlagen singen können.

Chöre und ihr Klang

In einem Chor singen Menschen gemeinsam. Anhand ihrer Besetzungen lassen sich Chöre am leichtesten unterscheiden. Für den Klang eines Chores ist außerdem wichtig, ob der Gesang durch Instrumente begleitet wird oder ob der Chor a capella, das heißt ohne Begleitung, singt.

Schlaginstrumente

Schlaginstrumente lassen sich in Idiophone und Membranophone unterteilen. Als Idiophone bezeichnet man Instrumente wie die Triangel, deren Körper selbst klingt. Bei Membranophonen wird eine Membran, zum Beispiel das Fell einer Trommel, in Schwingungen versetzt.

Janitschareninstrumente

Im Heer des osmanischen Sultans wurde seit dem 14. Jahrhundert Musik gespielt. Typisch für die so genannte Janitscharenmusik war eine einstimmige Melodie, die vor allem auf Oboen (zurna) gespielt und von kleinen Handpauken (nakkare) begleitet wurde.

Kora

Die Kora ist ein Saiteninstrument aus Westafrika, das mit Daumen und Zeigefingern beider Hände gezupft wird. Es hat 21 Saiten, die nicht abgegriffen werden. Mit jeder Saite kann man also nur einen Ton spielen. Traditionell bauen die afrikanischen Kora-Spieler ihr Instrument selbst.

Sound

In der Popmusik wird der typische Klang einer bestimmten Musikrichtung mit dem Wort Sound benannt. Neben der Art des Gesangs sind für den speziellen Sound einer Band die erklingenden Instrumente und die im Aufnahmestudio hinzugefügten Effekte verantwortlich.

2. Notationsformen

Die grafische Partitur

In einer grafischen Partitur wird Musik zeichnerisch dargestellt. Wer eine grafische Partitur notiert, muss sich entscheiden, welches Zeichen am besten zu einem bestimmten Klang passt.

Klaviernoten mitlesen

In Klaviernoten gehören immer zwei Liniensysteme zusammen. Das obere System gibt die höhere Tonlage wieder, das untere System die tiefere. Wenn Noten direkt untereinander stehen, klingen die dazu gehörenden Töne gleichzeitig.

Notenschlüssel

Wir unterscheiden höhere und tiefere Tonlagen. Es gibt allerdings nur wenige verschiedene Tonnamen, nämlich c – d – e – f – g – a – h sowie deren Erweiterungen mit Hilfe von Vorzeichen. Durch Notenschlüssel wird festgelegt, welchen Tonnamen eine Note trägt und in welcher Tonlage sie gespielt werden soll.

Noten- und Pausenwerte, Triole

Noten bestehen aus einem Notenkopf und einem Notenhals. Jede Note besitzt einen bestimmten Notenwert, durch den sich längere von kürzeren Tondauern unterscheiden. Notenwerte lassen sich in der Regel in zwei gleich große Notenwerte unterteilen. Wird ein Notenwert nicht in zwei, sondern in drei gleich große Notenwerte unterteilt, entsteht eine Triole. Zu jedem Notenwert gibt es ein Zeichen für eine gleich lange Pause.

Verlängerung von Notenwerten

Der Punkt hinter einem Notenwert verlängert diesen um die Hälfte seines Wertes. Bei einem Haltebogen werden die beiden verbundenen Notenwerte zusammengezogen.

Achtelnoten

Achtelnoten können unterschiedlich aufgeschrieben werden: Normalerweise hat eine Achtelnote ein Fähnchen am Ende des Notenhalses. Gehören mehrere Achtelnoten zusammen, kann man sie mit einem durchgezogenen Balken verbinden.

Notation von Chorstimmen

In einer Chorpartitur werden Sopran und Alt im Violinschlüssel, der Bass im Bassschlüssel notiert. Der Tenor steht wie die Frauenstimmen im Violinschlüssel, klingt jedoch eine Oktave tiefer als notiert. Um dies zu kennzeichnen, ergänzt man unter dem Schlüssel eine 8.

3. Formprinzipien

Wiederholung und Variante

In Musikstücken werden oft verschieden große Abschnitte wiederholt oder verändert. Durch die Wiederholung erkennt man etwas Bekanntes wieder. Bei einer Variante (Veränderung) werden einige Merkmale verändert, es bleiben aber immer Bestandteile der ursprünglichen Gestalt erhalten.

Motiv und Motiv-Variante

Ein Motiv ist der kleinste musikalische Formteil. Es besteht aus einer kurzen Tonfolge, verbunden mit einem bestimmten Rhythmus. Das Motiv ist wie eine Keimzelle, aus der durch Wiederholung und Veränderung (Motiv-Variante) größere Teile gebildet werden können.

Bezeichnung musikalischer Formteile

Um eine Übersicht über die Form eines Musikstückes zu erhalten, bezeichnet man seine Teile mit Buchstaben. Größere Teile erhalten einen Großbuchstaben (A – B – C), kleinere Abschnitte einen kleinen Buchstaben (a – b – c). Gleiche Teile werden mit dem gleichen Buchstaben bezeichnet, bei Varianten ergänzt man einen kleinen seitlichen Strich (a', a'', b')

Verschiedenheit und Kontrast (Gegensatz)

Neben der Wiederholung oder der Variante findet man auch die Verschiedenheit von Formteilen, wenn sie sich etwa in Melodie, Rhythmus und Dynamik unterscheiden. Ist die musikalische Gestaltung besonders gegensätzlich ausgeprägt, spricht man von einem Kontrast.

Bauweise von Melodien

Aus einem einzigen Motiv lässt sich eine vollständige Melodie bilden, indem man den Rhythmus eines

Motivs mehrmals wiederholt oder leicht variiert. Eine solche Melodie bekommt man als Hörer besonders schnell ins Ohr.

Werbejingles

Kurze Erkennungsmelodien für ein Produkt, so genannte Jingles, bestehen oft nur aus wenigen Tönen und sind rhythmisch sehr einfach. Große Tonsprünge werden vermieden, stattdessen bestehen die Melodien häufig aus Tonwiederholungen, Tonschritten und kleineren Sprüngen.

Melodien beschreiben

Wie eine Melodie verläuft, können wir sehr genau beschreiben. Dazu helfen uns Beobachtungen zur Bewegungsrichtung (auf-/abwärts), zur Bewegungsart (Tonschritte/-sprünge), zum Tongeschlecht, zu den Notenwerten und zu auffälligen Rhythmen.

Pattern

Pattern (englisch: Muster) nennt man eine kurze Rhythmus- oder Melodiefolge, die in regelmäßigen Abständen wiederkehrt. Ein Pattern erkennt der Hörer schnell wieder und es gliedert dadurch das Musikstück. So kann man sich schnell in der Musik orientieren.

Musikalische Figuren

Die Musiker des 18. Jahrhunderts haben oft versucht, Bewegungen, Stimmungen und Gefühle durch musikalische Figuren nachzuahmen, denen sie besondere Namen gaben. So wurde die Figur der „Tirata", eine schnelle Tonleiter aufwärts, häufig eingesetzt, um eine plötzliche Bewegung nach oben darzustellen, etwa einen Pfeilwurf oder Schuss.

Satzdichte

Als musikalischen Satz bezeichnet man das Verhältnis von Melodie- und Begleitstimmen. Oft kann man in einem Musikstück hören, dass Melodie oder Begleitung zunächst nur von einer Instrumentengruppe, dann von immer mehr Gruppen gespielt werden, sodass schließlich viele verschiedene Stimmen gleichzeitig spielen: Der musikalische Satz ist dichter geworden.

Wechselgesang

In einem Wechselgesang wechselt der Gesang zumeist zwischen Vorsänger und der gesamten Gruppe. In der Gospelmusik Nordamerikas wird der Wechsel zwischen Vorsänger und Gemeinde „call and response" genannt.

Rondo

Das Rondo besteht aus einem Wechsel zwischen dem mehrfach wiederholten *Refrain* (A) und Zwischenspielen, den *Couplets* (B, C...), die gegenüber dem Refrain verschieden oder gegensätzlich gestaltet sind. Daraus ergibt sich die Form A – B – A – C – A – und so weiter.

Oper

Eine Oper ist ein Schauspiel, in dem die Handlung vor allem mit musikalischen Mitteln dargestellt wird, zum Beispiel indem die Figuren auf der Bühne singen statt sprechen. Die Sängerinnen und Sänger werden dabei in der Regel von einem Orchester begleitet.

Ouvertüre

Die vom Orchester gespielte Einleitung einer Oper nennt man Ouvertüre. In einer Ouvertüre wird das Publikum auf die nun folgende Handlung eingestimmt. Gleichzeitig werden hier bereits wichtige musikalische Gedanken vorgestellt, die später in der Oper wieder vorkommen.

Reigen

Der Reigen gehört zu den ältesten europäischen Tänzen. Die Tanzenden stellen sich in einer Reihe auf und halten sich an den Händen. So schreiten sie passend zur Musik in unterschiedlichen Figuren durch den Raum.

Branle

Die Branle ist einer der frühesten Paartänze. Sie besteht aus mehreren Teilen, die mit der Musik immer schneller und komplizierter werden. Die verschiedenen Schrittfolgen sind zum Teil sehr anspruchsvoll. Um sie festzuhalten wurden eigene Tanzschriften erfunden.

Country Dance

Der Country Dance ist ein alter Paartanz aus England. Männer und Frauen stehen einander in einer *longway* oder *Gasse* genannten Aufstellung gegenüber. Auf diese Weise können sie Bewegungsfiguren auch gemeinsam mit benachbarten Paaren ausführen.

Modern Dance

Beim Modern Dance entstehen aus festgelegten Grundelementen neue Bewegungsfolgen. Anders als in den Tänzen früherer Zeiten improvisieren die Tänzer vor allem zur Musik, das heißt, sie erfinden aus den erlernten Grundelementen einen neuen Tanz.

4. Wirkung und Ausdruck von Musik

Ausdruck durch Artikulation

Unsere Stimme bietet viele Möglichkeiten, um verschiedene Gefühle auszudrücken, etwa wenn wir hoch oder tief, schnell oder langsam sprechen. Darüber hinaus kommt es darauf an, ob wir kurz, lang gehalten, besonders betont oder abgesetzt sprechen. Dies nennt man Artikulation (lateinisch: deutliche Aussprache).

Klangwirkung und Tonlagen

Wie ein Instrument klingt, hängt nicht nur von seinem Material ab, sondern ebenso von der Tonlage, in der es gespielt wird. In der Regel kann man zwischen einer tiefen, einer mittleren und einer hohen Tonlage unterscheiden, in denen ein Instrument oft ganz verschiedene Klangwirkungen zeigt.

Ungewöhnliche Klangfarben

Die gemeinsame Vorstellung, wie Musikinstrumente normalerweise gespielt werden, hilft uns, ihre Klangfarben zu unterscheiden. Spielen wir Instrumente anders, wirkt dies fremd und ungewöhnlich und lässt sich daher gut für entsprechende Stimmungen einsetzen. Diese Wirkung können wir auch erzielen, wenn wir Alltagsgegenstände als Musikinstrumente nutzen.

Chromatik

Eine Tonfolge, die nur aus Halbtonschritten besteht, nennt man chromatisch. Das griechische Wort "Chroma" bedeutet "Farbe". Mit dem Begriff "chromatisch" soll also ausgesagt werden, dass diese Tonfolgen einer Komposition eine besondere, "farbige" Klangwirkung geben.

Äußere und innere Situation

In einer Oper unterscheiden wir wie in einem Schauspiel zwischen der äußeren und der inneren Situation der Figuren: Die äußere Situation erfahren wir durch das Bühnenbild. Die innere Situation ist das, was die Figuren in diesem Moment fühlen und denken. Sie wird vor allem durch die musikalische Gestaltung vermittelt.

Singen in der Oper

In einer Oper zeigen die unterschiedlichen Arten des Gesangs, was auf der Bühne vorgeht: In einem *Solo* drückt eine Figur alleine aus, was sie fühlt. Im *Duett* stellen zwei Figuren dar, wie sie zueinander stehen. Zwei oder mehr Figuren können in der Oper singend ein Gespräch führen.

Stimmungen und Gefühle in der Oper

Während der Gesang vor allem das mitteilt, was im Inneren einer Figur vorgeht, bietet die Musik des Orchesters verschiedene Möglichkeiten, die Handlung auf der Bühne zu verdeutlichen: So kann das Orchester zum Beispiel die Gefühle der Figuren unterstreichen oder eine bestimmte Stimmung erzeugen.

Erinnerungsthema und Erinnerungsmotiv

Wenn in einer Oper Melodien benutzt werden, die bereits zu einem früheren Zeitpunkt mit einer bestimmten Situation verbunden waren, kann die Musik an bereits Vergangenes erinnern und sogar auf Zukünftiges hinweisen. Wir sprechen dann von einem Erinnerungsthema, bei einer sehr kurzen Tonfolge von einem Erinnerungsmotiv.

Spannung durch Musik aufbauen

Die Spannung einer Handlung lässt sich in einer Oper durch die musikalische Gestaltung vergrößern, zum Beispiel durch plötzliche Kontraste, musikalische Steigerungen, Pausen in der Musik oder durch Erinnerung an bereits Bekanntes. In allen diesen Gestaltungsmitteln verrät die Musik mehr, als durch die Handlung auf der Bühne gezeigt wird.

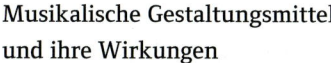

Musikalische Gestaltungsmittel und ihre Wirkungen

Bei der Untersuchung von Musik sollte erklärt werden, wie durch musikalische Gestaltungsmittel bestimmte Wirkungen entstehen. Um Wirkungen darzustellen, sind Gegensatzpaare von Adjektiven hilfreich, zum Beispiel beruhigend oder anspornend, aufmunternd oder bedrückend. Dies hilft auch bei der Beschreibung der Gestaltungsmittel, etwa der Melodie oder des Tempos.

5. Akustische und technische Grundlagen

Kopfstimme und Bruststimme

Bei der menschlichen Stimme unterscheiden wir verschiedene Lagen, die jeder Mensch nutzen kann, egal wie hoch oder tief seine natürliche Stimme ist. Wir nennen sie Bruststimme und Kopfstimme. Unterschieden wird damit, wo wir die Schwingungen der Stimme in unserem Körper spüren.

Bau und Spielweise der Violine

Der *Resonanzkörper* sorgt für den besonderen Klang des Instruments, im *Wirbelkasten* werden die Saiten befestigt. Über den *Steg* werden deren Schwingungen auf den Resonanzkörper übertragen. Auf dem *Griffbrett* greift man die Saiten ab, um unterschiedliche Tonhöhen zu erzeugen.

Die Naturtonreihe

Auf einem Blechblasinstrument werden verschiedene Tonhöhen erzeugt, wenn die Lippen beim Spielen unterschiedlich große Spannung haben. Je größer diese Spannung ist, desto höher ist der erklingende Ton. Gemeinsam ergeben diese Tonhöhen eine Reihe, die Naturtonreihe genannt wird.

Schall und Entfernung

Dezibel A, abgekürzt dB (A), bezeichnet die Stärke des Schalls, der auf das menschliche Ohr einwirkt. 10 dB Unterschied bedeuten, dass das Geräusch von den meisten Menschen als etwa doppelt so laut wahrgenommen wird.

MP3-Verfahren

MP3 sind digitale Audiodateien, die man zum Beispiel auf einem Computer speichern und abspielen kann. Damit sie wenig Speicherplatz benötigen, wird die Menge der digitalen Daten reduziert, indem nur die für den Menschen hörbaren Töne abgespeichert werden.

Register

Quellenverzeichnis

Abbildungen **Cover:** Stephan Röhl, Berlin; **10/1:** Monika Rittershaus, Berlin; **10/2:** Guido Schiefer, Köln; **11(2):** Fotolia.com; **12:** ™ ©Turner Entertainment Co.; **16:** Cinetext, Frankfurt am Main; **18/1:** © LEEMAGE/images.de über Fotofinder; **18/2:** © BRIDGEMANART.COM; **18/3:** Lebrecht Music Collection/Interfoto; **24:** contrasto/laif; **25/1:** Fotolia.com/Graham Taylor; **25/2:** Corbis/H. Armstrong Roberts; **25/3:** picture-alliance/PhotoAlto/James Hardy; **32:** © Colin Garratt; Milepost 92 Â½/CORBIS; **33:** Getty Images; **34:** iStockphoto/Johannes Compan; **35/1:** iStockphoto/mikusha1973; **35/2:** picture-alliance/dpa/ZB/Thomas Schulze; **36:** ddp images; **38/39:** akg-images/© 2011 Mondrian Holtzman Trust, c/o HCR International Washington D.C.; **43:** akg-images; **52:** iStockphoto; **54/1:** Rayan Abdullah, Leipzig; **54/2:** © Joram Harel, Wien; **54/3:** AWG Aufbau, Apolda; **54/4:** © Paul Seheult/Westend61/Corbis; **57/1:** VG Bild-Kunst Bonn, 2011; **57/2:** Rayan Abdullah, Leipzig; **60, 62/1:** akg-images; **62/2:** mauritius images; **67:** © galeriaandreas/Gerstenberg, Altea (Alicante); **68:** Iko Freese/drama-berlin.de; **74:**bpk/adoc-photos; **76:** Obir-Tropfsteinhöhlen, Bad Eisenkappel; **81, 82:** akg-images; **84–93:** Thomas M. Jauk, Berlin; Theater Dortmund mit freundlicher Genehmigung; **94:** picture-alliance/dpa/Tim Brakemeier; **95:** picture-alliance/SVEN SIMON; **96:** akg-images; **100/1:** Corbis/Bettmann; **100/2:** Corbis; **100/3:** picture-alliance/empics/Yui Nok; **100/4:** picture-alliance/First Look/Ali Schaftler; **103/1:** mauritius images; **103/2:** picture-alliance/dpa; **104/1:** C. F. Peters Corporation/MCE KG., Deggendorf; **104/2:** picture-alliance/dpa/Goebe; **105:** Bulls Press 2011; **106 (2), 107 (2), 114 (3):** Peter Wirtz, Dormagen; **110:** Rayan Abdullah, Leipzig; **111/1, 2:** picture-alliance; **112/2:** The Bridgeman Art Library; **113/1:** picture-alliance/ZB/Tom Schulze; **113/2:** Ted The Fiddler © French and Pickering Creeks Trust/Press Image; **113/3, 4, 5, 6:** Rayan Abdullah, Leipzig; **115/1:** Edith Exo, Wischhafen; **115/2:** Fotolia.com/Orlando; **115/3:** eventpress/Hoensch; **116/1:** Lineair – Wolfgang Diederich/imagebroker/Okapia; **116/2:** Rayan Abdullah, Leipzig; **117/1:** akg-images/Erich Lessing; **117/2:** Photo by DeAgostini/Getty Images; **117/3:** Tourist Information Xanten www.xanten.de; **117/4:** Imago Sportfoto; **118/1:** stevehullphotography; **118/2:** Corbis GmbH; **121, 133:** iStockphoto RF; **122/1, 123/2, 128/1:** Cinetext; **122/2, 123/1:** picture-alliance/dpa/AP Photo; **122/3, 124/2:** © BRIDGEMANART.COM; **122/4, 124/1, 128/2:** picture-alliance/dpa/Karl Mittenzwei; **125/1:** Cinetext; **125/2:** akg-images; **125/3:** The Bridgeman Art Library; **126:** picture-alliance/dpa; **129/1:** Getty Images: Wire Image/Chris Walter; **129/2:** Michael Ochs Archives; **129/3:** Carlo Allegri; **130:** action press; **131/1:** Imagebroker RM/F1online; Staatliche Schlösser, Burgen und Gärten Sachsen gGmbH, Dresdner Zwinger und Festung Dresden; **131/2:** action press/Rudnik, Christian; **131/3:** picture-alliance/Eventpress Radke; **132/1:** © RTL; **132/2:** picture-alliance/dpa/Isabel Schiffer; **132/3:** picture-alliance/dpa/Ronald Wittek; **134, 136/1, 141 (3):** © Studio Neumann; **135/1:** picture-alliance/dpa; **135/2:** Photo by Howard Denner/Photoshot/Getty Images; **135/3:** mauritius images/Alamy; **136/2:** Ute von Buch, Angermünde-Wilmersdorf; **137/1:** Rayan Abdullah, Leipzig; **137/2, 140 (3):** © D. Sako privat; **138:** Peter Kast Kartografie, Wismar; **146:** Thomas Wirke/Modern Dance Center, Dortmund; **147, 148, 150:** akg-images; **152:** Library of Congress; **154:** akg-images; **155/1:** Bibliothèque nationale de France; **155/2:** akg-images; **156–159:** Peter Wirtz, Dormagen; **160, 161/1, 163/1, 164/3, 165/1:** akg-images; **161/2, 163/2, 166/1:** Gesellschaft der Musikfreunde Wien/Archiv, Bibliothek, Sammlungen/Bi2368; **162/1:** © DARRIN ZAMMIT LUPI/Reuters/Corbis; **162/2:** © Volker Hemedinger und Benediktinerabtei Scheyern; **162/3:** Fotolia.com; **162/4:** Holger Jacoby, Dortmund; **162/5, 6, 7:** Volker Kirschbaum, Aachen; **163/1:** akg-images; **164/1, 2, 4, 6-8:** akg-images; **164/5:** Kunsthistorisches Museum, Wien; **164/9, 10:** bpk; **165/2:** akg-images; **166/2:** Peter Kast Kartografie; **167:** bpk; **168:** The Bridgeman Art Library; **169:** akg-images; **170:** Matthias Creutziger, Dresden; **171/1:** akg-images; **171/2:** Bildagentur Huber/R. Schmid; **172:** Mit freundlicher Genehmigung von Michal Mañas; **173:** plainpicture/Wolfgang Kuttig; **174/1, 2:** Fotolia.com: Gino Santa Maria; hallone; **175/1, 2:** Fotolia.com: drubig-photo; slop; **175/3:** picture-alliance/dpa/ZB; **176:** Mit freundlicher Genehmigung von Mauga Houba-Hausherr, Krefeld, www.mauga.de; **184:** mauritius images/Westend61; **199:** Cornelsen Schulverlage, Berlin; **200/1:** Fotolia.com/Veselov; **200/2:** © Tim Gerundt; **201:** picture-alliance/ANP/Koen Suyk; **204/1, 2:** plainpicture: R. Schönebaum; Jasim Sander; **204/3:** alimdi.net; **205/1:** Mit freundlicher Genehmigung von Korg; **206/1, 2, 3:** picture-alliance: Robert F. Fishman/ecomedia; Sören Stache; empics/NickAnsell; **208/1:** Berenbostel Gymnasium/Bodo Schmidt; **208/2:** picture-alliance/ZB/Andreas Lander; **216:** mauritius images; **217/1:** Getty Images; **217/2:** picture-alliance/dpa/ZB; **218:** Joachim Aue, Olsberg; **219:** picture-alliance/dpa; **220/1, 2:** picture-alliance: Jazzarchiv/Hardy Schiffler; Mary Evans Picture Library/Ronald Grant Archive; **222/1, 2:** Franz-Joseph Besche, Bad Driburg; **223:** © schooljam.de; **224/1:** picture-alliance/dpa/ZB/Klaus Franke; **224/2:** ullsteinbild; **228, 229:** picture-alliance/World Pictures/Photoshot/Peter Phipp; **235:** Fotolia.com: Kzenon, Yuri Arcus, Gerhard Seibert, Alena Oserova (2), Martin Valigursky, photocreo, micromonkey; **237:** Fotolia.com/blende 40; **239:** Fotolia.com/Gina Sanders; **240:** Helga Lade Bildagentur/H. R. Bramaz; **241/1:** Fotolia.com/Jesper; **241/2, 3:** picture-alliance/dpa/Ulrich Perrey; dpa/Tobias Hase; **241/4:** GFC Collection, Genf; **244:** Circus Krone/Pressebild; **246:** mauritius images; **247:** picture-alliance/dpa/Bildagentur online; **249/1:** © Productions/Shinj Kanki/Helsinki (FIN); **249/2, 3:** Fotolia.com; **253:** Intro

Lieder und Musikbeispiele **14:** G. Ricordi Bühnen- und Musikverlag, München; **16:** 1968 by Walt Disney Music Co., für D/A/CH: Neue Welt Musikverlag, Hamburg; **28:** Filmkunst-Musikverlag, München; **31:** Fidula-Verlag, Boppard/Rhein; **33, 34:** G. Ricordi Bühnen- und Musikverlag, München/Text: © Katrin Hammer; **64:** Autorenverlag Worpsweder Musikwerkstatt; **70, 71:** Bärenreiter Verlag, Kassel 2006; **83 ff.:** zitiert nach „Engelbert Humperdinck, Hänsel und Gretel", Klavierauszug Neuausgabe, Schott Music GmbH & Co. KG, Mainz 1992; **98:** Eres Edition Musikverlag Horst Schubert, Lilienthal/Bremen; **99:** Mills Music Inc., EMI Music Publishing Germany GmbH & Co. KG, Hamburg; **104:** C. F. Peters Musikverlag, Frankfurt am Main; **127:** 1995 by Mijac Music, D/CH/GUS/Osteuropäische Länder: Neue Welt Musikverlag, Hamburg; **130:** Sony/ATV-Tunes LLC/Sony-ATV Music Publishing (Germany GmbH), Berlin; **177:** Auld lang syne, deutscher Text: Heiko Postma, „Mit Whiskey trotzen wir dem Satan!" – Leben und Lieder des schottischen Barden Robert Burns, jmb-Verlag, Hannover 2009; **178:** St-Nicholas-Music Inc., Warner Chappell Music UK, Chappell & Co., Hamburg; **182, 183 o.:** Edition Wise Guys, Köln; **183 u.:** Bärenreiter Verlag, Kassel; **189:** Fidula-Verlag, Boppard/Rhein; **191:** Mikhail Matusovskij und Wladimir Schainskij; **192:** Aktive Musikverlagsgesellschaft mbH, Dortmund; **193:** 1955 by Cherry Lane Music Publishing Company Inc./Lord Burgess Music Publishing Company; **209:** Special Rider Music, für D/A/CH: Sony-ATV Music Publishing (Germany GmbH), Berlin; **220:** Gotham Music Service Inc., für D/A/CH: EMI Music Publishing GmbH, Hamburg; **221:** Realbook-, Hal Leonard Publishing Corporation; **232:** a. © Haribo GmbH & Co. KG; b. Komposition: Mehmet Ergin / Christoph Lienemann / © Deutscher Sparkassen Verlag GmbH; c. Robert Pütz, mit freundlicher Genehmigung von Bonduelle Deutschland GmbH; **236:** Hanseatic Musikverlag GmbH & Co. KG, Hamburg; **247:** Chappell & Co. GmbH & Co. KG, Hamburg; **248:** Universal Edition A.G., Wien; **249:** © La Monte Young; **252:** Clemens Bittlinger

Texte **53:** Reinhard Döhl, Apfel, in: Konkrete Poesie, Reclam 1972, S. 38; **81 ff.:** zitiert nach „Engelbert Humperdinck, Hänsel und Gretel", Klavierauszug Neuausgabe, Schott Music GmbH & Co. KG, Mainz 1992; **95:** Cordula Weinzierl, www.planet-wissen.de vom 01.06.2009; **108:** Dimiter Inkiow: Die spannendsten griechischen Sagen, Ellermann 2007; **118:** Übersetzung durch Verfasser; **126:** Edda Breski, Westfälischer Anzeiger vom 28.09.2010; **131:** Burkhard Schäfer, www.zeit.de vom 08.01.2009; **132:** www.ksta.de; **168:** Ovid, Metamorphosen, übers. von Gerhard Fink, Artemis & Winkler 1999, S. 42; **206:** Lärm und Gesundheit, Materialien für Klasse 5-10, Bundesministerium für gesundheitliche Aufklärung, 2008, S. 23; **224, 225:** Interview mit Franz Schulte-Huermann, geführt von Frank Kieseheuer; **230:** Ufaton Verlags GmbH / Dreiklang-Dreimasken Bühnen- und Musikverlag GmbH; **239:** Josef Karg, www.augsburger-allgemeine.de vom 18.09.2009

Verzeichnis der Lieder und Musikstücke